Jensen
Einfachheit

Bill Jensen

EINFACHHEIT

Besser, schneller und effektiver arbeiten

Aus dem Amerikanischen
von Ute Pfudel

Econ

Die amerikanische Originalausgabe erschien 2000 unter dem Titel
Simplicity bei *Perseus Books*

Der Econ Verlag ist ein Unternehmen der
Econ Ullstein List Verlag GmbH & Co. KG

1. Auflage 2000

ISBN 3-430-15068-X

Lektorat: Dr. Petra Sternecker
Gesetzt aus der Cheltenham und der Frutiger, Linotype
Setzerei: Josefine Urban – KompetenzCenter, Düsseldorf
Druck und Bindearbeiten: Clausen & Bosse, Leck

Für meine Mutter

In einer Welt der unbegrenzten Möglichkeiten besteht die schwierigste Aufgabe darin, sich zu entscheiden.
Wenn man das Komplexe klar macht, hilft man den Menschen, intelligenter zu arbeiten.
Dadurch wird es einfacher, das Wichtige vom Unwichtigen zu trennen.

Inhaltsverzeichnis

Dieses Buch ist ein Instrument, das Ihnen in einer Welt der unbegrenzten Möglichkeiten helfen soll, Entscheidungen zu treffen. Sein Ziel ist es, neue Diskussionen zum Thema intelligentere Führung und Arbeit in Gang zu setzen.

Wie Sie dieses Buch anwenden

Das Thema *Einfachheit* ist in vier Teile gegliedert.

Der erste und letzte Teil des Buchs sind als Diskussionsanregung dazu gedacht, wie wir heute arbeiten (»Das Aha-Erlebnis«) und wie wir in Zukunft arbeiten könnten (»Einfache Arbeit in der Zukunft«).

Den Weg dorthin beschreiben die beiden mittleren Teile des Buches:

»Einfache Arbeitstage« zeigt dabei die Punkte auf, die heute bereits funktionieren und unmittelbar umgesetzt werden können.

»Einfache Unternehmen« befasst sich mit dem Thema Infrastruktur und den notwendigen Voraussetzungen, um als Unternehmen auch über Jahre hinweg einfach zu bleiben.

Kapitel 1 enthält eine *einseitige Übersicht,* wie Sie Einfachheit erzielen.

	DAS AHA-ERLEBNIS	EINFACHE ARBEITS-TAGE	EINFACHE UNTER-NEHMEN	EINFACHE ARBEIT IN DER ZUKUNFT
Teil	1	2	3	4
Regeln der Einfachheit		**Klarheit schaffen**	**Arbeit intelligenter gestalten**	**Führen durch Navigation**
Kapitel	1–3	4–8	9–13	14
Entdeckungen		Wie und womit Sie Klarheit erreichen	Was Ihr Unternehmen dafür tun muss, und welche Strategie dazu geeignet ist	

Vorwort

Das Manifest der Einfachheit

Einfachheit bedeutet Stärke

Diejenigen, die Wohlstand schaffen, verändern die Regeln.
Gary Hamel, Stratege

Im Februar 1994 riefen die Leiter der Führungskräfteentwicklung der Nations Bank, Jim Shanley und John Harris, ihr Team zu einem externen Meeting zusammen. Ziel war es, vor dem Hintergrund vorhandener Erfahrungen die Beziehungen und die Kommunikation zwischen Führungskräften, Mitarbeitern und Kunden in einer Organisation zu verbessern, die später eine der größten Banken der Welt werden sollte.

Am Ende der zweitägigen Sitzung waren die Wände mit Blättern von Flip-Charts übersät, und es gab viele neue Erkenntnisse. Dann kam der Zeitpunkt für die Schlussworte. John stand auf, den Marker in der Hand … (stellen Sie sich die Szene vor: John ähnelt Marshal Sam McCloud aus der TV-Serie »Ein Sheriff in New York« aus den 70er-Jahren, der von New Mexico in den »Big Apple« versetzt worden war. In dieser Serie hatte McCloud mit hochnäsigen New Yorkern zu kämpfen, die dieses Landei ständig unterschätzten. Ähnlich täuschte Johns saloppe Art der Analyse darüber hinweg, wie weit er mit seinen hartnäckigen Fragen in die Leute dringen konnte.)

… Mit dem Marker in der Hand bemerkte John: »Wir behaupten also« – er beendete seinen Gedanken in großen roten Buchstaben auf der Tafel –, »Einfachheit bedeutet Stärke«.

Fünfundzwanzig Buchstaben. Drei Worte, die ein Vierteljahrhundert meiner eigenen Erfahrungen mit neuer Energie belebt und – was noch wichtiger ist – mich zum Nachdenken darüber gebracht haben, wie weit Wissen heute an seine Grenzen gedrängt wird.

Seit über 400 Jahren wird immer wieder behauptet, Wissen sei Macht. Entschuldigung, Sir Francis Bacon, hier muss ich etwas auf den neuesten Stand bringen: In unserer informationsübersättigten Welt ist Wissen *nur dann* auch Macht, wenn Sie es so einsetzen können, dass Sie die vielen Angelegenheiten unter einen Hut bekommen, die Sie eigentlich schon gestern hätten erledigen sollen. Diese Form von Stärke beruht auf Ihrer Fähigkeit, das Wichtige vom Dringenden zu unterscheiden. Diese wiederum ist davon abhängig, wie schnell Sie und Ihr Team Sinn schaffen, das heißt herausfinden können, welche wenigen Fakten, Bits und Bytes unter all den unzähligen Teilchen von Informationen, die um Sie herumschwirren, wichtig sind – und zwar kontinuierlich und in Echtzeit.

Einfachheit – die Kunst, das Komplexe zu reduzieren – kann uns die Stärke verleihen, unsere Aufgaben optimal zu erledigen; die Stärke, intelligenter zu arbeiten. Sie ist eine Voraussetzung für die Förderung bisher ungenutzter Energien, Innovationen, Kreativität und Ideen, die in unseren Organisationen potenziell vorhanden sind.

Die Beziehung zwischen Einfachheit und Stärke lässt sich in zwei Punkten zusammenfassen:

- Einfachheit ist die Fähigkeit, weniger zu tun *(Unwichtiges).*
- Einfachheit ist die Fähigkeit, mehr zu tun *(Wichtiges).*

Diese Fähigkeiten fallen uns jedoch nicht in den Schoß. Um sie zu erlangen, müssen wir einige Gewohnheiten ändern. Jeden Tag verbringen Sie viel Zeit damit zu entscheiden, was wichtig ist und was nicht. Wenn Sie Ihren Arbeitstag vereinfachen wollen, müssen Sie zunächst eines tun:

Nutzen Sie Zeit anders. Indem Sie die Art und Weise ändern, wie Sie Ihr Wissen organisieren und vermitteln, wenden Sie weit weniger Zeit für die unwichtigen und weit mehr für die wichtigen Dinge auf. Wenn Sie mehr Zeit dafür investieren, komplexe Zusammenhänge klar zu machen, ergeben sich die Entscheidungen von selbst, sozusagen »kostenlos«.

Wenn Sie wollen, dass Ihr Unternehmen einfacher wird, sind leitende Führungskräfte gehalten, vor allem eines zu tun:

Sie müssen zunächst bei **den Bedürfnissen der Leute an der Basis ansetzen.** Die Mitarbeiter vertrauen darauf, dass die Infrastruktur des Unternehmens ihnen dabei hilft, intelligenter zu arbeiten, indem Werkzeuge, Prozesse und Informationen auf ihre Bedürfnisse zugeschnitten werden. Einfache Unternehmen setzen deshalb dort an, wo Mitarbeiter und Kunden sich treffen, und arbeiten sich dann von unten nach oben zu den Belangen des Unternehmens als Ganzem.

Einfachheit zielt wie alle Aspekte unternehmerischen Handelns auf Erfolg. Im Gegensatz zu vielen anderen Bereichen können Sie die »Softfacts« hier allerdings nicht außer Acht lassen, wenn Sie einfachere Möglichkeiten des Arbeitens schaffen wollen. Die menschlichen Aspekte wie Bedürfnisse, Vertrauen und Freiheit sind ständig existente und laut vernehmliche Begleiter.

Einfachheit durch Klarheit von Zielen statt durch Anordnung von oben zu erreichen, stellt auch unser Verständnis von Kontrolle vor neue Herausforderungen: Das Unternehmen kontrolliert Strategien, Budgets und einen großen Teil der Bilanz. Wenn sich die Arbeit jedoch darauf bezieht, Entscheidungen zu treffen, kontrolliert jeder von uns – je nachdem wie er sich entscheidet –, was getan wird und wie es getan wird. Dieses dynamische Spannungsfeld ist – selbst in den Unternehmen, die ein hohes Maß an Empowerment zulassen – ein wichtiger Ansatzpunkt für genauere Betrachtungen: Einfachheit lässt sich dann umsetzen, wenn wir diesem Spannungsfeld unsere Aufmerksamkeit schenken.

Diejenigen, die Wohlstand schaffen, verändern die Regeln. Daher wurde dieses Buch für sie geschrieben und ihnen gewidmet: den Leitern von Unternehmen, Projekten und Teams, die die Regeln der Wissensarbeit ändern. *Einfachheit* ist ein Instrument für Führungskräfte, das ihnen helfen soll, anderen intelligentere Arbeit zu ermöglichen.

1

Das Aha-Erlebnis

Was kostet Sie das Durcheinander und welchen Wert hat Klarheit für Sie? Zur Verdeutlichung: Unsere größte Einschränkung ist nicht mehr die Grenze unserer Vorstellungskraft, sondern alles, was unsere Aufmerksamkeit verlangt, zu ordnen, verständlich zu machen und zu verbinden... sie liegt also in der Art, wie wir Klarheit schaffen.

Produktive Wissensarbeit beschäftigt sich damit, wie wir Zeit und Aufmerksamkeit der anderen Menschen nutzen, wenn wir bestimmte Aufgaben erledigen wollen. Ihr schlimmster Rivale ist das tägliche Durcheinander – die Zeit, die jeder braucht, um zu entscheiden, was er tun soll und was nicht.

Bevor Sie sich über betriebswirtschaftliche Aspekte Gedanken machen, stellen Sie sich folgende Fragen: 1. Gibt es in Ihrem Unternehmen genug Leute, die sich den Weg durch die Konfusion denken können und wollen, die von Führungskräften und anderen Unternehmen verursacht wird, die keine Klarheit erzielen können? 2. Was geschieht, wenn Ihr härtester Konkurrent – der, der Ihnen die Kunden wegschnappt – sein Unternehmen zuerst vereinfacht?

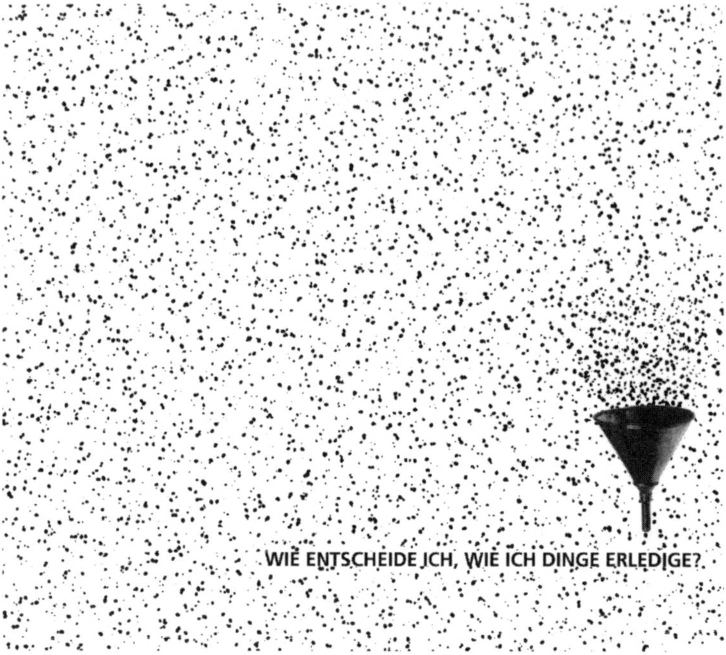
WIE ENTSCHEIDE ICH, WIE ICH DINGE ERLEDIGE?

1 EINFACHHEIT

Was heißt das und warum funktioniert es?

Einfachheit ist das Verständnis des Ganzen.
Sie sorgt für Aufregung. Man kann sie leicht erkennen. Einfachheit ist zeitlos.
Teilnehmer der Studie »Search for a Simpler Way«

Wir alle haben Einfachheit in unseren Herzen, im Privaten und in der Vergangenheit schon kennen gelernt. Die praktische Anwendbarkeit eines vollkommen ausgewogenen Küchenwerkzeugs, die Anmut von Fred Astaire, die Klarheit eines japanischen Gartens, die Anziehungskraft eines Gedichts von Maya Angelou, die Konturen eines Eames-Stuhls oder das Drama der Menschlichkeit, das sich in der nur 272 Worte umfassenden Ansprache von Gettysburg enthüllt. Die einfache Eleganz dieser Werke und Talente facht unsere Fantasie an.

Aber wie vielen von uns ist diese Einfachheit schon im Arbeitsleben begegnet? Wie würde sich ein einfacherer Arbeitstag oder ein einfacheres Unternehmen »anfühlen«?

Denken Sie an gestern: Wie haben Sie Ihre Zeit verbracht? Wie alle anderen Menschen haben auch Sie nur 24×7×52 Stunden pro Jahr. Nutzen Sie genug dieser Stunden optimal und bewirken Sie etwas, weil Ihnen Momente der Klarheit die Entscheidung darüber ermöglichen, was Sie tun und worauf Sie sich konzentrieren sollen?

Die Suche nach einem einfacheren Weg

Ich habe einst so einen Moment erlebt, der nun schon fast ein Vierteljahrhundert zurückliegt. Seitdem habe ich ähnliche Situationen untersucht, um herauszufinden, wie Einfachheit funktioniert.

Ich war Student im letzten Studienjahr an einem College im Staat New York und bereitete mich auf ein Zwischenexamen in Logik vor. Sie kennen ja diese Aussagen mit »wenn... dann«, »und... oder«. Glücklicherweise hatte ich denselben Kurs bereits in der High School bestanden. Wir verwendeten sogar dasselbe Lehrbuch. Deshalb langweilte ich mich. Ich ließ die Prüfung sausen und fuhr mit einigen Freunden nach Toronto, um dort ein paar Tage auszuspannen.

Während wir das College schwänzten, geriet ich zufällig ins Ontario Science Centre. Dort gab es allerlei verschiedene interessante interaktive Spiele, zum Beispiel ein Labyrinth mit Pingpong-Bällen, das über zwölf Röhren schwebte. Ziel war es, nur je einen Ball auf den Boden einer Röhre fallen zu lassen. Das Knifflige dabei war, dass jede Röhre Klappen hatte, die die Bälle blockierten. Wenn es einem gelingen sollte, musste man herausfinden, mit welchem Hebel man welche Klappen öffnen konnte.

Ich beobachtete zwei Jugendliche aus der fünften oder sechsten Klasse, die es einmal, zweimal versuchten und nach dem dritten Mal – sich gegenseitig durch ein »Give-me-Five« Anerkennung zollend – weggingen. Dann dämmerte es mir. Sie spielten nicht. Sie wandten die Logik der College-Stufe an! Indem sie herausfanden, welche Klappen sich öffneten, wenn sie nur einen Hebel betätigten (eine »Oder«-Aussage), und bei welchen Röhren zwei Klappen geöffnet sein mussten (eine »Und«-Aussage), bestanden diese Kids die Prüfung, die ich gerade geschwänzt hatte.

Der Entwickler dieses Spiels hatte eine Umgebung geschaffen, die die Entscheidungs- und Denkfähigkeit des Besuchers forderte, wodurch er ein hohes Niveau an Kreativität und Leistung schuf. Und die Kids hatten Spaß dabei.

In diesem Moment durchzuckte mich die Erkenntnis, dass es sich um eine »elegante Schnittstelle« handelte, will heißen: Ordnung durch Klarheit und leichte Anwendung. Sich dieses Werk als Modell für einfache Arbeit vorzustellen, ist insofern schwer, als es linear ist. Die Welt, in der wir leben, ist ein Chaos voller Widersprüche. Wir werden getrieben von sich widersprechenden Prioritäten und Gefühlen. Entscheidungen finden selten statt angesichts einer begrenzten Anzahl von Auswahlmöglichkeiten, die vorbestimmten Wegen mit einer beschränkten Anzahl an einsetzbaren Hebeln folgen. Dennoch war dieses Erlebnis der Anlass, mich mit Klarheit und der Frage zu beschäftigen, wie sie uns helfen kann, Dinge zu erledigen.

Und nun rasch ein paar Jahre weiter: Ende der 80er- und Anfang der 90er-Jahre half ich Unternehmen dabei, Veränderungen zu bewältigen. Wenn sich ungefähr zehn (mal mehr, mal weniger) Leute an der Spitze eine neue Strategie ausgedacht hatten, war es meine Aufgabe, diese den Tausenden zu vermitteln, die die dazugehörige Arbeit machen mussten. Besser gesagt: ich dachte, dies sei erforderlich und meine Aufgabe.

Meine Auffassung begann sich vor etwa neun Jahren zu verändern. Ich leitete Fokusgruppen für PepsiCo. Wir führten damals den weltweit größten Aktienoptionsplan ein. Der Name des Plans, SharePower (Teilen von Macht), spiegelte zugleich dessen Ziel wider: Hunderttausende von Mitarbeitern sollten dafür belohnt werden, dass sie »wie Unternehmer denken und handeln«. Der Grundgedanke war derselbe wie in vielen anderen Unternehmen: Wenn wir die Mitarbeiter dazu motivieren, sich wie Unternehmer zu verhalten, und sie dafür belohnen, werden sich die Dinge ändern. Sie werden bessere Entscheidungen treffen, die sich auf die Kunden und den Erfolg des Unternehmens auswirken.

Sämtliche von uns umgesetzten Maßnahmen zeigten, dass die Leute dies verstanden. Die Kultur wuchs und veränderte sich. Dennoch: Irgendetwas fehlte. Selbst angesichts all der »richtigen« Entscheidungen fragten viele Leute: »Müssen alle meine Möglichkeiten, meine Entscheidungen und meine Arbeit so kompliziert sein? So frustrierend? So schwer, verwirrend und ineffizient?« Und dies in einem Unternehmen, das im Bereich Führungskräfteentwicklung zu einem der besten der Welt gehört!

Während der nächsten Jahre begegnete ich diesem Muster *überall* – in überaus erfolgreichen Unternehmen und in Unternehmen, die um ihr Überleben kämpften, in großen und in kleinen und auch in den Unternehmen mit gutem Image, in Vorstandszimmern, im Back-Office und bei Projektsitzungen.

Ein Aha-Erlebnis als Ausgangspunkt einer siebenjährigen Studie

Das grundlegende Problem scheint der enorme Aufwand zu sein, den Leute betreiben müssen, nur um herauszufinden, was sie tun sollen. Zwar wurden die Arbeitsabläufe gestrafft, die Wissensarbeit wurde jedoch immer ungeordneter und konfuser. Die richtigen Entscheidungen zu treffen – schnell und unter sich ständig verändernden Bedingungen –, ist heute das größte Problem bei der Erledigung unserer Arbeit.

Ich kam mit einigen leitenden Führungskräften zusammen, um ihnen meine Auffassung zu erläutern, wonach wir es für die Leute leichter nachvollziehbar machen könnten, wie sie ihre Arbeit erledigen sollen. Sie konnten ihre »Begeisterung« kaum bändigen: »Hören Sie auf, das Meer zum Kochen bringen« oder »den Hunger in der Welt zu stillen zu wollen«. Und: »Theoretisch ganz toll, aber wir sollten uns lieber auf die wirklichen Aufgaben konzentrieren«, oder »Alles schon mal da gewesen. Wir haben jetzt eine ›hochleistungsfähige-flexible-dauerhafte-grenzenlose-lernende-Organisation‹«.

Da ich schon immer ein Optimist gewesen bin, hörte ich heraus, dass sie damit eigentlich meinten, ich solle weiter an dieser Idee arbeiten. Daher konzentrierte ich mich ab 1992 mit meiner Firma auf die Studie »Search for a Simpler Way«, die über fünf Jahre von der Northern Illinois University gesponsert wurde und sich mit der Frage beschäftigte, wie es der US-Wirtschaft gelingt, Arbeit im Informationszeitalter zu gestalten. Dazu befragten wir über 2500 Teilnehmer und führten mit nahezu 1000 von ihnen ausführliche Interviews.

Zu ihnen zählten Führungskräfte, Manager und Mitarbeiter in Unternehmen wie GE, Merck, Hewlett-Packard, Xerox und Microsoft. Unsere Forschung umfasste auch Organisationen, die von Kelly Services bis zu den US-Streitkräften, von Service-Master bis Avon, Domino's Pizza, America Online, Southwest Airlines und Lucent reichten. Die Studie verlängerte sich schließlich auf sieben Jahre, als wir die Teilnehmer in den Jahren 1998 und 1999 nochmals befragten.

Wir wollten von den Leuten wissen, wie sie entscheiden, was sie tun sollen und wie sie die Dinge erledigen. Wir wollten Folgendes erfahren: Arbeiten wir angesichts all der Veränderungen, die heute unsere Arbeit betreffen, wirklich intelligenter oder einfach nur härter und schneller?

Intelligenter Arbeiten: Wir stecken noch in den Kinderschuhen

Um einige Ergebnisse unserer Studie vorwegzunehmen: Unternehmen verändern sich erfolgreich, um die Bedürfnisse von Markt, Kunden und Aktionären zu erfüllen. Erhebliche Mängel weisen sie jedoch auf, wenn es darum geht, die Arbeit intelligenter zu gestalten, das heißt Klarheit hinsichtlich möglicher Entscheidungen zu schaffen und ihren Mitarbeitern entsprechende Hilfsmittel und Informationen bereitzustellen, mit denen sie ihre Aufgaben effektiver erledigen können.

Unternehmen sind richtig gut darin, neue Entwicklungsmöglichkeiten in die Organisation einzubringen. Sie stecken jedoch noch in ihren Kinderschuhen, wenn es darum geht, die Mitarbeiter in diese Entscheidungen einzubinden und die geistigen Fähigkeiten aller so zu fördern, dass man von begrenzten Ressourcen und begrenzter Zeit unbegrenzt profitieren kann. Spitzenunternehmen sind darin zwar besser als der Rest, aber auch sie haben bislang nur einen kleinen Teil dessen erreicht, was möglich und notwendig ist.

Hier einige Beispiele unserer Ergebnissammlung:

Der Manager einer Produktionsanlage: »Ich habe alle 79 Seiten des Trainingshandbuchs zum Thema Leistungsmanagement durchgelesen und weiß noch immer nicht, was ich tun soll. Besonders, wenn ich unser Reengineering-Programm umsetzen und alle verantwortlichen und beteiligten Kräfte in neuen Verfahren darin schulen soll.«

Ein mittlerer Manager in einem Dienstleistungsunternehmen: »Für mich ist es wichtig, wie ich entscheiden soll, was zu tun ist... All diese Pläne, Kalkulationstabellen und Meilensteine... ich will einfach nur wissen, was bis wann erledigt sein muss. Mir fehlt immer noch eine Erklärung, wie ich die Dinge erledigen soll.«

Ein Senior Vice President für Finanzen, ein Manager für betriebliche Prozesse und ein Mitarbeiter aus drei unterschiedlichen Unternehmen sagten das Gleiche: »Ich weiß, *was* ich tun soll, um diese Veränderungen durchzuführen. Ich weiß bloß nicht *wie*.«*

* Weitere Details zu den Ergebnissen der Studie sowie einen Hinweis auf die Webseite mit weiteren Informationen finden Sie in Kapitel 2.

Die richtige Ordnung

Wir haben festgestellt, dass es außerordentlich schwierig ist, einen Weg zu finden, um alles erledigen zu können. Schwieriger, als wir zugeben wollen.

1994 brachte Peter Drucker, der Vater des modernen Managements, diese Herausforderung auf den Punkt. Im Hinblick darauf, wie Millionen von Menschen derzeit kollektiv denken und Entscheidungen treffen, erklärte er: »Die Produktivität der Wissensarbeit – die immer noch unglaublich niedrig ist – wird zur wirtschaftlichen Herausforderung der Wissensgesellschaft werden.«*

Drucker verfolgte diesen Gedanken weiter und beschrieb gleichzeitig einen Weg nach vorne, indem er 1997 verlauten ließ: »Die nächste Informationsrevolution stellt die Frage nach der Bedeutung von Information und nach ihrem Zweck. Und das führt rasch zu einer Neudefinition der Aufgaben, die mit Hilfe von Informationen erledigt werden müssen, und damit auch zu einer Neudefinition der Einrichtungen, die diese Aufgaben erfüllen.«** Einfachheit ist eine Informationsrevolution, deren Ziel es ist, Komplexität zu reduzieren. Es geht darum, die »richtige Art« von Ordnung zu schaffen. Eine Ordnung, die dennoch dynamische Veränderung, Experimentierfreude, neue Ideen, Innovationen und Lernen fördert. Diese Ordnung resultiert aus der Fähigkeit, Klarheit und Bedeutung für diejenigen zu erreichen, die die Arbeit erledigen.

---

* Peter Drucker, The Age of Social Transformation. In: *The Atlantic Monthly*, November 1994, S. 53–80.

** Peter Drucker, The Next Information Revolution. In: *Forbes ASAP*, 24. April 1997 (www.forbes.com/asap).

Warum Einfachheit funktioniert

Gavin Kerr, ein Freund und faszinierender Mensch, gab mir einen wichtigen Anhaltspunkt dafür, warum Einfachheit funktioniert. Er begann seine Laufbahn in einem Priesterseminar und machte dann seinen Weg durch Marketing, Vergütung und Personalwesen. Er war dabei, bei Pepsi Karriere zu machen, als er feststellte, dass ihm dies zuviel Zeit für Familie und Freunde nehmen würde. Jetzt ist er Veränderungsmanager für die University of Pennsylvania Health Systems.

Während der Blütezeit des Reengineering leitete Kerr für Pepsi New England ein Projekt mit der Bezeichnung »10X«. Das Unternehmen hatte es sich zum Ziel gesetzt, vier Hauptprozesse um das Zehnfache zu verbessern. Er hatte mit der Realisierung dieser Ziele zu kämpfen, denn alle Facetten – Strategie, Systeme, Technologie, Budgets usw. – wurden immer komplexer und stärker miteinander verwoben.

An einem Freitag begleitete ich ihn auf seinem langen Heimweg. Seine Familie lebte immer noch in Connecticut, während er fünf Tage die Woche außerhalb von Boston verbrachte. Wir unterhielten uns stundenlang über die Herausforderungen, vor die ihn die Realisierung von 10X stellte, über die Erfolge und Misserfolge in unseren Karrieren und deren Gemeinsamkeiten. Plötzlich sagte er etwas so Tiefgründiges, dass ich es nie vergessen werde: »Menschen akzeptieren zwar die Logik des Managements, aber sie handeln nach ihren eigenen Schlussfolgerungen.«

Offensichtlich ist dies der Fall. Aber die Aussage ist auch deshalb so tiefgründig, weil sie impliziert, dass im Prinzip die menschliche Natur alles beherrscht.

In diesem Zusammenhang findet eine merkwürdige Verschiebung statt, wenn Unternehmen so groß werden (ungefähr zwischen drei und 50 Mitarbeitern), dass formell festgelegt wird, wie Dinge erledigt werden müssen: Wir beginnen zu glauben, dass man mit einer speziellen Unternehmenslogik

– einem Plan, einer Prozessstruktur oder was auch immer – die zu treffenden Entscheidungen kontrollieren kann. Wir definieren *Kontrolle* sogar als »die Art, wie Entscheidungen getroffen werden«.

Wenn wir dann unzählige Stunden und Mittel für die Entwicklung einer solchen Logik aufgewendet haben, versuchen wir, die Mitarbeiter dazu zu bringen, daran zu glauben. Dabei wird in der Regel zu viel in die Entwicklung von Plänen und zu wenig in die Praxis investiert, mittels der Menschen Entscheidungen tatsächlich treffen. Die menschliche Natur funktioniert nämlich umgekehrt: Wir *tolerieren* die Logik der Dinge um uns herum, im Endeffekt spiegelt jedoch das, was wir *tun,* die Entscheidungen wider, die wir getroffen haben.

Einfachheit funktioniert, weil sie auf der menschlichen Natur und auf gesundem Menschenverstand beruht und nicht auf Unternehmenslogik.

Erstens: Gehen Sie von der Vorstellung aus, dass die meisten Leute das Richtige tun und etwas bewirken wollen. Zweitens: Akzeptieren Sie, dass wir in einer Welt der unbegrenzten Möglichkeiten leben und dass die meisten Leute wirklich darum bemüht sind herauszufinden, wie sie was am besten bewirken können. (Vergessen Sie nicht, dass das menschliche Bedürfnis, eigene Entscheidungen zu treffen, immer die Oberhand behalten wird, selbst wenn Sie ein gemeinsames Leitbild geschaffen haben.) Die Schlussfolgerung lautet: Schaffen Sie Ordnung durch Klarheit. Investieren Sie in die Art und Weise, wie die Leute Entscheidungen treffen.

Wir wollen jedoch nicht naiv sein. Bei Einfachheit geht es auch um Disziplin. Dieses Buch fordert Sie, mich und Unternehmen dazu auf, unsere Unreife im Hinblick auf die Einbindung von Mitarbeitern bei Entscheidungen zu überwinden. Wenn wir diese Veränderung bewerkstelligen, kann jeder intelligenter arbeiten. Denn effiziente Wissensarbeit setzt an unserer Fähigkeit an, alles, was unsere Aufmerksamkeit erfordert, zu verstehen, zu ordnen und verständlich zu machen.

Motto dieses Kapitels

Einfachheit funktioniert, weil sie auf der menschlichen Natur und gesundem Menschenverstand beruht

»Als ich mich das letzte Mal damit beschäftigte, gab es in Hinblick auf den gesunden Menschenverstand keine Vorschriften. Und vieles, was wir zu tun versuchen, basiert wirklich auf gesundem Menschenverstand.«

Michael Ayers, IT Education and Performance Systems, 3M

»Einfachheit ist gesunder Menschenverstand. Dabei gibt es so etwas wie eine Regel: Wenn Sie in etwas sinnvoll Zeit investieren, gewinnt es durch seine Einfachheit an Stärke. Das ist der Unterschied zwischen zielgerichteter Durchsetzung und Konfusion«

John Cochran, Chairman und CEO, FirstMerit Bank

Die Erfahrung hinter diesem Buch

Ich stand auf den Schultern von großen Persönlichkeiten (siehe Danksagung Seite 300), verschaffte mir einen Überblick über das, was ich sah, und zeichnete es auf. In der Schnittmenge der drei Bereiche Gestaltung von Unternehmen, Gestaltung von Kommunikation, Gestaltung von Lernprozessen fand ich eine weitere Kategorie, die erst auf den zweiten Blick erkennbar war: den gesunden Menschenverstand.

Das Ziel, Klarheit zu schaffen, ist nichts Neues. Auch die Notwendigkeit von Einfachheit oder die Möglichkeiten einfacheren Arbeitens sind bekannt. Vieles von dem, was Sie in diesem Buch lesen, basiert auf gesundem Menschenverstand. Leider scheinen viele grundlegende Elemente des gesunden Menschenverstands nicht bekannt bzw. ungeübt zu sein oder werden gar nicht erst angewandt.

»Dinge einfach zu halten, scheint oft gründlich missverstanden zu werden. Wenn Sie damit beginnen, soziales Denken zu honorieren, lassen Sie sich auf etwas ein, was ich als ›kognitives Judo‹ bezeichne: Sie erreichen, dass die Welt mehr Arbeit für Sie erledigt. Wenn Sie sich an diesen Grundsatz halten, beginnen Dinge, die aussichtslos kompliziert waren, sich auf äußerst interessante Weise zu klären.«

John Seely Brown, leitender Wissenschaftler, Xerox Corporation, Direktor von Xerox PARC

»Sehr oft verwechseln die Leute einfach mit *vereinfachend.* Der feine Unterschied geht dabei meistens verloren.«

Clement Mok, Chief Creative Officer, Sapient

»Wir verbringen viel Zeit damit zu untersuchen, wie man Dinge einfacher machen kann – wie man sie anwenderorientiert macht. **Dies muss gut durchdacht werden.** Gut genug, um zu verhindern, dass Dinge vereinfacht werden, indem man – wie das häufig der Fall ist – alle komplizierten Teile einfach weglässt.«

Larry Keeley, President, The Doblin Group

»Das ist vielleicht nichts Neues, aber es ist äußerst wichtig. Je mehr wir in das Zeitalter der Vieldeutigkeit und Überlastung eintreten, desto weniger Manager oder Führungspersönlichkeiten gibt es, die dies allein bewältigen können.«

Beth Miakinin, Director Body Engineering, Saturn

»Ich glaube, es wird Unternehmen geben, die hinsichtlich der Einfachheit anderen voraus sind und wissen, was es damit auf sich hat. Sie werden aus diesem Grund einen großen Wettbewerbsvorteil haben.«

Steve Plump, General Manager für das Vereinigte Königreich und Irland, Eli Lilly

»Dies ist sehr wichtig. Klarheit zugunsten der Geschwindigkeit zu vernachlässigen, heißt, darauf zu verzichten. Als Führungskräfte müssen wir klar und zielgerichtet sein.«

Matt Kissner, CEO, Pitney Bowes Financial Services

»Einfachheit war immer meine Leitlinie. Wenn ich mir etwas anschaue, frage ich mich: Wie können wir das vereinfachen und diejenigen zum Lächeln bringen, die es anwenden? Diese Frage stelle ich mir und meinem Team jeden Tag.«

Bob Glass, Chief Technology Officer, Weaver Aerospace

»Wenn ich auf alle Durchbrüche zurückblicke, die ich in der Vergangenheit erlebt habe, dann war in diesen Situationen immer eines vorhanden: Eine unglaubliche Klarheit. Nicht im Sinne einfacher Erklärungen, die jedes Kind versteht, sondern die aufregende und leidenschaftliche Klarheit einer Idee.«

Mike O'Brien, President, ZoomTown.com, Cincinnati Bells ASDL-Provider

»In den Köpfen vieler Leute bedeutet Management von Komplexität, einfach jeden mit Informationen zu überhäufen. Das macht die Konfusion nur noch größer.«

Nigel Holmes, Explanation Graphics

»Das meiste im Leben ist einfach und grundlegend. Damit das auch so bleibt, müssen wir besser über das Denken nachdenken. Im Zusammenhang mit Einfachheit sehe ich insbesondere zwei Dinge: 1. Wie wir Sprache einsetzen. Sie ermöglicht uns zu denken. 2. Wie wir Fragen stellen. Sie ermöglichen uns, über die richtigen Dinge nachzudenken.«

Don Winkler, Chairman und CEO, Ford Motor Credit Company

Einfachheit auf einen Blick

Kurz-Übersicht

Einfachheit

ermöglicht es Menschen stets, intelligenter zu arbeiten

Ein Orientierungsrahmen für Einfachheit

Klarheit anstreben	**Intelligentere Arbeit gestalten**	**Führen durch Navigation**
Zeit anders nutzen	An den Bedürfnissen der Basis ansetzen	Verändern der Spielregeln
• Verändern Sie die Art, wie Zeit genutzt wird • Planen Sie Gespräche • Fordern Sie bestimmte Verhaltensweisen ein • Hören Sie zu, um besser filtern zu können • Erzielen Sie das Engagement aller	• Einfacher wissen • Einfacher fühlen • Einfacher nutzen • Einfacher handeln • Einfacher erfolgreich sein	Strukturieren Sie Ihr Unternehmen nach den Fragen, die die Leute stellen

So sieht Erfolg aus

Einfachheit heißt, Zeit so zu organisieren, dass man Dinge erledigen *und* nachdenken kann.	**Einfachheit heißt, dass Mitarbeiter auf die Hilfe des Unternehmens vertrauen können, um intelligenter zu arbeiten.**	**Einfachheit heißt, Unternehmen so zu gestalten, dass Menschen auch angesichts einer unbegrenzten Auswahl an Möglichkeiten sicher navigieren können.**
Schaffen Sie weniger Konfusion oder machen Sie die Strukturen schneller durchschaubar, verändern Sie die Art, wie Zeit genutzt wird.	Wenn Instrumente, Prozesse und Informationen auf die Bedürfnisse der Mitarbeiter zugeschnitten sind, werden Aufgaben leichter, rascher und intelligenter ausgeführt.	Die Zukunft dreht sich deshalb um wirksame Orientierungshilfen und eine Unternehmenskultur, die an der menschlichen Natur ausgerichtet ist.

Einige Überlegungen vorab: Einfacher für wen?

Die Paradoxie der Einfachheit besteht darin, dass es schwierig ist, Dinge einfacher zu machen. Wenn Sie dieses Buch lesen, sind Sie möglicherweise gerade mit einer solchen Aufgabe beschäftigt. Einfachheit kann ein äußerst schwieriger Job sein, um den Sie nie gebeten haben, den Sie aber übernehmen müssen.

Dinge einfacher zu machen, muss nicht unbedingt ein Mehr an Arbeit für Sie bedeuten. Es kann aber bedeuten, dass Sie anders als bisher arbeiten müssen: Die Menschen, die Sie führen, suchen nach Ideen und Werkzeugen, die ihre Phantasie anregen und *genau das richtige Verhältnis* zwischen Ordnung und Veränderung schaffen. Ist dies nicht genau das, was Sie auch anstreben?

Ihr Job war schon nicht einfach, bevor Sie anfingen, sich Gedanken über Einfachheit zu machen. Dem Management-Guru Warren Bennis zufolge beinhaltet Ihre Rolle als Führungskraft die Fähigkeit, Visionen in Realität umzusetzen. Stellen Sie sich Einfachheit als eine Form von Feedback vor, das Sie im Hinblick auf die Bewältigung dieser Aufgabe erhalten – nicht mehr und nicht weniger. Machen Sie das Komplexe klar, und Verantwortung, Vertrauen, Freiheit, Richtung und Kontrolle – im positiven wie im negativen Sinn – werden für alle sichtbar. Machen Sie das Komplexe klar, und jeder kann selbständig wesentlich mehr Entscheidungen treffen – selbst wenn die Welt die Zahl der Optionen weiter erhöht.

Ich habe zwar versucht, einige Instrumente und Fragen anzubieten, um Sie anzuspornen, aber erwarten Sie kein simples Handbuch nach dem Motto »Einfachheit für Führungskräfte in einer Minute«. Das wird es nie geben. Verwechseln Sie zudem nicht »vereinfachend« mit einer sorgfältigen Gestaltung von Zeit und Energie.

Natürlich habe ich nicht alle Wege untersucht. Ich kann aber sagen, dass ich einige Jahre damit verbracht habe, das

Thema zu analysieren und mit anderen über einfachere Wege der Arbeit zu sprechen. Meistens habe ich die damit verbundenen Anforderungen, die vorhandene Verwirrung und das Chaos aufgezeichnet und dann einige der Ideen und Personen beschrieben, die bei der Lösung des Problems einen nachhaltigen Eindruck hinterlassen haben.

Ich habe versucht, meinen Worten Taten folgen zu lassen und mir im Hinblick auf meinen Beruf an die eigene Nase gefasst. Die Insidersprache aus dem Consulting-Bereich dient nur selten der Vereinfachung. Das Thema hat mir Spaß gemacht. (Warum sollte ich morgens aufstehen, wenn es keinen Spaß macht, Dinge zu erledigen?) Ich habe versucht, umgangssprachlich zu schreiben – so wie Leute wirklich miteinander reden. Wenn ich mich verhaspele, lassen Sie sich durch meine Fehler nicht von Ihrer Suche nach einfacheren Wegen der Arbeitsbewältigung abhalten. Diese Aufgabe ist zu wichtig und die besten Lösungen müssen erst noch entdeckt werden.

2 DER BÖSE ZWILLING DER EINFACHHEIT

Warum die Arbeit so komplex wurde

Es kommt der Zeitpunkt im Leben eines Mannes, an dem er den Stier bei den Hörnern packen und der Situation ins Auge blicken muss.
W. C. Fields, Vaudeville-Komödiant und Philosoph

Die Beschreibung der Komplexität von Arbeit ist etwas, was wir ja alle am eigenen Leib erfahren: Wir sind alle viel zu beschäftigt und haben keine Zeit, Dingen unsere Aufmerksamkeit zu schenken. Für jeden wird das Wichtige ständig durch das Dringende verdrängt.

Drücken Sie nur für einen Moment einmal die Pausetaste: Was verursacht Ihrer Meinung nach diese Komplexität? Die Geschwindigkeit der Veränderung oder ihre Intensität? Die Entwicklung der Technologie oder die Konkurrenz auf dem Markt? Manager, die nicht delegieren? Bis vor ein paar Jahren standen diese als Schuldige noch ganz oben auf meiner Liste. Ich unterstützte sie im Rahmen meiner Aufgabe als Schönfärber des Unternehmens – indem ich leitenden Führungskräften half, ihren Untergebenen die Notwendigkeit von Veränderungen zu vermitteln.

Etwa zur Halbzeit unserer Studie »Search for a Simpler Way« tauchten allerdings neue Muster auf. Ich begann zu verstehen, was uns Wissenschaftler über Komplexität zu erzählen versuchen. Wenn sie Muster untersuchen, tauchen selbst im Chaos die einfachsten Regeln und Lösungen auf. Und Mythen werden für jeden offensichtlich erkennbar.

Die Suche

Unsere gesamte Studie befasste sich mit der Frage, wie Arbeit im Informationszeitalter wirklich erledigt wird. Wir befragten Mitarbeiter nach dem Verständnis ihrer Aufgabe, nach dem Anlass von Entscheidungen und der Art der Entscheidungsfindung, nach den dabei eingesetzten Instrumenten und der Unterstützung, die sie anderen bei der Bewältigung ihrer Aufgaben zuteil werden ließen.

Ansatzpunkt der Frage, ob wir heute wirklich intelligenter oder nur härter und schneller arbeiten, war eine Gegenüberstellung der vorhandenen Systeme zur Erledigung von Arbeitsaufgaben – Leistungsmanagement, Umsetzung von Strategien, Prozessgestaltung usw. – und der *tatsächlichen* Arbeitspraxis der Leute.

Das Ziel dieses Kapitels ist nicht, all unsere Ergebnisse aufzulisten. Eine eingehende Analyse findet sich auf der Webseite http://www.simplerwork.com. Dort kann die gesamte 146 Seiten umfassende Studie heruntergeladen werden, es können demographische Statistiken mit einer vollständigen Liste der Teilnehmer eingesehen und zusätzliche Ergebnisse betrachtet werden. Zudem stehen zur weiteren Diskussion des Themas Chaträume zur Verfügung.

In diesem Kapitel möchte ich anhand der Erfahrungen aus unserer Studie aufzeigen, wie sich die heutige Form der Arbeitsprozesse entwickelt hat. Diese Geschichte ist nicht immer angenehm und schon gar nicht lustig. Sie ist jedoch wichtig für die Erkenntnis, warum unsere stärksten Bemühungen doch in Enttäuschungen endeten. Darüber hinaus zwingt sie uns dazu, eine ausreichend lange Pause zu machen, um eingehend über einfachere Wege des Arbeitens nachzudenken.

Die Geschichte der Arbeit bis heute

Los, los, an die Arbeit! Sie treffen Entscheidungen. Viele Entscheidungen. Einige so, wie es im Plan, im Ablauf, in der Strategie, im Budget festgelegt ist. Andere nicht. Das ist die menschliche Natur. Wenn der gesunde Menschenverstand eine Regel festlegt, nach der Sie arbeiten, dann ist es die der persönlichen Entscheidung. Und zwar ganz gleich, ob diese Entscheidung gut oder schlecht ist, ob sie zum Erfolg führt, den definierten Leitbildern Ihres Unternehmens entspricht oder nicht.

Schauplatzwechsel: Da Arbeit in der »New Economy« nicht mehr bedeutet, Dinge zu schaffen, sondern Entscheidungen zu treffen, verändern sich auch die Auswirkungen jeder Option. Heute müssen Sie nicht nur mehr Entscheidungen schneller treffen, sondern jede Entscheidung ist gleichzeitig mit der nächsten verknüpft. Geschäftlicher Erfolg hängt stärker als je zuvor von den Möglichkeiten ab, für die Sie sich entscheiden, und von der Art Ihrer Auswahl. Ein Beispiel: Jede strategische Planung der Welt ist sinnlos, wenn Sie den Plan nicht verstehen, sich nicht dafür engagieren und sich nicht dafür entscheiden, ihn als Richtlinie für den Umgang mit Kunden anzuwenden.

Und hier weicht die Geschichte vom Drehbuch ab, dem wir alle folgen: Während externe Faktoren wie Kundenbedürfnisse, Wettbewerb und globale Märkte ziemlich eindeutig bestimmen, was und wie schnell etwas geändert werden muss, erzeugt die Art und Weise, wie wir diese Entscheidungen im Unternehmen strukturieren und die entsprechenden Informationen vermitteln, die eigentliche Komplexität unserer Arbeitsprozesse.

Gerade zu einem Zeitpunkt, wo es wichtig wäre, dass jeder bessere Entscheidungen trifft, stellen wir fest, dass Unternehmen die damit verbundenen Inhalte nur sehr schlecht vermitteln können. Die wichtigsten Ursachen für Komplexität, die wir in unserer Studie »Search for a Simpler Way« entdeckten, waren

- Mangelnde Integration von Veränderungen
- Unklare Ziele und Vorgaben
- Ineffektive Kommunikation
- Vorhandene Formen des Wissensmanagements.

(Eine vollständige Liste finden Sie auf S. 40.)

Damit enthüllt sich ein schmutziges, kleines Geheimnis, das eigentlich keines ist: Komplexe Arbeit ist das Ergebnis unserer schlechten geistigen Angewohnheiten. Wir strukturieren Ziele, Kommunikation, Informationen und Wissen nicht so, dass die unterschiedlichen Mitarbeiter diese in angemessene Entscheidungen umsetzen können.

Die Geschichte unserer Arbeit handelt von der Zerstörung eines Klischees – es sei denn, wir führen einige drastische Veränderungen durch: Unsere größte Einschränkung ist nicht die Grenze unserer Vorstellungskraft. Vielmehr ist es unsere Unfähigkeit, alles, worum wir uns kümmern müssen, zu ordnen, verständlich zu machen und miteinander zu verbinden. Wir sind nicht in der Lage, das Komplexe klar zu machen.

In umgekehrter Reihenfolge erfahren Sie im Folgenden, wie sich die vier wichtigsten Ursachen von Komplexität am Arbeitsplatz auf Ihre Tätigkeit auswirken.

Warum verlässt mich der Mut?

4 Stellen Sie sich vor, Sie haben eine einfache Bitte: »Könnten Sie mir bitte etwas zu trinken geben?« Ihr Wasserministerium verfügt über die Technologie und die Möglichkeiten, um Ihr Bedürfnis zu erfüllen. Plötzlich wirft man Sie in einen unermesslich weiten Ozean mit Salzwasser, und Sie müssen kämpfen, um sich über Wasser zu halten. Überall um Sie herum ist nichts als Wasser, aber kein Tropfen davon ist genießbar. Für ungefähr drei Viertel von uns sieht so die übliche Form von Wissensmanagement aus.

Die viertwichtigste Ursache für Komplexität ist mit hoher

Wahrscheinlichkeit **die Art, wie in Ihrem Unternehmen Wissensmanagement stattfindet,** das heißt, was Sie alles tun müssen, um die notwendigen Informationen für die effektive Bewältigung Ihrer Arbeitsaufgaben zu erhalten. Nützliche Informationen, Wissen und Weisheit sind inmitten eines Datenmeers verborgen. Und die Lösung dieses Problems hat kaum etwas mit Technologie zu tun.

Dies ist kein lautstarker Protest eines Maschinenstürmers gegen den Fortschritt. Schauen Sie sich die folgenden Zahlen an: 80, 60, 75 und 1100. Sie stellen die Fähigkeiten, Bedürfnisse und persönlichen Filter dar, die diese Behauptung bestätigen.

Die Frage an die Teilnehmer der Studie, inwieweit es ihnen möglich ist, die für rasche und täglich neue Entscheidungen notwendigen Informationen zu bekommen und einzusetzen, brachte folgendes Ergebnis:

- 80 Prozent der Mitarbeiter an vorderster Front erklärten, sie fänden nicht das, was sie brauchten, oder könnten die verfügbaren Informationen nicht in eine Entscheidung umsetzen.
- 60 Prozent der befragten Führungskräfte, vom Manager bis zum Senior Vice President, erklärten dasselbe.

Unglaublich! 60 bis 80 Prozent von uns sind der Auffassung, dass etwas Hilfreiches da sein muss. Irgendwo. Wir können es bloß nicht finden oder rasch genug einsetzen. Wie ist das in der vernetzten Umgebung von heute möglich? Zunächst wollte ich unseren eigenen Daten nicht trauen. Dann verglichen wir unsere Ergebnisse mit umfassenden Bevölkerungsstatistiken (hauptsächlich in den USA).

Wir untersuchten Daten des Bureau of Labor Statistics. Wussten Sie, dass ungefähr 75 Prozent der Beschäftigten in den USA wichtige Kenntnisse und Qualifikationen fehlen, die notwendig sind, um heute bestehen zu können? Wenn Arbeit die Analyse, Beurteilung und Integration von »mäßig komplexen Informationen in Form von Allgemeinbildung, Doku-

Was macht Arbeit so komplex?

Gesamtzahl der Studienteilnehmer 2509 Befragte, davon 955 Interviews	**Die Unternehmen mit dem besten Image** 16 der 25 Unternehmen mit dem besten Image (*Fortune* 1997*), 236 Befragte, davon 49 Interviews	**Die 75 Spitzenunternehmen** 32 der besten Standard & Poor's – Unternehmen (*Business Week* 1997*), 306 Befragte, davon 67 Interviews
1 Integration von Veränderungen	**1** Integration von Veränderungen	**1** Integration von Veränderungen
2 Unklare Ziele und Vorgaben	**2** Wissensmanagement	**2** Vorhandene Kommunikationsstrukturen
3 Vorhandene Kommunikationsstrukturen	**3** Vorhandene Kommunikationsstrukturen	**3** Wissensmanagement
4 Wissensmanagement	**4** Technologie	**4** Form der Team- und Zusammenarbeit
5 Form der Team- und Zusammenarbeit	**5** Form der Team- und Zusammenarbeit	**4** Technologie (Gleichstand)
5 Technologie (Gleichstand)	**5** Kundenbedürfnisse (Gleichstand)	**6** Kundenbedürfnisse
7 Ablauf der Arbeitsprozesse	**7** Konkurrenz und Marktkräfte	**6** Ablauf der Arbeitsprozesse (Gleichstand)
8 Kundenbedürfnisse	**8** Ablauf der Arbeitsprozesse	**8** Wettbewerb und Marktkräfte
9 Fähigkeiten meines Managers	**9** Humankapital (Leistungsträger rekrutieren und an das Unternehmen binden)	**8** Unklare Ziele und Vorgaben (Gleichstand)
10 Wettbewerb und Marktkräfte	**10** Schulung, kontinuierliches Lernen	**10** Schulung, kontinuierliches Lernen

Die Listen geben die zehn wichtigsten Ursachen für komplexe Arbeit wieder, also die Gründe dafür, warum wir so hart arbeiten müssen, um intelligenter arbeiten zu können. Bei jeder Datenerhebung gab es immer einen deutlichen Abfall der Schwerpunktsetzung nach den ersten drei bis vier Faktoren.
Und noch ein Hinweis: Die Nennung »Unklare Ziele und Vorgaben« erscheint in der Liste der Unternehmen mit dem besten Image nicht und steht auf der Liste der Spitzenunternehmen ganz unten.

* Eine Nacherhebung dieser Punkte 1998 und 1999 zeigte keine wesentlichen Verschiebungen bei den wichtigsten vier Ursachen für komplexe Arbeit.

menten und quantitativen Angaben« umfasst, benötigen drei Viertel von uns zusätzliche Hilfsmittel und Fähigkeiten.*

Dabei geht es nicht um »schlau oder dumm«, sondern um den Bedarf an entsprechendem Gestaltungsrahmen, angemessenen Instrumenten und Erwartungen innerhalb unserer Unternehmen. Unsere Ergebnisse stützen die lautstarken Rufe nach einem Wechsel der vorgezeichneten Wege, die die US-Wirtschaft derzeit einschlägt, und nach einem konstruktiven Dialog zur Umsetzung künftiger Veränderungen. Gespräche können die harte Wissensarbeit erleichtern. Sie helfen uns, alles, was auf uns zukommt, besser zu verstehen.

In der überfrachteten komplexen Umgebung von heute konzentrieren sich drei Viertel von uns auf Sinnvermittlung als Aufgabe Nummer eins. All die neuen Informationen in Handlungen umzusetzen, steht weit abgeschlagen auf Platz zwei. Dennoch macht heute jeder mit dem Wissensmanagement Erfahrungen, die an die berüchtigte Kraftprobe mit dem damaligen sowjetischen Premierminister Nikita Chruschtschow vor den Vereinten Nationen erinnern: »Was warten Sie auf die Übersetzung, beantworten Sie einfach die Frage!«

Und dann ist da noch die schiere Last dessen, was auf Sie zukommen wird. Im Verhältnis dazu sind wir heute geradezu ultrakonservativ. Dazu ein paar Zahlen aus Silicon Valley:

- Jährlich verdoppeln sich die Informationen mindestens, die auf uns zukommen werden.
- Laut Schätzungen von Technologie-Gurus wie George Gilder verdreifacht sich in den kommenden 25 Jahren die Kommunikationskapazität aufgrund der möglichen Bandbreite.

Zudem zeigten die *konservativsten Schätzungen,* die wir fanden, dass sich die wirtschaftsbezogenen Informationen alle drei Jahre verdoppeln.

---

* »Education and the Economy: An Indicators Report«, U.S. Bureau of Labor Statistics, S. XVIII, WWW.nab.com/econ/index.html.

Folge: Mindestens alle 1100 Tage wird Ihre Fähigkeit, Informationen in Arbeit umsetzen zu können, doppelt so wichtig. Denn in diesem Zeitraum wird sich die Menge der Informationen verzweifachen, die Sie ignorieren, organisieren, umsetzen, vermitteln und zu Lösungen verarbeiten müssen. (Stellen Sie sich die Auswirkungen vor, wenn die progressiveren Schätzungen einträfen!)

Diese Entwicklung bleibt wahrscheinlich so lange eine Hauptursache für die Komplexität in unserer Arbeit, bis Wissensmanagement wirklich anwender- und bedarfsorientiert stattfindet.

Nichts als unnützes Gerede

3 Solange Menschen Teil des Arbeitsprozesses sind, dürfte die Relevanz des Faktors Kommunikation in diesem Zusammenhang kaum überraschen. »Kommunikation nervt immer!«, brüllt Tom Peters, die Nervensäge des Managements. »Es ist ganz einfach: Sie ist eine Bedingung des menschlichen Handelns ... Um Kommunikation auch nur halbwegs effektiv zu gestalten, möglichst in der Hälfte der Zeit, müssen Sie höllisch daran arbeiten ... die ganze Zeit!«*

Peters' Ausführungen liefern eine wichtige Erklärung dafür, warum **ineffektive Kommunikation** als drittwichtigste Ursache für Komplexität von Arbeit genannt wird. Jeder *denkt*, er arbeitet wie verrückt an deren Verbesserung. In Wirklichkeit ist der Großteil der Kommunikation jedoch durch einen Mangel an Disziplin gekennzeichnet. Nur wenige Leute sind in der Lage, sie so einzusetzen, dass die Arbeit einfacher wird. Dies ist keine leichte Aufgabe.

Mehr als drei Viertel der von uns befragten leitenden Manager definierten Kommunikation als die Fähigkeit, Unterneh-

---

* »Thrashed by the Real World«, In: *Forbes ASAP*, 7. April 1997, www.forbes.com/asap.

mensleitsätze so zu vermitteln, dass die Beschäftigten ihren Fokus auf die Bedürfnisse des Unternehmens und der Kunden richten. Nur neun Prozent definierten Kommunikation als das Vermitteln und Einsetzen von leistungsbezogenen Informationen zur Ausführung von Arbeitsaufgaben. Nach dieser Diskrepanz befragt, riefen die Führungskräfte empört aus: »Das ist Management, nicht Kommunikation!« Die Belegschaft entgegnete noch empörter: »Sie kapieren das nicht! Genau das ist es, womit Dinge klar und verständlich gemacht werden können. Weil Sie das nicht so sehen, legen Sie Ihren Schwerpunkt auf die Koordination und Kontrolle – nicht aber darauf, Aufgaben klar zu vermitteln.«

Es ist nicht so, dass unsere Führungskräfte nicht an die Kraft und Bedeutung von Kommunikation glauben. Das tun sie hundertprozentig. Ihr Problem ist jedoch, dass das Dringende das Wichtige *zu oft* verdrängt. Es ist wichtig, einen Dialog zu schaffen und jeden in den Gesamtprozess einzubinden. Zahlen zu liefern, ist dringend. Ausgehend von den aktuellen Prioritäten von Führungskräften ist »Managen« die Aufgabe Nummer eins; einen Bezugspunkt und Verständnis für die Mitarbeiter zu entwickeln, landet weit abgeschlagen auf dem zweiten Platz.

Dafür darf jedoch nicht nur die Führungsebene verantwortlich gemacht werden. Jeder trägt einen Teil zur überflüssigen Kommunikation in einem Unternehmen bei. Die Zahl der täglichen Kommunikationsforen schafft eine große Menge an Konfusion. Schauen wir uns kurz an, wie das aussieht:

- Ungefähr 80 Prozent Ihrer internen Kommunikation – Sitzungen, Telekonferenzen, Präsentationen, E-Mails usw. – bestehen aus dem Vermitteln von Informationen, für die keine Handlungen erforderlich sind, und/oder der Vermittlung von Inhalten, deren Vernachlässigung für den Empfänger keine Konsequenzen nach sich zieht.

  Mit anderen Worten: Ein großer Teil der Kommunikation, die Ihrer Meinung nach hilfreich ist, wird von Ihren

Teamkollegen als überflüssige Störung oder einfach »nervender Mist« angesehen.

- Zeitdruck ermöglicht es den Beteiligten, ein Verhalten zu rechtfertigen, das sie von andern nicht akzeptieren würden. Wenn Leute den kommunikativen Austausch *wirklich brauchen*, wollen sie, dass sich die anderen auch die Zeit zum Zuhören nehmen, um sich anschließend über die Bedeutung und Zusammenhänge der Ideen Klarheit zu verschaffen. Wenn *sie selbst* jedoch die Kommunikation erledigen müssen, hat das Zeitsparen Vorrang. Kommunikation reduziert sich auf das Verteilen von Informationen, wobei jede erdenkliche elektronische Abkürzung genommen wird. Im Hinblick auf Disziplin und Verantwortung steht die Kommunikation in Unternehmen vor großen Problemen. Es ist wie mit den Veränderungen: Sich Zeit zu nehmen, Klarheit zu schaffen, ist wichtig – solange die anderen dafür zuständig sind.
- In der Hochgeschwindigkeitswelt von heute wird der Mangel an Aufmerksamkeit, die dem Lösen von Problemen gewidmet wird, häufig unter einem falschen Begriff geführt. Wenn Teilnehmer der Studie ein Problem nicht schnell genug identifizieren konnten, wurde *alles* – unangemessen gestaltete Prozesse, unzureichende Bereitstellung von Mitteln, Störungen der Lieferkette und dergleichen – zu einem Kommunikationsproblem. Das bringt einem zwangsläufig zu der Lösung: »Wir sollten mehr kommunizieren«. Dies wiederum führt zur Zunahme an Störungen und lenkt vom ursprünglichen Problem ab. Leute mit ausgezeichneten Kommunikationsfähigkeiten wissen, wann sie ihren Mund halten und die grundlegenden Ursachen untersuchen müssen.

Menschen – und nicht Programme, Pläne oder Technologien – treffen letztendlich die Entscheidungen darüber, was und wie es gemacht werden soll. Daher ist eine Kommunikation, die auf Entscheidungsfindung ausgerichtet ist, ein ausschlaggebender Faktor für den Unternehmenserfolg. Die Arbeit, die das ermöglicht, schafft Tag für Tag die Voraussetzung für Einfachheit.

Wie sieht Erfolg aus?

2 Ich bin sicher, es überrascht nicht, dass die Spitzen- und imageträchtigen Unternehmen nach unserer Studie mit ganz klaren Zielen und Vorgaben arbeiten. Und sie setzen alles daran, klar zu bleiben ... tagtäglich. Nur selten treffen die nachfolgenden Ausführungen auf eines dieser Unternehmen zu – und damit nun zum unangenehmen Teil:

Wenn Ihr Unternehmen nicht zu den Besten der Besten zählt, stehen die Chancen gut, dass Ihre Ziele und Vorgaben den meisten Ihrer Mitarbeiter unklar sind. Und zwar so unklar, dass dies in Ihrem Unternehmen zur zweitwichtigsten Ursache für komplexe Arbeit avanciert.

Zur Lösung des Problems ist keine Gehirnchirurgie erforderlich, sondern nur wirklich harte Arbeit jeden Tag: Je höher der Anspruch von Veränderungen, desto größer ist der Aufwand, um jedem Einzelnen zu vermitteln, was Erfolg ausmacht. Offen gestanden fehlt diese Fähigkeit den meisten Unternehmen.

Der Mangel an Zielgerichtetheit stellt dabei eine der größten und deutlichsten Herausforderungen dar. In einer komplizierten, sich verändernden Umgebung ist eine eindeutige und äußerst präzise Kommunikation Voraussetzung für erfolgreiches Handeln. Dennoch gaben die meisten Befragten an, ihre Ziele seien unklar, weil es einfach zu viele davon gäbe. Diese Überfrachtung verursacht eine enorme Komplexität. Ein Unternehmen erhielt unsere Auszeichnung für »Dubiose Besonderheiten« weil es sämtliche Mitarbeiter mittels 136 »strategischer« Prioritäten unter einen Hut bringen wollte!

Ein weiterer wichtiger Faktor ist der Mangel an Zielabstimmung. Angesichts der vielen Veränderungen ist es für die meisten von uns wirklich schwer festzustellen, wie die eigenen Ziele mit denen unserer Kollegen verknüpft werden und wie diese gemeinsam den Erfolg des Unternehmens fördern sollen.

Leider scheint die Lösung dieses Problems in der amerikanischen Unternehmenswelt darin zu bestehen, die Wissenschaft vom Aufbau strategischer Managementsysteme perfektionieren zu wollen. Die Teilnehmer unserer Studie suchten aber nach etwas anderem: nach wirklichen Handlungsgrundlagen. Dabei tauchten zwei Themenkomplexe auf, von denen Sie schon unzählige Male gehört haben:

- Zielabstimmung und abgestimmtes Führungsverhalten sind offensichtlich nicht voneinander zu trennen. Auf dem Papier sieht die Koordination in der Regel gut aus, viel zu viele Unternehmen sprechen dieses Problem auf den höchsten Ebenen jedoch nie an. Anscheinend tolerieren wir, dass in den Führungsetagen unserer Unternehmen jeder seiner eigenen Tagesordnung nachgeht.
- Wirkliches Delegieren von Verantwortung kann von straff strukturierten Verfahren der Zielvereinbarung überdeckt werden. »Unsere Ziele sind auf Unternehmensebene klar«, sagte ein Direktor für Organisationsentwicklung. »Wirklich klare Ziele auf Linienebene bedeuten jedoch, dass wir durch Vertrauen und Kommunikation eine gemeinsame Sichtweise entwickeln müssen. Wir sind noch nicht bereit dazu. Wir wollen uns strukturieren, um dies zu erreichen.« Tatsächlich können Unternehmen systematische Verfahren zur Zieldefinition einsetzen, um einen Mangel an Vertrauen zu verbergen.

Angesichts all der Rhetorik zum Thema Veränderungen in den vergangenen zwei Jahrzehnten waren wir von der Häufigkeit und Schärfe der Kommentare der Befragten überrascht, wenn es um abgestimmtes Führungsverhalten und die Versuche der Unternehmen ging, durch Strukturen gemeinsame Leitziele zu entwickeln.

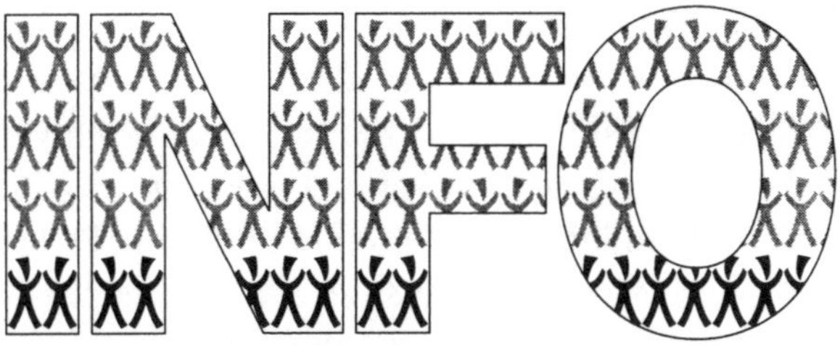

60 % bis 80 %

von uns können die Informationen, die wir für Entscheidungen brauchen, nicht finden oder umsetzen.

»Kognitive Belastungstheorie beschreibt, warum die Informationsverarbeitung aufhört zu funktionieren: Wenn Sie etwas Neues lernen und ein Neuling auf diesem Gebiet sind, ist die Belastung äußerst hoch. In Ihrem Gehirn läuft ein Prozess ab, der als Metakognition bezeichnet wird. Es passiert einfach zuviel. Sie können nicht alles verarbeiten. Daher versuchen die Leute, die Anforderung der Situation mittels Absprache zu vereinfachen – sie versuchen zu ändern, was von ihnen verlangt wird.«
Dr. Susan Land, Assistenzprofessorin, Instructional Systems, Penn State University

»Hinsichtlich dieser Art von Komplexität bin ich nicht pessimistisch. Der menschliche Geist ist erstaunlich. Nur optimistisch bin ich hinsichtlich des Ausmaßes, in dem wir Herausragendes erzielen. Das wird eine große Sache.«
Dr. Michael O'Brien, Psychologe, Autor von Profit from Experience

Schließlich führt auch der Mangel an Feedback in Unternehmen zu Unklarheit. Wir stellten fest, dass viele Leute mit klaren Zielen begannen, diese Klarheit aber rasch verloren, weil sie kein regelmäßiges und ehrliches Feedback bekamen. Leistungsbeurteilungen funktionieren in diesem Zusammenhang oft nicht. Die meisten sind hundsmiserabel. (Eine Umfrage der Society for Human Resource Management stellte fest, dass 90 Prozent der Beurteilungssysteme erfolglos sind.)

Wenn eine kontinuierliche Veränderung stattfinden soll, muss es auch ein kontinuierliches und ausführliches Feedback geben. Für ein angemessenes Feedback durch das Unternehmen und den Markt benötigen die Mitarbeiter Instrumente, die aktuelle Trends einfach vermitteln und hilfreiche, leicht anwendbare Informationen bieten, und ihnen damit die Grundlage für ihre täglichen Entscheidungen liefern. Um die persönliche Entwicklung zu unterstützen, sollte Feedback in Form eines kontinuierlichen Dialogs und Coachings durch die Teamkollegen stattfinden.

Auch diese Feststellungen haben Sie bereits viele Male gehört. Werden die Unternehmen diese grundlegenden Erkenntnisse auch irgendwann einmal ernst nehmen? Die Besten der Besten haben dies bereits getan.

Die Ursache Nummer eins für komplexe Arbeit

1 »Sicher, ich weiß, dass (meine Branche) derzeit umwälzende Veränderungen erlebt. Na und? – Was mich beunruhigt ist, dass (in meinem Unternehmen) keine Verknüpfung dessen stattfindet, wie wir uns verändern.« Diese Führungskraft benennt damit ein allgemeines Problem und die größte Ursache für komplexe Arbeit: **Mangelnde Integration von Veränderungen.**

Weiter heißt es: »Unsere Intranet-Inhalte sind nicht an unsere Quartalsprojekte angebunden, die nicht an unser Leistungsmanagementsystem angeschlossen sind, das nicht mit

Was ist Integration?

Ansicht der Beschäftigten

Integration ist die Fähigkeit, die Informationen zusammenzubringen, die ich zu einem bestimmten Zeitpunkt an einem bestimmten Ort benötige, so dass ich eine Entscheidung treffen kann, die zum Erfolg führt.

- Informationszugang und -verfügbarkeit
- Nutzbarkeit: Informationen sind so aufbereitet, dass sie meinen Bedürfnissen und Fähigkeiten entsprechen
- Qualität: Klarheit von Informationen und leichte Anwendung
- Effizienz: die richtige Informationsmenge zum richtigen Zeitpunkt
- Effektivität: Informationen sind den Entscheidungen und der Auswahl angemessen, die ich treffen muss
- Informationen sind untereinander verbunden und verknüpft
- Ich bin bevollmächtigt, das zu nutzen, was ich finde.

Ansicht der Führungskräfte

Integration ist die Fähigkeit, alle Systeme, Strukturen, Prozesse, Leute, Kapital usw. zusammenzubringen, so dass die Organisation ihren strategischen Plan durchsetzen kann.

- Fusionen und Übernahmen, Joint Ventures
- Aufeinander abgestimmte strategische Pläne und Budgets
- Berichtsstrukturen, Kontrolle
- Abstimmung bzw. Teamwork zwischen dem Führungsteam
- Projektmanagement
- IT: Einbindung von übernommenen Unternehmen, Integration von Vorhandenem und Neuem
- Produktions- oder Vertriebskanäle
- Cross Selling bzw. Marketing
- Umstrukturierung

der Vergütungsstruktur übereinstimmt, die wiederum nicht mit unseren Abteilungszielen im Einklang steht, die von Weiterbildung nicht unterstützt werden, die ... Sie wissen schon, was ich meine«.

Ein Mitarbeiter der Linie in einer Produktionsanlage meinte: »Wir sollen uns beim Erreichen der ISO-Zertifizierung an Six Sigma halten. Unser Team würde eine Leistung bringen, die das Management vom Hocker reißt, wenn die nur dafür sorgen würden, dass die Weiterbildung, die wir nächste Woche machen sollen, irgendwas mit dem Qualitätsprogramm zu tun hat, das sie letztes Jahr eingeführt haben. Und es würde wirklich helfen, wenn unser Programm zur Beteiligung an Produktivitätszuwächsen irgendetwas mit der Art des Managements in meinem Team zu tun hätte.«

Der Leiter für Organisationsentwicklung in einem Fortune-200-Unternehmen: »Wir haben unsere Vergütungsstrukturen verändert. Wir haben 360°-Feedback eingeführt. Wir veranstalten vierteljährlich Sitzungen in der Stadt. Wir schicken unsere Führungskräfte und Manager zum Training bei CCL und nach Pecos River. Wir haben Schablonen für die Berichtsstrukturen erstellt. Wir haben die Berater McKinsey, Delta, ODR und Andersen beauftragt. Für sich selbst genommen ist jede einzelne Bemühung unglaublich wertvoll. Aber ist auch nur eins dieser Dinge mit den anderen verknüpft? Nein!«

Ursache Nummer eins für komplexe Arbeit heute ist, dass wir von unseren Mitarbeitern integriertes Vorgehen erwarten, jedoch die Infrastruktur, die wir ihnen dafür bieten, völlig wacklig zusammengezimmert ist.

Um gerecht zu sein: Keine Organisation und kein menschliches Wesen wäre in der Lage, heute alle Strukturen zu systematisieren und vollständig miteinander zu verknüpfen. Es sind zu viele, sie laufen zu schnell ab und sind zu kompliziert. Da das Systematisieren und Verknüpfen nicht aufhört, werden Sie Ihren Weg zur Integration nie planen können. Die Lösung kommt – welch eine Überraschung! – von den Beschäftigten.

Führungskräfte und Mitarbeiter sehen die Herausforderungen in diesem Zusammenhang ganz unterschiedlich:

- Mitglieder der Führungsebene definieren erfolgreiche Integration als die Fähigkeit, alle Systeme, Prozesse, Leute und alles Kapital zusammenzubringen, so dass eine Organisation ihren strategischen Plan durchsetzen kann. Diese Führungskräfte konzentrieren sich auf die Instrumente der Kontrolle, Anordnung und Koordination.
- Die Mitarbeiter definieren erfolgreiche Integration als die Fähigkeit, »die Informationen zusammenzubringen, die ich zu einem bestimmten Zeitpunkt an einem bestimmten Ort benötige, so dass ich eine Entscheidung treffen kann, die zum Erfolg führt«. Die Leute, die die Arbeit tun, konzentrieren sich hauptsächlich auf persönliche – und nicht unternehmenseigene – Instrumente, um Entscheidungen zu treffen. (Einen vollständigen Vergleich finden Sie in der Tabelle auf Seite 49.)

Beide Sichtweisen sind für eine erfolgreiche Integration nötig und richtig. Wenn Führungskräfte ihren Fokus nicht auf Umstrukturierungen und alle anderen Punkte auf ihrer Liste richten, gibt es für ihre Organisation keine Zukunft. Und wenn Mitarbeiter nicht das bekommen, was sie für ihre Arbeit benötigen, misslingt die Einführung von Veränderungen. Beide Aspekte müssen mit der gleichen Eindringlichkeit behandelt werden. Da jedoch die Führungskräfte das Budget für die Integration von Veränderungen zur Verfügung stellen und sie vorantreiben, können Sie sich denken, welche Sichtweise zu kurz kommt.

Auf geht's! Die US-Wirtschaft investiert viel in integrierte Planung und Koordination. Bei der Investition in den Faktor »Mensch« wird jedoch gespart. Wir ignorieren anscheinend die Tatsache, dass Menschen, wie Gavin Kerr so treffend bemerkte, – obwohl sie die Logik des Managements akzeptieren – immer ihren eigenen Schlussfolgerungen entsprechend handeln. Solange wir Integration nicht als die Bereitstellung von Instrumenten und Informationen verstehen, die die Mitarbeiter benötigen, um selbst sinnvolle Entscheidungen zu treffen, werden wir weit mehr komplexe Arbeit schaffen, als erforderlich ist.

Der Schock: »Wie sollen wir das alles bewältigen?«

Was bekommen Sie, wenn Sie alle vier Ursachen für Komplexität addieren? Den »Zukunftsschock«. Zu Beginn der Studie hatte ich dies noch nicht erkannt, aber schließlich untersuchten wir ein 30 Jahre altes Konzept von Alvin Toffler. Er definiert den Begriff *Future Shock* als einen »Frontalzusammenstoß ... der zu einer Entscheidungskrise führt ... Zusammengenommen rechtfertigt dieser Druck den Begriff ›Überstimulation durch Entscheidungen‹«. Er bezeichnete es außerdem als »kognitive Überlastung«.

Die Symptome gehen über die reine Überfrachtung mit Informationen hinaus. Jeder von uns hat eingebaute Mechanismen, damit umzugehen: Wir schalten einfach ab. Oder wir wählen aus, wem wir zuhören. Oder wir löschen Massen von Voicemails und E-Mails. Wie aber geht man mit einer Überlastung durch Entscheidungen um? Wo sind die Instrumente für die richtige Navigation und Auswahl innerhalb der unbegrenzten Möglichkeiten? Ja, es gibt Erfolgsstories. Nein, besonders viele sind es nicht.

Schauen Sie sich noch einmal die Tabelle auf Seite 40 an. Sie werden feststellen, dass selbst in Spitzen- und imageträchtigen Unternehmen die wichtigsten Ursachen für komplexe Arbeit mit Entscheidungsproblemen und mit der damit verbundenen kognitiven Überlastung zusammenhängen. (Das gilt in der Regel nicht für die Führungsetagen. Aber je näher wir den Mitarbeitern in vorderster Linie kamen, desto häufiger trafen wir auf das Phänomen »Zukunftsschock«. Im mittleren Management war es am schlimmsten.)

Wenn Sie Tofflers Ansicht teilen, werden Sie die Art und Weise verändern, wie Sie zuhören. Dabei werden Sie feststellen, dass Widerstand gegenüber Veränderungen häufig falsch diagnostiziert wird. Eine große Anzahl von Mitarbeitern – mehr, als die meisten von uns zugeben möchten – benötigt neue Instrumente und Fertigkeiten, wenn sie in einer Welt arbeiten soll, in der sie vor unbegrenzten Möglichkeiten steht. Trotzdem sind wir aufgrund unserer Fähigkeit, durch Nachdenken nahezu jedes Problem lösen zu können, davon überzeugt, die Schwierigkeiten auf dem Weg zu Veränderungen seien darauf zurückzuführen, dass sich die Leute widersetzten. Also: Verwechseln Sie bitte angesichts zu vieler Entscheidungsoptionen nicht Überlastung mit Widerstand gegenüber Veränderungen.

Alles dreht sich um Zeit

Alan Webber, Herausgeber der Zeitschrift *Fast Company,* erklärt: »Die wenigsten Leute spazieren durch die Gegend, kratzen sich am Kopf und denken ›Mann, ich bin hoffnungslos verloren‹. Die meisten sagen: ›Ich mache meine Arbeit gerne. Ich würde sie gegen nichts auf der Welt tauschen, aber ich bin völlig überlastet. Ich kann das alles nicht mehr bewältigen . . .‹.«

Er hat Recht. Nur wenige von uns sprechen über die Überdosierung an Möglichkeiten. Aber wir alle haben ein inneres Zeitgefühl. Unsere Diskussionen drehen sich in der Regel darum, wie viel wir noch erledigen müssen und wie wenig Zeit wir noch dafür haben.

Leider sind solche Diskussionen selten ausgewogen. Zu häufig geben wir dem Markt und der Technologie die Schuld dafür, dass wir so wenig Zeit haben. Aber auch der Mangel an Klarheit innerhalb unserer Organisationen raubt uns einen Großteil unserer Zeit.

Motto dieses Kapitels

Mangel an Klarheit kommt uns teuer zu stehen. Er beeinträchtigt und hemmt Leute, die versuchen, intelligenter zu arbeiten.

»Im Hinblick auf die Produktivität ist dies ein kritischer Punkt. Komplexe Arbeit ist möglicherweise *der* Produktivitätsfaktor des kommenden Jahrzehnts. Das Problem dabei liegt jedoch nicht in den Fähigkeiten oder der Bereitwilligkeit der Leute, sich als engagierte Wissensarbeiter einzubringen. Suchen, Denken und Schaffen sind menschliche Eigenschaften. Die Herausforderung besteht in der Entscheidung des Managements, worauf sich die Zeit und Energie der Menschen konzentrieren soll.«

Tom Petzinger, Kolumnist des Wall Street Journal, *Autor von* The New Pioneers

»Menschen haben nicht die Zeit und Energie – und in einigen Fällen nicht die Fähigkeit –, sich länger auch nur auf zwei oder drei sehr wichtige Dinge zu konzentrieren. Im vergangenen Jahr hatten wir 167 000 neue Mitarbeiter in unserer Organisation. Wie in aller Welt soll man eine solche Menge an Leuten in der Zielspur halten? Das ist ganz schön schwer.«

Gary Bosak, Vice President of Transformation, Sears

»Häufig sind leitende Manager ein Teil des Problems. Sie denken tatsächlich, was sie sagen und vorgeben, ist die einzige Information, die verbreitet wird. Sie verstehen nicht, wie viele Informationen in ihrer Organisation im Umlauf sind. So nehmen sie ständig Neuordnungen, Umstrukturierungen und neue Prozesse in Angriff.
Weil sie nicht verstehen, warum ihre Leute verunsichert sind, werden auf diese Weise gerade die guten Leute durch noch mehr Komplexität belastet.«

Jim Dixon, Leiter für Technologie und betriebliche Prozesse, Bank of America

Der Leiter eines 20 000-Mitarbeiter-Unternehmens vertraute mir in einem ruhigen Moment an: »Wir nutzen die Zeit der Leute wie einen Blankoscheck.« Es war ihm sichtlich peinlich. US-Unternehmen drängen ihre Mitarbeiter dazu, viele unüberlegte Entscheidungen zu treffen, und nennen dies Geschwindigkeit. Firmen und Führungskräfte, die mit dem Schaffen von Klarheit nachlässig umgehen, verwechseln Ihre persönliche Zeit mit der des Unternehmens.

Jeder, der die Beseitigung von Kontrollen im Unternehmen predigt, indem er nur das Treffen von Entscheidungen in die unteren Ebenen verlagert, hat nichts verstanden. Es gibt ein neues, verdecktes Kontrollspiel. Michael Lewis, Autor von *Liar's Poker,* nennt es »seinen Platz in der Welt behaupten: die Zeit anderer Leute verschwenden, ohne auch nur einen Moment seiner eigenen aufzuwenden.«* Nicht eine der Führungskräfte, die ich kennen lernte, spielt dieses Spiel absichtlich. Die meisten wären ernsthaft erschreckt, wenn sie feststellten, was los ist. Untersuchungsergebnisse zeigen jedoch, dass zu viele Unternehmen unwissentlich eine Form der Kontrolle gegen eine andere ausgetauscht haben.

Das Paradox der Einfachheit: Unternehmen müssen Geschwindigkeit anstreben *und* die Zeit ihrer Beschäftigten effektiv nutzen.

Halten Sie den Fahrstuhl an

In den Kommunikationszirkeln gibt es das so genannte Fahrstuhlgespräch. Sie müssen in der Lage sein, Ihrem Gesprächspartner Ihre wichtigsten Anliegen in der Zeit zu vermitteln, die Sie für eine kurze Fahrt im Fahrstuhl benötigen. Wenn ich mit Ihnen im Fahrstuhl fahren würde und Ihnen erzählen

---

* »24–7«, *Forbes ASAP,* 30. November 1998, www.forbes.com/asap.

müsste, was ich in den vergangenen sieben Jahren gelernt habe, würde ich Folgendes sagen:

- Konfusion kostet Sie weit mehr als Sie denken. Sie führt zu komplexer Arbeit und einem Missbrauch der Zeit Ihrer Mitarbeiter.
- Die meisten Leute sind hervorragend. Sie wollen das Richtige tun und etwas bewirken.
- Wenn Sie wollen, dass mehr Leute mehr bewirken (der Fahrstuhl hält an), müssen Sie neue Wege für sie finden, so dass sie ihre eigene Ordnung schaffen können.

Die Fahrstuhltür öffnet sich und wir steigen aus. Wenn Sie jetzt noch mehr hören wollten, würde ich folgendermaßen schließen:

- Klarheit zu schaffen erfordert etwas gesunden Menschenverstand und viel Disziplin.
- Sowohl Einzelpersonen als auch Unternehmen müssen dabei Verantwortung übernehmen.

3 NA UND?
Oder: Schmerzt es so sehr, dass man etwas dagegen unternimmt?

Nicht versuchen. Tu's oder tu's nicht.
Yoda zu Luke Skywalker

Die Geschichte geht weiter... Einfachheit ist Stärke. Komplexe Arbeit macht alles zu schwierig und verwirrend. Noch wichtiger ist jedoch, dass sich die Brille, durch die wir die Arbeit betrachten, verändert hat. Das Problem wird Ihnen nicht durch etwas »da draußen« aufgebürdet. Ihre Organisation sowie die Leute im Unternehmen und um das Unternehmen herum tragen zu den Hauptursachen für Komplexität bei.

Na und? Ist das *Ihr* Problem?

Nur durch eine neue Brille zu blicken, reicht nicht aus, um Sie dazu zu veranlassen, diesen äußerst schwierigen Job zu übernehmen, um den Sie nie gebeten haben. Dies geschieht

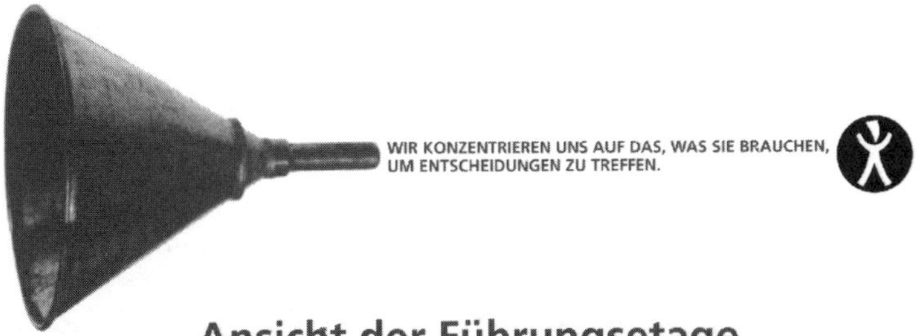

Ansicht der Führungsetage

WIE FINDE ICH HERAUS, WIE ICH DIE DINGE ERLEDIGEN SOLL?
WIE FINDE ICH HERAUS, WAS WICHTIG IST?
WIE NAVIGIERE ICH SELBSTÄNDIG DURCH DIE GANZEN INFORMATIONEN?
WIE TREFFE ICH ENTSCHEIDUNGEN, DIE ZUM ERFOLG FÜHREN?
Ansicht der Beschäftigten

erst, wenn Sie davon überzeugt sind, dass die Kosten der Konfusion größer sind als die Mühe, Einfachheit herzustellen.

In einem ersten Schritt sollten Sie darüber nachdenken, was Sie Komplexität kostet und zwar im Hinblick auf persönliche Energien, das Unternehmensergebnis, verpasste Wachstumschancen, Fluktuation usw.

Wenn Sie diese Kosten nun noch im Hinblick auf Ihre eigene Person überschlagen, werden zwei Dinge geschehen: Zum einen wird ein Teil des Problems auch das Ihre sein: Komplexität ist nicht mehr dieses nebulöse Etwas, das irgendjemand anderes beheben muss. Zum anderen werden Sie allmählich wieder etwas Kontrolle über die Situation erlangen: Wenn eine Sache so wichtig und dringend ist, dass man ihr regelmäßig Aufmerksamkeit zuteil werden lässt, scheint sie sich immer etwas leichter bewältigen zu lassen.

Zu diesem Zeitpunkt kommen die folgenden Fragen ins Spiel. Sie sollen Ihnen helfen, die Komplexität im Hinblick auf die täglichen Aktivitäten in Ihrem Unternehmen und Ihre Rolle dabei zu untersuchen. Einige der Fragen sind kinderleicht und dienen dem Einstieg. Andere sind hartnäckig, tiefgehend und kompliziert. Mein Ziel ist, mindestens eine Frage zu Ihrem aktuellen Gesprächsthema zu machen und Ihnen mit der anschließenden Diskussion Ansatzpunkte für ein mögliches Vorgehen aufzuzeigen.

Die Ideen und Fragen unter der Überschrift »Was würde ich ändern?« zielen auf Ihre persönlichen Möglichkeiten als Manager, Team- oder Unternehmensleiter. Sie dienen der Vorbereitung auf Teil 2, »Einfache Arbeitstage«, in dem es darum geht, Zeit anders zu nutzen. Sie werden feststellen, dass die in Kapitel 3 bearbeiteten Themen direkt zu diesem Teil überleiten.

Die Frage »Was müssen wir ändern?« bezieht sich in erster Linie auf Führungskräfte mit Verantwortung für einzelne Geschäftsbereiche oder das ganze Unternehmen. Unter dieser Überschrift werden Probleme der Komplexität thematisiert, die mit der Gestaltung von Infrastruktur, Instrumenten und Prozessabläufen zusammenhängen. In Teil 3 des Buchs, »Einfache Unternehmen«, haben Sie dann Gelegenheit, erneut über diese Dinge nachzudenken – und dabei nach Lösungen zu suchen, die an den Bedürfnissen der Basis ansetzen.

So wie die menschliche Natur beschaffen ist, werden Sie diese ganze Arbeit nur dann in das Thema Einfachheit investieren, wenn Sie glauben, dass eine Beibehaltung der derzeitigen Komplexität demgegenüber noch schmerzhafter und kostenintensiver wäre.

Was würde ich ändern?

Der Ausgangspunkt des Gesprächs: zwei Bilder, die mehr sagen als Tausend Worte

Schauen Sie sich noch einmal den Trichter und die Punkte auf Seite 57 f. an. Sie stellen grafisch dar, was wir in unserer Studie festgestellt haben. Ich hatte diese Bilder unter den Ergebnissen begraben – bis ich sah, wie Leute auf sie reagierten.

Fotokopieren Sie die beiden Seiten und fragen Sie ungefähr ein Dutzend Leute in Ihrem Unternehmen, ob ihnen die Bilder etwas sagen. Beobachten Sie, wie sich ihre Pupillen zusammenziehen und ihre Gesichter und Hände zum Leben erwachen. Hören Sie sich ihre Reaktionen an. Ihre Kommentare zeigen Ihnen konkrete Ansatzpunkte, an denen Sie mit der Reduktion von Komplexität beginnen können. Zwar werden nur wenige zugeben, dass sie die Mitarbeiter unter solchen Bergen von Punkten begraben. Die meisten können Ihnen jedoch wie aus der Pistole geschossen auflisten, was die Menge an Punkten verursacht, durch die sie sich hindurcharbeiten müssen.

Ist es Zeit, einen Headhunter anzurufen?

Schließen Sie die Tür. Setzen Sie sich ein paar Minuten still hin. Denken Sie gründlich darüber nach, wie Ihr Unternehmen, Ihr Team oder Ihre Abteilung *Ihre* Zeit nutzt. Zu welchem Ergebnis kommen Sie? Seien Sie gerecht: Wie viel davon könnten Sie selbst ändern? Wie viel von diesem Zeitverlust ist wirklich »so, wie es eben ist«, und wie groß ist der Anteil, der einen schwerwiegenden Missbrauch Ihrer Zeit auf dieser Erde darstellt?

Laut einer von Yankelovich 1998 durchgeführten Untersuchung gab einer von drei Erwachsenen an, für weniger Gehalt mit einem einfacheren Lebensstil zufrieden zu sein. Würden Sie für weniger oder gar keinen Gewinn überlaufen, wenn der Konkurrent Ihres Unternehmens Einfachheit zu seinem Ziel machen würde?

Stellen Sie sich jetzt vor, Ihre direkten Untergebenen oder Teamkollegen bekommen dasselbe Angebot. Wie viele von ihnen würden überlaufen? Wenn Ihnen die Antwort nicht gefällt, rufen Sie sich die wichtigsten Gründe für komplexe Arbeit in Erinnerung, die wir in Kapitel 2 erörtert haben. Zu ihnen gehören unklare Ziele, ineffektive Kommunikation und mangelndes Wissensmanagement. Wie viel davon könnten Sie als Führungskraft oder Manager beheben?

Verursacht Komplexität Probleme, auf die Sie nicht geachtet haben?

Nachdem sie den Begriff definiert hatten, fragten wir die Leute, ob sie in den vergangenen Jahren mehr, weniger oder das gleiche Ausmaß an Komplexität erlebt hatten. Über die Hälfte gab an, die Komplexität der Arbeit sei beträchtlich gestiegen. Von diesen Leuten erklärte einer von sechs, Komplexität sei so stark angestiegen, dass es »mehr ist, als ich erfolgreich bewältigen kann«. Diese Personen waren in ihrer Entscheidungsfindung überlastet, und ihnen fiel es wirklich schwer, aus all den Punkten das Wichtige herausfinden. Ist die Komplexität in Ihrem Unternehmen auch stark gestiegen? Wenn ja, auf wen in Ihrem Unternehmen trifft das letztgenannte Problem zu? Wirkt sich dies auf den Kundendienst aus? Auf den Führungsstil? Auf die Entwicklung neuer Produkte? Wenn Sie die Antwort wissen, können Sie bereits erste Ansatzpunkte ins Auge fassen, an denen Einfachheit eine große Wirkung auf Ihr Unternehmen haben würde.

Was müssen wir ändern?

Würden Sie gerne die Kosten senken oder mehr Wachstum erzielen?

In einer kürzlich von Bain and Company durchgeführten Umfrage erklärte nahezu die Hälfte der befragten oberen Führungskräfte, Kostensenkung sei eine wichtige Strategie, um in unsicheren Zeiten Erfolg zu gewährleisten.

Wenn, wie unsere Studie vermuten lässt, Komplexität pro Tag und Person eine Zeitverschwendung von mindestens zwei Stunden verursacht, ist es wirklich wichtig, Wege zu finden, um diese zwei Stunden wieder hereinzuholen. Verringerung der Komplexität ist mit einer Senkung der Personalkosten gleichzusetzen. Sie können die Kosten reduzieren, ohne einen einzigen Mitarbeiter zu verlieren. Oder Sie können, wenn Sie sich an der Spitze der Zuwachsraten bewegen, bis zu 120 Minuten pro Tag und Person für neue Ideen und Innovationen dazugewinnen.

Wenn Sie sich nur die Vereinigten Staaten anschauen, in denen etwa 134 000 000 Menschen erwerbstätig sind, die einen Durchschnittslohn von 13,29 Dollar pro Stunde verdienen, summieren sich diese zwei Stunden zu einer beträchtlichen Menge Geld.*

Die folgende Tabelle verdeutlicht die Kosten der kognitiven Überlastung in den Vereinigten Staaten. Während diese Daten in einer Diskussion um Ursache und Wirkung kaum als Argumente geltend gemacht werden können, stellen sie doch ein erprobtes Mittel dar, um die Aufmerksamkeit von Führungskräften zu gewinnen. Verändern Sie den Maßstab der Zahlen, und die Daten können als Momentaufnahme des jeweiligen Unternehmens dienen. Überprüft irgendjemand aus Ihrem Führungsteam die Kosten für kognitive Überlastung? Verfügen dieselben Führungskräfte über Strategien zur Ausgabensenkung bzw. zur Einnahmenerhöhung, indem sie den Mitarbeitern ermöglichen, der Überlastung Herr zu werden?

Kognitive Überlastung: eine 1,3-Billionen-Dollar-Industrie in den USA?

Verluste der Wirtschaft durch komplexe Arbeit: **zwischen 890–926 Milliarden US-Dollar** (1)
Kosten für stressbezogene Probleme: **mindestens 200 Milliarden US-Dollar** (2)
Kosten der Unternehmen für *kurative* Weiterbildung: **40 Milliarden US-Dollar** (3)
Jährliche Honorare für Managementberatung: **113 Milliarden US-Dollar** (4)

Quellen: (1) Daten aus »Search for a Simpler Way« sowie Daten des Bureau of Labour Statistics. (2) American Institute of Stress. (3) Gary Huggins vom Education Leaders Council. (4) Prognose für das Jahr 2000 der Kennedy Research Group von 1999.

* Daten des Bureau of Labour Statistics (BLS) vom Juli 1999.

Verfügen Sie über die notwendige Führungsmannschaft?

Watson Wyatt befragte kürzlich über 2 000 Führungskräfte auf der ganzen Welt und kam zu dem Schluss, die Entwicklung dieser Zielgruppe sei die wichtigste Aufgabe, vor der das Personalwesen heute stehe. Die American Society of Training and Development nennt den Mangel an angemessener Nachfolgeplanung die dringlichste Aufgabe im Rahmen der Führungskräfteentwicklung – und wir haben die Auswirkung der Komplexität auf unsere Führungspersönlichkeiten noch nicht einmal in Betracht gezogen.

Wenn die Komplexität der Arbeit weiterhin zunimmt, welche zusätzlichen Lasten werden die Führungskräfte von morgen auf sich nehmen müssen? Haben Sie genug Führungskräfte in der Pipeline, die in der Lage sind, Entscheidungen in einer Umgebung kognitiver Überlastung zu treffen?

Die Kehrseite: Könnte die Umsetzung von Einfachheit die letzte Chance für Entwicklung sein? Das heißt, würde nicht die Pipeline im Hinblick auf die personellen Ressourcen gefüllt und eine optimale Unternehmensstruktur geschaffen, wenn man jetzt die richtigen Leute mit der Schaffung von Einfachheit beauftragen würde?

Haben Sie das notwendige Mitarbeiterpotenzial?

Gibt es eine ausreichende Zahl an Mitarbeitern, die sich ihren Weg durch die Komplexität Ihres Unternehmens denken *kann* und *will*? Ganz gleich, ob sie einzeln oder in Teams arbeiten? Gibt es genügend loyale und fanatische Wissensarbeiter in Ihrem Mitarbeiter-Pool, die sich liebend gerne mit einem Mangel an Zusammenhängen, unklaren Zielen und den anderen Ursachen für Komplexität herumschlagen?

Sie stehen vor zwei Möglichkeiten: Entweder Sie werden einfach – und zwar schnell – oder Sie müssen darauf hoffen, dass Sie immer wieder Leute finden werden, die sich durch alles hindurchdenken können und wollen – ganz gleich, welche unausgegorenen Ideen Sie ihnen vorsetzen. Letzteres könnte sich als eine lebensfähige Strategie erweisen. Wenn Sie darauf setzen, müssen Sie allerdings die Kosten berücksichtigen, die anfallen, um solche Leute zu finden und zu halten. Dazu einige Zahlen:

- **Anwerbung:** 1998 überprüfte Andersen Consulting 3 000 000 Lebensläufe und führte 200 000 Erstgespräche durch, um 15 000 Neueinstellungen herauszufiltern. Bei Ihnen mag der Umfang kleiner sein, dennoch wird Sie eine solche Suche teuer zu stehen kommen.
- **Gehalt:** iQuantic ist eine Firma mit Sitz in San Francisco, die im Silicon Valley Eigenkapital-Verfahren überprüft. Ihre Untersuchungen zeigen, dass die jährliche Aktienzuteilung für Kundendienstvertreter ca. 300 Anteile beträgt. Mittlere Manager bekommen ca. 1000, Spitzenverkäufer bis zu 19 000 Anteile – jährlich. Dabei ist es unerheblich, ob Sie und diese Firmen Konkurrenten sind oder nicht. Sie müssen damit rechnen, Eigenkapital in ähnlicher Höhe aufzuwenden, oder Sie verlieren talentierte Mitarbeiter an Unternehmen, die zu dieser Investition fähig sind.
- **Weiterbildung und Training:** Sie sind gezwungen, den gesamten Erdball intensiv nach Talenten abzusuchen. Das Center for Educational Reform stellte folgendes fest: Im Februar 1998 zeigten Mathematik-Prüfungen, dass amerikanische High-School-Studenten der Oberstufe nur zwei von 21 Nationen übertrafen und deutlich schlechter als die ersten 14 dieser Länder abschnitten. Und: In den Wissenschaften liegen die Vereinigten Staaten weit hinter elf Ländern zurück und nur vor zwei Nationen.
- **Macht und Kontrolle:** Sie arbeiten hart, um neue Wege zur Organisation menschlicher Leistungen und Kreativität

zu finden. Ist das genug? 1999 berichtete Tom Petzinger vom *Wall Street Journal* über das Cluetrain Manifest (www.cluetrain.com). Die Autoren des Manifests wollten, dass die US-Unternehmen »es kapierten« und »Millionen von uns ebenso ernst nehmen wie einen Journalisten des *Wall Street Journal*... Die eigentliche Macht haben wir, und das wissen wir. Wenn Ihr auf uns keinen Eindruck macht, gehen eure Investoren baden. Verstehen die das nicht?« Ist das zu direkt? Vielleicht. Es spiegelt in jedem Fall reale Ansichten wider, die Ihnen einen kräftigen Tritt verpassen können. Mit Sicherheit. Schauen Sie sich das Cluetrain Manifest sorgfältig an. Es kann ein erster Warnhinweis dafür sein, was in Form von 80 Millionen *neuen* Arbeitnehmern und Managern auf Sie zukommt (siehe Internet-Generation in Kapitel 10).

Können Sie es sich tatsächlich leisten, *nicht* zu überdenken, wie jeder in Ihrer Organisation das Wichtige identifizieren und seinen Weg durch all die unbegrenzten Möglichkeiten navigieren kann?

Die Kosten der Konfusion

Ich kann mich in keiner Weise in Sie hineinversetzen. Ich habe keine Antworten auf die speziellen Probleme Ihres Unternehmens. Ich kann Ihnen nur die Ergebnisse anbieten, die ich herausgefunden habe, indem ich dumme Fragen wie oben gestellt habe.

Was ich dabei erfahren habe, ist, dass die Abbildung auf Seite 58 für *alle* Firmen, die um Ideen, Wissen und Menschen konkurrieren, Allgemeingültigkeit hat. Die »Punkte« um uns herum sind unbegrenzte Möglichkeiten, die in einer riesigen Flutwelle von Daten und Informationen umhertreiben. Dies ist der Kontext, in dem *jedes* Gespräch über Kunden, Mitarbeiter, Verkäufer, Partner und Konkurrenten stattfindet.

Motto dieses Kapitels

Wer soll es übernehmen, Einfachheit zu erzielen?
Wenn nicht Sie, wer dann?

KÖNNEN WIR KOMPLEXITÄT DURCH TEAMWORK BEHEBEN?

Nicht in der Art, in der die meisten Teams funktionieren. Jon Katzenbach, Leiter von McKinsey & Company, hat viel über die Macht von Teams geschrieben. Erfolgreiche Teams müssen seiner Auffassung nach Folgendes aufweisen:

- Sie müssen sich über ihren Zweck im Klaren und von dessen Wichtigkeit überzeugt sein
- Sie müssen ihre spezifischen Ziele kennen
- Sie müssen wissen, wie sie diese Ziele erreichen
- Sie müssen über das richtige Set an Fähigkeiten verfügen
- Sie müssen für ihre Ergebnisse verantwortlich sein

Vergleichen Sie diese Voraussetzungen erfolgreicher Teamarbeit mit den wichtigsten Ursachen für komplexe Arbeit, die wir bereits erörtert haben. Sie werden feststellen, dass sich viele Ihrer Teams ohne entsprechende Klarheit in die Wissensarbeit stürzen. Sie schaffen sich im Hinblick auf Entscheidungen und die Bewältigung von Komplexität ganz schnell ihre eigene Überlastung, und das wirkt sich wiederum auf andere aus.

KÖNNEN WIR KOMPLEXITÄT MIT TECHNOLOGIE BEHEBEN?

»Technologie kann spannende Chancen bieten. Sie überwältigt uns aber auch mit ihren unzähligen Möglichkeiten.«

Paul Saffo, Institute for the Future

»Digitale Netzwerke liegen eher über sozialen Netzwerken als sie zu ersetzen. Ohne Vertrauen, gegenseitige Beziehungen und Gemeinschaft, die das soziale Netzwerk bietet, wird eine digitale Pipeline von nahezu unbegrenzter Bandbreite sinnlos sein.«

Francis Fukuyama, in Trust: The Social Virtues and the Creation of Prosperity

2
Einfache Arbeitstage

Nutzen Sie Klarheit, um schneller zu sein und effektiver zu arbeiten? Zu 50 Prozent ist Ihr Unternehmen dafür verantwortlich, Klarheit zu schaffen. Raten Sie, wer für die anderen 50 Prozent zuständig ist? Dieser Teil des Buchs handelt von dem Engagement und den persönlichen Fähigkeiten, die Sie benötigen, um diese Aufgabe zu bewältigen. Die Mitarbeiter, die wir für unsere Teams auswählen sowie die Führungspersönlichkeiten, denen zu folgen wir bereit sind, werden in zunehmendem Maß die Fähigkeit entwickeln müssen, Klarheit in der Komplexität zu schaffen, damit Dinge angemessen erledigt werden können.

Jedes Kapitel in diesem Teil beleuchtet aus unterschiedlicher Perspektive den zentralen Aspekt, den Sie berücksichtigen müssen, wenn Sie Klarheit erzielen wollen: Sie müssen Zeit anders nutzen. Dies wird möglich, wenn Sie Ihr Wissen anders organisieren und vermitteln. Zu verstehen, was andere Leute für intelligenteres Arbeiten brauchen, und Ihre Kommunikation entsprechend zu ändern, ist die harte Arbeit hinter der Einfachheit.

Jedes Kapitel in diesem Teil zeigt auf, was heute bereits funktioniert, und beschreibt die Modelle und Instrumente, die es ermöglichen, **Zeit künftig anders** zu **nutzen.** Sie werden erfahren, wie Kommunikation so gestaltet werden kann, dass Zeit bleibt, Dinge angemessen zu erledigen und nachdenken zu können.

Erfolg lässt sich leicht erkennen. Wenn Sie beim Schaffen von Klarheit mit Disziplin vorgehen, werden Sie zunächst einige Sekunden gewinnen. Danach Minuten. Und dann Stunden. Dann haben Sie Zeit herauszufinden, was Sie tun oder nicht tun sollten. Jeder Arbeitstag wird ein kleines bisschen einfacher, wenn Sie bei anderen weniger Konfusion erzeugen und Dinge für sich selbst schneller verständlich machen.

Tipps für den Einstieg

Die Kapitel in diesem Teil greifen ineinander. Womit Sie beginnen, spielt dabei keine Rolle. Die Modelle und Instrumente können unabhängig voneinander und direkt angewendet werden.

Einfache Hinweise

Jedes Kapitel kann von unterschiedlichen Standpunkten aus gelesen werden: von Mitarbeitern, Teammitgliedern oder Führungskräften – selbst von Eltern oder Gemeindemitgliedern. Es gibt keinen falschen Standpunkt. Ganz gleich, welche Aufgaben Sie zu erfüllen haben: Das Prinzip, die Zeit in einer anderen Weise als bisher zu nutzen, kann auf jeden Bereich angewendet werden.

Seite

4 ZEIT NUTZEN

So gehen Sie mit der Zeit und der Aufmerksamkeit anderer richtig um

Lerne zuerst, was du sagen willst, dann kannst du so reden!
Epiktet, griechischer Stoiker in Rom

Eine Tatsache: Führungskräfte lassen Dinge von anderen Leuten erledigen. Unangenehme Tatsache: Den meisten von ihnen gelingt es nicht, den Fokus der Leute dabei auf die richtigen Dinge zu lenken. Ergebnis: Zeit und Aufmerksamkeit werden häufig für unwichtige Aktivitäten aufgewendet, die keine Wertschöpfung bringen.

Für viele von uns sieht so ein durchschnittlicher Arbeitstag aus. Es gibt aber auch ganz außergewöhnliche Tage, an denen all unsere Zeit und Aufmerksamkeit im richtigen Moment auf die richtigen Dinge konzentriert ist. Wunder geschehen, und die Führungskräfte um uns herum tragen zu solchen Wundern bei.

Wo liegt nun der Unterschied zwischen einem durchschnittlichen und einem außergewöhnlichen Tag?

Denken Sie an Ihnen bekannte große Führungspersönlichkeiten. Zu ihnen gehören auch großartige Lehrer und Ausbilder. Sie alle haben mindestens eines gemeinsam: Was sie zu etwas Besonderem macht, ist die Art, wie sie mit unserer Zeit umgehen. Sie nutzen den Augenblick und machen ihn auf unterschiedlichen Ebenen zu etwas Wertvollem. In nur wenigen Minuten erreichen sie unsere Köpfe, Herzen und – indem sie zielgerichtet die richtigen Fragen stellen – unser Handeln. Sie schaffen innerhalb kürzerer Zeit mehr Wert und bringen mehr Spaß in unser Leben.

Klarheit erzielen heißt, diese Art von Wert zu schaffen, und zwar häufiger und dauerhafter. Dazu müssen Sie Ihre Ideen, Fragen und Informationen so organisieren, dass andere die Dinge rascher verstehen können. Oft müssen sowohl Sie als auch die Personen um Sie herum nur einige wenige zusätzliche Sekunden oder Minuten aufwenden, um zu überlegen, sich zu fragen und zu lernen, bevor Sie sich in die Aktion stürzen. Mit der Zeit verändern Sie damit die Art, wie Arbeit erledigt wird.

Cathy Carmody beispielsweise schätzt ihre Tätigkeit bei Monsanto besonders, weil CEO Bob Shapiro sehr darauf bedacht ist, Mitarbeitern zu helfen, Dinge rascher zu verstehen. »Shapiro ist der Auffassung, dass die Art unserer Beziehung untereinander der Wettbewerbsvorteil des Unternehmens ist«, sagt Carmody.

Ihre Aufgabe als »Change Agent« der Organisationsentwicklung von Monsanto war es, das Unternehmen dabei zu unterstützen, intelligenter zu arbeiten und die zur Verfügung stehende Zeit zum Handeln und zum Nachdenken zu nutzen. »Ein großer Teil meiner Arbeit besteht darin, Führungskräften und Managern dabei zu helfen, Fragen zu stellen, die sie bisher noch nicht gestellt haben. Diese Fragen verändern deren Blickwinkel, was wiederum ihre Arbeit schneller verbessert als jeder Planungsprozess. Abhängig von der Größe des Geschäftsbereichs bedeutet eine Veränderung der Arbeit dieser Führungskräfte heute, dass morgen Zeit für Hunderte oder Tausende von Beschäftigten gespart wird. Zu wissen, was die Leute brauchen, um Entscheidungen treffen zu können, und ihnen zu helfen, die Dinge zu verstehen, kann eine große Wirkung darauf haben, wie Zeit innerhalb eines ganzen Unternehmens genutzt wird.«

Mehr Spaß für jedermanns Zeit

Am Abend vor seiner Pensionierung dachte Mel Goodes darüber nach, was er mit seiner Zeit angefangen und welchen Sinn das gehabt hatte. »Als ich den Posten des Vorsitzenden übernahm, erzählten die Leute, Warner-Lambert sei ein dem Untergang geweihtes Pharmaunternehmen.« Als Goodes das Unternehmen Jahre später verließ, stand er auf dem Gipfel seines Erfolgs. Unter seiner Führung war der Marktwert des Unternehmens von neun Milliarden US-Dollar auf nahezu 60 Milliarden US-Dollar gewachsen – ein Anstieg von über 500 Prozent in nur sieben Jahren.

»Ich mag die Vorstellung, dass ich Leuten etwas beibringe«, erklärt Goodes weiter. »Ich glaube an Leistung und ich erwarte sie. Ich glaube jedoch auch, dass Leute motiviert und entwickelt werden müssen. Direkt nach der Bekanntgabe meines Ausscheidens entdeckte mich meine Frau, als ich alleine im Wohnzimmer saß. Sie fragte, ›Was machst du da?‹ ›Ich weine.‹ ... Ich las gerade 50 oder 60 Briefe von Leuten, die mir geschrieben hatten, um sich zu bedanken. Es war ergreifend. Es berührte mich.«

Goodes besteht darauf, dass die Briefe und die Verbesserung der Leistung des Unternehmens direkt darauf zurückzuführen waren, wie er die Zeit mit den Menschen um sich herum verbracht hatte. »Wir alle im Büro des Vorsitzenden waren schon seit Jahren Mentoren für die Leute. Immer wenn ich neue Situationen angegangen habe, fragte ich zuerst, ›Was soll ich Ihrer Meinung nach sehen? ... Zeigen Sie mir, was für Sie wichtig ist.‹ Warum soll jemand 40, 50, 60 oder 70 Stunden die Woche arbeiten, wenn ihm seine Arbeit nicht gefällt und er sie für unwichtig hält?«

Goodes ist der Meinung, dass der Zusammenhang zwischen dem Investieren von Zeit in die Entwicklung von Leuten und dem Finden einfacherer Wege der Arbeit Allgemeingültigkeit hat: »Schauen Sie sich Jack Welch an. Spricht er nicht von Einfachheit? Die folgende Anekdote kennt kaum jemand. Wir stellten vor ungefähr zehn Jahren zwei Leute von GE ein. Kürzlich traf ich Jack, und das erste, was er zu mir sagte, war ›Was machen die beiden?‹ Er kennt ihre Namen, obwohl sie GE vor zehn Jahren verlassen hatten! Und sie waren noch nicht mal leitende Mitarbeiter oder aus der Führungsetage. Als Chef ist er ein harter Brocken. Aber er zeigt auch, dass ihm Menschen wichtig sind. Er investiert Zeit in sie und will, dass es ihnen gut geht. Ich glaube, dass ist ein wichtiger Wert.«

Dave Browne ist Direktor von LensCrafters und Co-Direktor der Muttergesellschaft Luxottica. Er denkt viel darüber nach, wie er sich darauf vorbereitet, die Zeit seiner Mitarbeiter zu nutzen. Selbst wenn *seine* Nächte deshalb schlaflos sein sollten. (Als er mir Folgendes mitteilte, erwähnte Browne, dass die vergangenen zwei Wochen für ihn mindestens 20-Stunden-Tage hatten. Luxottica befand sich gerade kurz vor der Übernahme durch Ray-Ban.)

»Wir verfügen über ein sehr diszipliniertes System, um alles, was in unsere LensCrafters-Geschäfte geht, zu organisieren und nach Prioritäten zu ordnen«, erklärt Browne. »Wir haben keine LensCrafters-Zentrale, sondern ein Service-Center in Cincinnati. Wir wollen für die Geschäfte da sein. Wir machen den Geschäftsleitern das Leben so einfach wie möglich, so dass sie ihrer wichtigsten Aufgabe nachgehen können, den Kunden zu dienen. Ein Teil unserer Wertschöpfung besteht darin, alles, was in die Geschäfte geht, zu ordnen und zu priorisieren. Große Programme, Richtlinien, Initiativen, alles durchläuft einen geregelten Prozess, bevor es in die Geschäfte gelangt.«

Diese beiden Führungskräfte und ihre jeweiligen Wettbewerbssituationen unterscheiden sich natürlich. Aber wie alle großen Führungspersönlichkeiten nutzen sie Zeit optimal. In einigen Fällen konzentrieren sie sich auf die »Softfacts«, die sie dann mit den »Hardfacts« verknüpfen. In anderen Fällen stellen sie einfach bessere Fragen. Oder sie konzentrieren sich auf

Instrumente und Prozesse, die uns das Nötige bieten, um die besten Entscheidungen zu treffen. Alle Verfahren funktionieren, weil sich diese Führungspersönlichkeiten – wie Sie sehen werden – auf einige grundlegende Bausteine verlassen haben.

Zuerst: Ein Signal

Mehr Spaß in die Zeit anderer zu bringen, ist nicht nur eine nette Aufmerksamkeit oder zeugt von übertriebener Sorge um die Mitarbeiter. Es ist ein wesentlicher Bestandteil Ihrer Arbeit in der *Attention Economy.* Um gute Geschäftsergebnisse zu erzielen, brauchen Sie mehr als je zuvor Leute, die ihre Zeit zur Verfügung stellen und ihre Aufmerksamkeit auf das konzentrieren, was Sie für wichtig erachten. Doch die Überfrachtung mit Entscheidungsmöglichkeiten wirkt in die entgegengesetzte Richtung. Die Selbsterhaltung erfordert, viel von dem, was auf uns zukommt, auszublenden. Dies bedeutet, dass wir bei jedem Projekt, bei jeder Bitte um Zeit und Aufmerksamkeit der Mitarbeiter neu verhandeln müssen. (Siehe Einschub auf Seite 78.)

Leider setzen zu viele von uns zu viel voraus. Häufig glauben wir nur, gut genug darauf vorbereitet zu sein, die Zeit und Aufmerksamkeit anderer zu nutzen: »Wir alle verstehen die Strategie des Unternehmens, wir leben nach den Werten, wir kennen das Ziel – also los! Auf geht's!« Meiner Mutter zufolge macht man nicht nur sich selbst, sondern auch die anderen lächerlich, wenn man zu viel voraussetzt.

Fünf Elemente, um die Zeit anderer zu nutzen

Wenn Sie nicht länger nur von Annahmen ausgehen wollen, stehen Ihnen fünf Elemente zur Verfügung, die Zeit und Aufmerksamkeit anderer zu gewinnen: Wissen, Fühlen, Nutzen, Handeln und Erfolgreich sein.

Im Hinblick auf die Zielsetzung, den Arbeitstag einfacher zu gestalten, kann die Bedeutung dieser fünf Bausteine nicht genug hervorgehoben werden. Wenn Sie sie richtig einsetzen, werden die Leute Ihnen bereitwillig ihre Zeit geben: Sollten Sie jedoch in Bezug auf eines der fünf Elemente unsicher sein, werden Sie feststellen, dass Sie immer wieder viel von *Ihrer* Zeit dafür aufwenden müssen, Ihre Absichten erneut zu vermitteln und zu erklären.

WISSEN	**FÜHLEN**	**NUTZEN**	**HANDELN**	**ERFOLGREICH SEIN**
Die wirklich wichtigen Dinge ermitteln	Überlegen und planen, wie sich die Erfahrung für die Beteiligten »anfühlen« wird	Auswahl der Instrumente und Ressourcen, die zum Einsatz kommen sollen	Erwartungen formulieren und richtig damit umgehen	Entwickeln einer nachvollziehbaren Perspektive der Ziele, die Sie erfolgreich umsetzen wollen

Meistens sind die Elemente nicht schwer zu realisieren. Sie erfordern jedoch einen disziplinierten Umgang mit der Klarheit. Das Durcharbeiten der einzelnen Bausteine (Seiten 82–91) wird Ihnen helfen, einfachere Arbeitstage zu schaffen:

- Weil sie Ihr Denken verändern:
  Die meisten von uns nehmen an, für gewöhnlich klar und zielgerichtet zu handeln. Die überwiegende Zahl tut dies jedoch in der Praxis nicht. Wenn Sie die fünf Elemente durchgehen, bevor Sie ein Projekt in Angriff nehmen, werden Sie rasch ermitteln können, ob Sie eher Klarheit oder Konfusion erzeugen.
- Weil sie es Ihnen ermöglichen, funktionierende Bestandteile herauszufiltern und weiterzuentwickeln:
  Unternehmen haben beachtliche Fortschritte darin erzielt, ihre Ergebnisse durch disziplinierte Zusammenarbeit zu verbessern. Teams, Wissensmanagement, lernende Organisationen, Praxisgruppen und Mentoren sind nur einige Beispiele dafür, wie die Koordination in Unternehmen

erhöht werden kann. Selbst wenn Sie sich nie explizit mit ihnen beschäftigt haben, bilden die fünf Elemente die Grundlage jeder Form erfolgreicher Zusammenarbeit. Wenn Sie sie bewusst in Ihr Denken aufnehmen, können Sie stets etwas Wertvolles in den Arbeitsprozess einbringen und haben zugleich ein klares Verfahren dafür.

- Weil Sie die Rohmaterialien immer wieder verwenden können:
  Stellen Sie sich die fünf Elemente als Musiknoten vor. Wenn Sie die Noten kennen, können Sie sie in unbegrenzten Varianten spielen. »Wissen«, »Fühlen«, »Nutzen«, »Handeln« und »Erfolgreich sein« können zu neuen Instrumenten und Modellen umgestaltet werden, die Sie mit folgender Zielsetzung einsetzen können: Veränderung Ihrer Planung (Kapitel 5); Veränderung der Zusammensetzung Ihrer Teams (Kapitel 6); Veränderung Ihrer Art des Zuhörens und der Selektion von Informationen (Kapitel 7) und Veränderung wichtiger Bestandteile Ihrer Strategie (Kapitel 8).

Das Wichtigste, was Sie aus diesem Kapitel mitnehmen können

Selbstbewertung: Wie oft sind Sie wirklich bereit, Zeit und Aufmerksamkeit anderer adäquat zu nutzen? Setzen Sie bei der Zuweisung von Projekten und der Koordination von Teams drei oder weniger der genannten Elemente ein? Während unserer Studie stellten wir beispielsweise fest, dass viele Teams mit unklaren Definitionen von Erfolg arbeiten, dass sie keinen Schimmer von den vielen unterschiedlichen Instrumenten und Ressourcen hatten, die ihnen zur Verfügung standen, und dass sie die zwei oder drei wichtigsten Einflussfaktoren auf das Ergebnis ihres Projekts nicht klar benennen konnten.

Die in diesem Buch genannten Führungspersönlichkeiten, Manager und Unternehmen machen es besser, sie sind jedoch nicht vollkommen. Die fünf Bausteine gehören zu den täglich wichtigen Kleinigkeiten, die die Leute für eine angemessene Entscheidungsfindung brauchen. Dennoch setzen nur wenige Unternehmen – eigentlich fast keines – diese fünf Elemente durchgängig und kontinuierlich ein. Wenn Sie sich den Rest des Buchs durchlesen und wissen, an welchem der Elemente Sie persönlich arbeiten müssen, dann haben Sie bereits einen ersten Schritt in Richtung Klarheit und Veränderung der Zeiteinteilung getan.

Motto dieses Kapitels

Intelligente Arbeit besteht aus fünf Bausteinen. Wenn Sie jeden einzelnen gezielt anwenden, verändern Sie die Art, wie Sie Zeit nutzen.

Theorie-Ecke

Wie Sie in der Attention Economy Klarheit erreichen

Der neue Markt beruht auf einer einfachen Idee: Obwohl Informationen im Wesentlichen unendlich sind, ist der Bedarf daran durch die Anzahl der Stunden begrenzt, die der Mensch täglich wach ist. Worauf die Leute den Fokus ihrer Aufmerksamkeit letztlich richten, hängt von den Möglichkeiten – zum Beispiel den Inhalten und Instrumenten – ab, mittels derer sie ihre begrenzte Zeit nutzen können. Sie müssen wissen, warum Mitarbeiter Ihnen ihre Zeit und Aufmerksamkeit schenken.

Einige Lehrsätze:

- Die Nutzung von Zeit und Aufmerksamkeit ist ein Nullsummenspiel. Ganz gleich, wie gut Sie im gleichzeitigen Erledigen mehrerer Aufgaben sind, im Moment lesen Sie nur diese Worte. Wenn eine Sache – eine Initiative, ein Veränderungsprozess oder irgendetwas anderes – Ihre Aufmerksamkeit erhält, geht eine andere Sache notwendigerweise leer aus.
- Aufmerksamkeit ist umfassend und komplex, weil sie unterschiedliche Formen haben kann: Zeitliche Verpflichtungen, Anerkennung, Anleitung, Gehorsam, Sorgfalt, Rücksicht, Mitarbeit an neuen Aufgaben usw.
- Aufmerksamkeit kann man nicht kaufen – ebenso wie die Werbung nicht garantieren kann, dass die Verbraucher bestimmte Produkte beachten. All Ihre Vergütungsprogramme, Budgetzuweisungen und Berichtsstrukturen können nicht garantieren, dass die Mitarbeiter die nötige Aufmerksamkeit aufbringen.
- Einer der größten Nachteile: Der steigende Bedarf an Aufmerksamkeit und die begrenzte Zeit können uns daran hindern, eingehend nachzudenken und den Moment zu nutzen.

  Michael Goldhaber, Howard Rheingold, John Browning, Spencer Reiss, Zeitschrift Wired

Wissen

Was: Die wirklich wichtigen Dinge ermitteln.
Warum: Jeder braucht Klarheit im Hinblick auf das, was am wirkungsvollsten ist.
Weil: Sie haben möglicherweise nicht genug darüber nachgedacht, worum Sie andere bitten. Wenn Sie Zeit richtig nutzen wollen, müssen Sie wissen, auf welche drei oder vier Dinge, die Ihre Mitarbeiter wissen, verstehen, lernen oder fragen sollen, es Ihnen ankommt.

Kent Greenes ist Chief Knowledge Officer bei SAIC, einem Hightech-Forschungs- und Ingenieurunternehmen in San Diego. Während seiner früheren Tätigkeit bei BP Amoco sicherten Greenes und sein Team das Unternehmensergebnis und steigerten es um fast 700 Millionen US-Dollar. Er ist von der Wirkung, Klarheit in Bezug auf die wichtigen Dinge zu schaffen, überzeugt: »Die Fähigkeit, eine Entscheidung zu treffen und das Richtige zu tun, beinhaltet viele Aspekte. Wir arbeiten hart daran, in jedem Prozess drei Punkte zu vereinfachen, um diese Art Klarheit zu erzielen. Für uns heißt Wissensmanagement bei allem, was wir tun, vorher, währenddessen und danach zu lernen.«
»Wir erreichen durch Anweisungen, die nicht länger als eine Seite sind, dass die Leute sich auf deren Inhalt konzentrieren«, so Greene. »Wenn Sie wirklich alles auf eine Seite bekommen – nicht nur, indem Sie Dinge wegstreichen –, zeigt das, dass Sie über das nachgedacht haben, was Sie erreichen wollen. Zu meiner Aufgabe gehört es, die Zeit und den Raum zum Nachdenken zu schaffen. Und wenn Sie die Anzahl der Seiten beschränken, auf denen sich die Leute auslassen können, werden sie gezwungen, solche Überlegungen anzustellen. Das ist sehr wichtig.«
»Vieles von unserem Wissensprogramm beschäftigt sich damit, das Nachdenken zu erleichtern und die Leute zu finden, die Ihnen mit

Wissen

- Klarheit bedeutet nicht schnelleren Zugang zu mehr Informationen. Klarheit bedeutet auch nicht, Veränderungsprozesse neu zu verpacken und zu verkaufen. Klarheit bedeutet, den Raum und die Zeit zum Nachdenken zu schaffen und es den Beteiligten zu erleichtern, neue und bessere Fragen zu stellen.
- Das Schaffen von Klarheit und die Konzentration der Aufmerksamkeit auf wenige Dinge ist auch mit Risiken verbunden. Es ist viel leichter und sicherer, viele Dinge an die Wand zu werfen und abzuwarten, was davon hängen bleibt.
- Verwechseln Sie Klarheit nicht mit Gewissheit. Klarheit beinhaltet ausreichendes Wissen, um sich selbst zu managen. Gewissheit verlässt sich auf die Illusion der Kontrolle, die Pläne und Strategien bieten.
- Viele Unternehmen versuchen Detailfragen durch allgemeine Orientierungsrahmen aufzufangen. Dazu gehören Unternehmensziele, Visionen, Werte und Grundsätze. Das kann funktionieren, wenn es gut gemacht ist. Leider sind solche Leitbilder oft nur Dekoration. Zu wenige Firmen haben die notwendigen Instrumente, Trainingsmaßnahmen und Managementverfahren entwickelt bzw. Zeit aufgewendet, um diese Leitbilder als tägliche Entscheidungshilfen tatsächlich nutzen zu können. Diejenigen, die dies realisiert haben, gehören zu den Spitzen- bzw. imageträchtigsten Unternehmen.

ihrem Wissen helfen könnten.« Selbst mit dieser Unterstützung ist es laut Greenes ein Stück harte Arbeit, sich darüber klar zu werden, was man tun will. »Nach jedem Projekt machen wir das, was die US-Armee als ›Rückblick nach dem Einsatz‹ bezeichnet. Wir fragen: 1. Was sollte geschehen? 2. Was geschah tatsächlich? 3. Warum gab es Abweichungen? Probleme treten immer dann auf, wenn die Leute für die Beantwortung der ersten Frage keine ausreichende Zeit hatten oder nicht genügend darüber nachdachten.«

Fühlen

Was: Überlegen und planen, wie sich die Erfahrung für die Beteiligten »anfühlen« wird.

Warum: Entscheidungen beruhen immer auch auf Gefühlen.

Weil: Herauszufinden, was man tun soll, ist immer mit Gefühlen verbunden. Um sich darauf vorzubereiten, die Zeit der Leute angemessen zu nutzen, müssen Sie folgende Fragen beantworten: »Wie sollen sich die Menschen im Hinblick auf Entscheidungen fühlen? Ist diese Erwartung realistisch und entspricht sie ihren Lernprozessen?«

»Ich muss zugeben, bezüglich dieser Frage war ich vorher völlig blind«, sagt Steve Plump. Bevor er kürzlich in die Vereinigten Staaten zurückkehrte, war Plump mehrere Jahre als General Manager für das Vereinigte Königreich und Irland bei Eli Lilly tätig. Offen sprach er über ein Erlebnis, das ihm zeigte, wie wichtig es ist, den emotionalen Aspekt von Erfahrungen zu berücksichtigen:

»Ich befand mich in einer Sitzung für den europäischen Geschäftsplan. Strategie und Zielvorgaben waren vorhanden, und das Führungsteam war völlig einer Meinung. In einem unserer Marktsegmente hatte der Landesmanager alles getan, worum wir ihn gebeten hatten – und er hatte einen unglaublichen Marktanteil erzielt. Gemäß unserer neuen Strategie sollten jetzt jedoch Umsätze und Rentabilität statt Marktanteil im Mittelpunkt stehen. So sagten wir ihm direkt ins Gesicht: ›Dieses Geschäft ist nicht besonders rentabel. Sollen wir langfristig überhaupt in diesem Geschäft bleiben?‹ Als er ging, dachte er, wir seien alle übergeschnappt.«

Plump fährt fort: »Ich dachte ständig, ›Mann, was haben wir mit dem armen Kerl gemacht?‹. Er kommt hier an und denkt, er ist der größte Held, weil er ein Geschäft von Null bis auf einen Marktanteil von 40 Prozent gebracht hat, und dann geht er und kommt sich vor, als hät-

Fühlen

- Gehen Sie sorgsam mit Erfahrungen um, und Sie werden schneller. Gelingt Ihnen dies nicht, müssen Sie Entscheidungen immer wieder treffen. Klarheit, Aufmerksamkeit und Gefühle gehören zusammen. Das liegt in der Natur des Menschen.
- »Respekt« beinhaltet in der Attention Economy auch die Reflexion darüber, wie und warum sich jemand für Ihre Schlussfolgerungen und Meinungen engagieren sollte.
- Aufbau von Fähigkeiten: Der Autor Daniel Goleman nennt die dazu erforderlichen Fähigkeiten »emotionale Intelligenz«. Sie können es auch als Selbstbewusstsein, Einfühlungsvermögen, Überzeugungskraft, Beziehungsmanagement oder »Lesen der Gefühle anderer« bezeichnen. All das gehört zu einem mitarbeiter- und teamorientierten Klima der Zusammenarbeit.

ten wir ihn gekreuzigt. Und am Ende haben wir doch entschieden, das Geschäft weiterzuführen ... Wie wirkt sich das auf seine Arbeitsmoral aus? Wir haben einfach nicht darüber nachgedacht, was wir mit dieser Diskussion anrichten.«

»Ich glaube ganz fest, dass es die Aufgabe der Unternehmensführung ist, Erfahrungen und Vertrauen zu vermitteln«, schließt Plump. »Aber die meiste Zeit konzentrierte ich mich dabei auf die großen Momente oder unsere ›Kultur‹. In Wirklichkeit aber sind es die kleinen Momente und die alltäglichen Gespräche, die die Gefühle der Leute ansprechen oder zerstören. Bis zu diesem Moment hatte ich die Tatsache nicht erkannt, dass unser Ausschuss für betriebliche Prozesse zwar die notwendige Planung für den Erfolg von Eli Lilly gemacht hatte, dass wir jedoch nicht über die Erfahrungen nachgedacht hatten, die die Einbindung der Menschen in diesen Plan bewirken würden. Wenn Sie das einmal erkannt haben, hat das einen entscheidenden Effekt«.

Nutzen

Was: Auswahl der Instrumente und Ressourcen, die zum Einsatz kommen sollen.

Warum: Sie ermöglichen es den Leuten, ihre Arbeit zu erledigen.

Weil: Selbst eine von allen getragene Vision garantiert nicht, dass genügend Mitarbeiter (und das sind mehr, als Sie vielleicht zugeben wollen) über die passenden Instrumente oder die entsprechende Qualifikation verfügen, um das zu tun, was von ihnen erwartet wird.* Der richtige und zielgerichtete Einsatz von Instrumenten und ein angemessenes Ausbildungsniveau sind deshalb unverzichtbar. Doch dies steht erst an zweiter Stelle. An erster Stelle stehen die dazu erforderlichen Investitionen.

Wendy Dixon ist Vice President für Marketing und verantwortlich für alle neuen Produkte von Merck in den Vereinigten Staaten. Sie ist mit der Fähigkeit gesegnet, Dinge rasch zu erkennen und das Wesentliche zu erfassen. Sie weiß jedoch auch, dass für viele »die mühsame Arbeit, Dinge zu verstehen, äußerst schwierig werden kann, wenn man ständig mit Daten zugeschüttet wird. Wir arbeiten in einer Branche mit vielen unterschiedlichen Kunden und Beteiligten (wie Patienten, Ärzten, Krankenversicherungen, Behörden usw.). Fügen Sie die komplexen Kanäle, Konkurrenten von Weltklasse und datengestütztes Marketing hinzu, und die Herausforderung wird immer größer. Wir müssen die Leute in unserer Organisation mit Instrumenten ausstatten, die es ihnen ermöglichen, Informationen zu ordnen und die vorrangigen Themen und Alternativen zu erkennen.«

In diesem Zusammenhang ist Dixon von den Instrumenten und Weiterbildungsmöglichkeiten, die Merck geschaffen hat, begeistert: »Wir haben eine bestimmte Reihe von Marketinggrundsätzen ent-

Nutzen

- In einer kürzlich von Watson Wyatt unter 9144 Arbeitern in den USA durchgeführten Umfrage wurde festgestellt, dass 57 Prozent* der Befragten ihren Angaben zufolge nicht über die Instrumente, Qualifikation oder Informationen verfügen, die erforderlich sind, um die Ziele des Unternehmens zu erreichen.
- Viele der vorhandenen Instrumente werden nicht ausreichend genutzt oder falsch eingesetzt – in der Regel, weil die zentralen Elemente der Einfachheit (Wissen, Fühlen, Nutzen, Handeln und Erfolgreich sein) – nicht ausreichend vermittelt worden sind.
- Solche Instrumente müssen nicht Unmengen an Geld kosten. Zu den Werkzeugen einer effektiven Wissensarbeit gehört alles, was Informationen klärt, komprimiert, organisiert und liefert. Jede Zusammenkunft oder Technologie, die Menschen verbindet, ist ebenfalls Bestandteil dieser Wissensarbeit.
- Der Baustein »Nutzen« ermöglicht es den Leuten herauszufinden, wie sie alles erledigt bekommen. Die anderen Elemente – Wissen, Fühlen, Handeln und Erfolgreich sein – helfen ihnen, sich auf das Wichtige zu konzentrieren und das Unwichtige zu selektieren.

wickelt, einen Rahmen, um Marketing der Spitzenklasse zu realisieren. Wir wollen die Leute dabei unterstützen, über die Informationen, die bei ihnen ankommen, nachzudenken: Wie man bestimmte Fragen stellt. Wie man entscheidet, worauf man seinen Fokus richten soll und worauf nicht. Dann haben wir die Grundsätze genommen und eine Reihe von Instrumenten entwickelt, um eine Methode zur Beantwortung dieser Fragen sowie ein System, das rasche Rückmeldungen gewährleisten sollte, zu erarbeiten. Oberstes Ziel war es, die richtigen Fragen rasch zu ermitteln und zu beantworten und dann entsprechend zu handeln. Wenn ich mir den Einsatz der Instrumente für einige bestimmte Produkte während des ersten Jahres anschaue, dann ging das zack, zack, zack…, mit ihnen konnte eine Entscheidung nach der anderen getroffen werden. Die Leute konnten mit diesen Grundsätzen wesentlich intelligenter arbeiten.«

Dixon fügt hinzu, »Wir haben die Grundsätze und die Instrumente. Jetzt führen wir systematische Trainings durch, damit jeder Mitarbeiter im Unternehmen, der im Marketing tätig ist, diese auch nutzen kann.«

Handeln

Was: Erwartungen formulieren und richtig damit umgehen.

Warum: Das schafft Klarheit im Hinblick auf den Gesamtprozess und die nächsten Schritte.

Weil: Als »Weisung und Kontrolle« zu etwas Negativem wurden, verloren viele Manager die Fähigkeit zur Klarheit. Aber die Leute müssen noch immer wissen, was sie tun sollen. Nur bedeutet dies heute, die eigenen Schritte als Teil eines Gesamtprozesses zu verstehen. Es bedeutet, dass jeder weiß, wer was wann zu tun hat.

»Wir hatten eine erfolgreiche Informationskultur geschaffen – es sprachen jedoch nicht unbedingt die richtigen Leute miteinander«, bemerkt Mark Koskiniemi, Vice President der Personalabteilung bei Buckman Labs – einem Unternehmen, das für seine Verfahren im Wissensmanagement hoch gelobt wird. »Wir verfügten über eine gute funktionsübergreifende Kommunikation, auf der Manager-Mitarbeiter-Ebene lief jedoch kaum etwas ab. Wir hatten uns hinsichtlich unserer Erwartungen in diesem Bereich einfach nicht abgestimmt.«
»Wir haben Software entwickelt, die die einzelnen Schritte in diesem Dialog deutlich machte«, erklärt Koskiniemi. »Wir benutzen dabei so genannte Auslöser. Nehmen wir an, jemand nimmt eine neue Position ein, oder wir beschließen, uns aus einem Markt zurückzuziehen. Dann wären dies die Auslöser, um zu erklären, ›Hallo, wir müssen uns jetzt mal Ihre Aufgabe im Unternehmen anschauen. Gehen wir den Profiling-Prozess noch einmal durch und stellen wir sicher, dass wir alle auf einer Linie sind.‹«

Handeln

- Achten Sie auf die von Koskiniemi beschriebenen »Auslöser« – Veränderungen, die die Erwartungen an eine Person verändern. Ermitteln Sie sie bei jedem Projekt und verknüpfen Sie sie mit den Erwartungen.
- Die Leute müssen viel zu viele Dinge erledigen. Sie müssen über viel zu viele Auslöser nachdenken. Sie begrüßen daher alles, was ihre nächsten Schritte organisiert, und werden es auch einsetzen.
- Schnell fortschreitende und sich entwickelnde Projekte – bei denen sich Arbeitsablauf und Dynamik kontinuierlich verändern – erfordern einen besonders starken Teamleiter, der die vorhandenen Erwartungen regelmäßig überprüft.
- Erweitern Sie den Begriff »Respekt« in der »Attention Economy« um eine Dimension: präzise Klarheit hinsichtlich der Erwartungen.

Das Schaffen von Klarheit und der Umgang mit Erwartungen können aber auch auf Lowtech-Niveau erfolgen. Die Bank of America schult derzeit über 170 000 Mitarbeiter, damit sie den Markt und die Strategien der Bank besser verstehen. Die Instrumente der Führungskräfte enthalten unter der Überschrift »Was müssen Führungskräfte tun?« vier Punkte. In der Aktionsliste befinden sich Maßnahmen wie »Treten Sie mit Ihren Mitarbeitern in einen Dialog darüber, was sie gelernt haben und was ihre Rolle im Unternehmen für sie bedeutet«. Die Mitarbeiter erfahren zudem, was sie im Anschluss an diese Maßnahme tun können, um das Gelernte weiterzuentwickeln.

Erfolgreich sein

Was: Entwickeln einer nachvollziehbaren Perspektive der Ziele, die Sie erreichen wollen.

Warum: Die Mitarbeiter definieren Erfolg anders als das Unternehmen. Was Erfolg heißt, lässt sich viel leichter verstehen, wenn Sie dabei auch Verhaltensaspekte berücksichtigen.

Weil: Menschen beginnen viel zu viele Projekte, ohne zu wissen, wie Erfolg aussieht. Neben den Geschäftsergebnissen und Projektmeilensteinen müssen sie auch einschätzen können, wie Erfolg die Beziehungen zu ihren Kollegen verändern wird – wie sie deren Zeit und Aufmerksamkeit nutzen.

Als Anlagenleiterin für Lucent Technologies scheut sich Lynn Mercer nicht, die üblichen Messungen für Erfolg anzuwenden. »Wir drucken jede Woche Projekte auf großen Blättern aus und setzen rote, gelbe und grüne Magnete darauf. Wie bei einer Ampel bedeutet Grün: Gehen!, Gelb: Achtung! und Rot: Hier gibt es ein Problem. Wenn es nur grüne Magnete gibt, stelle ich gar keine Fragen mehr.«

»Jeden Monat analysieren wir zehn unterschiedliche Erfolgsdimensionen in einer Matrix. Ich kann die vergangenen drei Jahre mit unserem derzeitigen Erfolg vergleichen, und zwar hinsichtlich der Produktqualität, der Arbeitsproduktivität in Dollar, des Produktionsbestands und anderen Vorgaben«, erklärt Mercer. Diese straffe Analyse ist möglich, weil sie und ihr Team jeden August alle Niederlassungen aufsuchen und die Matrix der »10 unerlässlichen Punkte« erstellen.

Mercer sorgt zudem dafür, dass Erfolg auch klar definiert wird, so dass die Mitarbeiter wissen, ob sie selbst erfolgreich

Erfolgreich sein

- Für jede Definition von Erfolg muss es drei Messwerte geben: Ergebnisse, Meilensteine und erfolgreiche Verhaltensweisen.
- *Verhalten* ist das, was Sie sehen und hören, wenn Leute ihren Worten Taten folgen lassen.
- Bei schnellen oder dynamischen Projekten müssen Sie nicht unbedingt vollkommen präzise sein – ein Gespräch und eine rasche Absprache unter den Teamkollegen reichen häufig aus. Wenn neue Mitglieder ins Team kommen, müssen Sie Erfolg allerdings klarer definieren. Bringen Sie keine neuen Mitglieder ins Team oder geben Sie Verantwortungen an andere weiter, ohne diesen die drei Messwerte für Erfolg erläutert zu haben.
- Eine knappe und präzise Erläuterung der drei Messwerte dürfte nicht mehr als zwei Minuten in Anspruch nehmen.
- Fragen Sie Ihr Team bei jeder Sitzung mindestens einmal »Wie definieren wir Erfolg?«, bis es sich an die Erfolgsregeln hält.

sind, wie sie sich weiterentwickeln können und wie erfolgreiches Handeln aussieht. »Wenn Mitarbeiter aus einer anderen Kultur hier anfangen, lernen sie, dass es weniger wichtig ist, ein mittelmäßiges Ziel zu erreichen, als sich vielmehr ein hohes Ziel zu setzen und es nicht zu erreichen. Wir wenden viel Zeit für die Weiterbildung der Mitarbeiter auf, so dass sie wissen, was es heißt, Verantwortung zu übernehmen. Wir sorgen dafür, dass sich jeder ständig fragt: ›Kann ich erkennen, was wichtig ist und ob ich das Richtige tue?‹ Manager müssen sich fragen: ›Ermögliche ich anderen, das Wichtige und das Richtige zu tun?‹ Wahrer Erfolg stellt sich dann ein, wenn Sie in eine Krise oder in unruhige Zeiten geraten, und die Mitarbeiter nicht in alte Verhaltensweisen zurückfallen. Das ist für uns alle der wirklich schwierige Teil.«

5 PLANEN

Das Startset für einfachere Arbeit

Das würde ein fünfjähriges Kind verstehen. Irgendjemand soll ein fünfjähriges Kind holen.
Groucho Marx, immer ein scharfsinniger Beobachter von Planung

Wir alle planen viel: Große Pläne, zum Beispiel wie ein Unternehmen Millionen gewinnt oder ausgibt. Kleine Pläne, zum Beispiel die Vorbereitung der nächsten Teamsitzung. Aber was genau ist ein Plan?

Ein Plan ist nicht mehr und nicht weniger als eine Gesprächsgrundlage. Der wichtigste Faktor für das Gelingen oder Scheitern eines jeden Plans ist, ob dieses Gespräch die Handlungen der Menschen verändert oder koordiniert. Ein Plan ist ein Werkzeug, das es Ihnen erleichtert,

- den Blickwinkel der Leute zu fokussieren – von einer unbegrenzten Zahl an Möglichkeiten auf eine kurze Liste der zu erledigenden Dinge;
- das zu vermitteln, was wichtig ist, und wie dessen Wichtigkeit gemessen wird;
- die täglichen Prioritäten festzulegen;
- einen Ausgangspunkt für Feedback zu definieren, so dass Sie darüber reden können, wie es Ihnen mit der Entwicklung geht und
- Erfolge zu feiern und aus Misserfolgen zu lernen.

Viele von uns vernachlässigen diese Aspekte.

Wenn wir große Pläne machen, verbringen wir die meiste

Zeit damit herauszufinden, wie sich die Welt um uns herum ändern wird, wenn wir die richtigen Hebel betätigen. Wir führen komplizierte Berechnungen, Analysen, Grafiken und Matrizen aus und legen genau fest, wer was zu tun hat. Gespräche erfolgen erst hinterher – sie werden auf den »eigentlichen« Plan verschoben.

Diese verschobenen Dinge nennen wir Kommunikationsplan. Da beide Pläne nicht miteinander verknüpft werden, reduzieren sich Gespräche oft auf die Werbung für die Ziele. Dies führt zu einem kometenhaften Aufstieg des Plans mit nachfolgendem Absturz – eine tolle Einführung mit vielen Reklametricks, darauf die rasche Pleite, danach eine Menge unbeantworteter Fragen, Konfusion und Leute, die ihr Bestes tun, um einen Plan auszuführen, den sie eigentlich gar nicht verstehen.

Wenn kleine Pläne gemacht werden, besteht unser größter Fehler darin, dass wir uns nicht ausreichend auf die damit verbundenen Gespräche vorbereiten. »Ach, das ist ja nur eine Telekonferenz von einer halben Stunde, mit Teamkollegen, die ich schon lange kenne. Ich bin bestimmt gut vorbereitet.« Die Einstellung, alles aus dem Stegreif erledigen zu können, schafft in Verbindung mit den technologischen Möglichkeiten, jeden mit allen zu verbinden, unglaubliche Mengen an Komplexität für die Menschen um uns herum.

Das Startset für einfachere Arbeit

Ganz gleich, ob der Plan groß oder klein ist, Ihre Aufgabe ist es, sich auf eine erfolgreiche Vermittlung vorzubereiten. Dies erfordert es, alles im Plan so zu organisieren, dass diese Diskussion die Zeit und Aufmerksamkeit aller Beteiligten optimal nutzt. Und es erfordert ferner, dass jeder die Diskussion mit genügend Klarheit verlässt, damit er sich und die Arbeit der anderen managen kann.

Das vorliegende Kapitel befasst sich schwerpunktmäßig mit der optimalen Vorbereitung auf diese Art von Gesprächen. Auf den folgenden Seiten finden Sie zwei einfach anzuwendende Instrumente, die auf den fünf Elementen für die Nutzung der Zeit anderer Menschen aufbauen:

- Wissen, Fühlen, Handeln
- Nutzen, um erfolgreich zu sein.

Diese Werkzeuge können dabei helfen, Projekte jeden Umfangs zu vereinfachen. Sie können in einigen Fällen solide genug sein, Ihre Gedanken in Bezug auf Pläne zu systematisieren, deren Erarbeitung Jahre benötigt hat. Oder sie können so komprimiert werden, dass Sie sich innerhalb von 30 Sekunden auf besagte halbstündige Telekonferenz vorbereiten können. Zusammengenommen sind »Wissen, Fühlen, Handeln« und »Nutzen, um erfolgreich zu sein« ein Startset für das Erreichen von Einfachheit. Der Einsatz der Instrumente signalisiert: »Wir werden nie sämtliche Informationen zusammenbekommen, die wir brauchen. Aber hier ist eine kurze Liste der Dinge, die erforderlich sind, um Klarheit zu erzielen.«

Richtig zu planen, gewährleistet zudem häufigeres und schnelleres Feedback. Einer der Gründe, warum die Feedback-Schleife in vielen Unternehmen nicht funktioniert, ist, dass es zu lange dauert, bis jeder begriffen hat, was Sie eigentlich meinen. In vielen Firmen hören Sie Monate nach der Umsetzung irgendeines großen Plans die Mitarbeiter sagen: »Jeeeetzt habe ich's endlich begriffen. Warum haben sie das nicht schon auf der ersten Sitzung gesagt?« Wenn Sie die nötige Disziplin aufbringen, Ihre Absichten in den Gesprächen klar darzulegen, werden Sie feststellen, dass Sie mehr und ausführlicheres Feedback bekommen.

Letzte Vorbereitungen: Dinge, über die Sie nachdenken müssen

Es gibt einen ganz bestimmten Grund dafür, dass die fünf Bausteine in zwei verschiedenen Instrumenten zusammengefasst sind:

- »Wissen, Fühlen, Handeln«: Wenn Sie dieses Instrument anwenden, wird die Klarheit ungeahnte Höhen erreichen.

Jeder weiß genug, um informierte Entscheidungen zu treffen. Weiß aber auch jeder genug darüber, wie er diese Entscheidungen ausführen soll oder wie deren Erfolg gemessen werden kann?

- »Nutzen, um erfolgreich zu sein«: Dazu wird das oben genannte Instrument eingesetzt.

Beide Instrumente sind an der menschlichen Natur ausgerichtet. Viele von uns benötigen eingehende Diskussionen über unsere Rollen und Verhaltensweisen (Wissen, Fühlen, Handeln), bevor wir daran gehen können, Dinge zu erledigen (Nutzen, um erfolgreich zu sein).

Diese beiden Instrumente wurden entwickelt, um Ihnen bei der Strukturierung Ihrer Gedanken behilflich zu sein. Ehrlich gesagt, macht es nichts, wenn nur Sie oder Ihre direkten Teamkollegen die Werkzeuge zu Gesicht bekommen. Sie sind nicht für jeden gedacht. Sie sollen es Ihnen ermöglichen, Ihre Ideen oder die eines Plans in ein zielgerichtetes, aussagekräftiges Gespräch umzusetzen. In eine Form von Gespräch, die Nutzung von Zeit grundlegend ändert.

»Meiner Erfahrung nach sind 95 Prozent aller Probleme in Organisationen auf Gespräche zurückzuführen, die nicht geführt werden. Ich kenne nichts Wichtigeres als herauszufinden, welche unterschiedlichen Informationen die Leute brauchen und wie man sie ihnen vermittelt.«
Doug Finton, Berater bei Human Dynamics International

Theorie-Ecke

Instrumente organisieren das Denken

»Hier einige Grundthesen zum Thema menschliche Verhaltensänderung:

1. Erwachsene müssen sich wirklich über die *Gründe* für die Aufnahme neuer Informationen oder die Veränderung von Abläufen im Klaren sein. Bis zum Alter von ungefähr 13 Jahren ist Ihr Gehirn so angelegt, dass es sämtliche Zusammenhänge herstellt, die für Veränderungen erforderlich sind. Mit 20 ist Ihr Gehirn jedoch ganz zufrieden damit, nur noch das zu tun, was es bereits gelernt hat. Sie müssen daran arbeiten, dies zu ändern. Und hier kommen die Gründe ins Spiel.
2. Laut Informationswissenschaftlern ist es hilfreich, mit Neuem an bereits Bekanntes anzuknüpfen.
3. Gefühle können nicht ausgeklammert werden. Wenn ein Gefühl erzeugt wird, existiert es in Form von Chemikalien in Ihrem System. Ist es ein starkes Gefühl, wird Ihr Körper mit vielen verschiedenen Chemikalien überschwemmt, die durch seine Zellen zirkulieren. Mit anderen Worten: Wenn Sie durch Gefühle blockiert sind, können Sie nicht rationell denken. Auch die Klarheit wird blockiert. Nichts gelangt in die höheren kognitiven Bereiche des Großhirns, bevor es nicht den Mandelkernkomplex, den ›Sitz der Emotionen‹ durchlaufen hat. Mit einfachen Worten: Sie müssen Emotionen nutzen, um die richtige Art des Denkens zu entwickeln.«

»Die große Herausforderung dieses Jahrhunderts für den Menschen wird sein, seine emotionale Intelligenz umfassend zu verstehen und ebenso anzuerkennen wie die kognitive Intelligenz – und diese miteinander in Einklang zu bringen.«
Dr. Michael O'Brien, Psychologe

- Viele Leute mit großartigen Titeln weichen dem Gebrauch von Instrumenten, mit denen sie ihre Gedanken organisieren, aus... »Dafür zahlen sie mir schließlich einen Haufen Geld.« Tipp: Verwenden Sie sie heimlich. Niemand braucht zu wissen, wie Sie so schnell Klarheit erzielen.
- Passen Sie die Instrumente in jedem Fall Ihren Bedürfnissen an! Sie müssen sich dabei nicht wortgetreu an die Ausführungen dieses Buches halten. Wichtig ist, dass Sie und Ihr Team mehr über die fünf Bausteine »Wissen«, »Fühlen«, »Nutzen«, »Handeln« und »Erfolgreich sein« nachdenken.
- Mit etwas Aufrichtigkeit werden Ihnen die Instrumente helfen, Selbstbewusstsein aufzubauen, Lernprozesse zu vollziehen und zu Ihrer eigenen kontinuierlichen Weiterentwicklung beizutragen.

Die Instrumente haben dann den höchsten Wirkungsgrad, wenn Sie sie erstens nicht mehr brauchen, das heißt wenn die fünf Bausteine einfachen Handelns Bestandteile Ihrer täglichen Gespräche geworden sind; und wenn Sie sie zweitens trotzdem weiterhin anwenden, zum Beispiel, indem Sie das vollständige Set als kurze Projektpläne für die weitere Optimierung Ihrer Managementaufgaben nutzen. Setzen Sie die Elemente stets als Richtlinien bei Verhandlungen um Budgets oder Projekte ein.

Das Ergebnis: Sie erhalten sofortige Klarheit darüber, bei welchen Punkten Sie auf dem richtigen Weg sind.

Motto dieses Kapitels

Planung bedeutet Gestaltung von Gesprächen. Denn hier wird entschieden, wie Zeit und Aufmerksamkeit genutzt werden.

»Die Organisation unseres Denkens und unserer Informationen hängt davon ab, wie wir verstehen, was wir tun sollen. Gut durchdachte Systematik offenbart Ihnen die grundlegende Struktur der Dinge.«
Joseph Cothrel, Forschungsleiter bei Arthur Andersen

»Wenn es etwas gibt, was ein Gespräch verändert und den größten Wert bringt, dann ist es die Fähigkeit sicherzustellen, dass Absichten und Ziele wirklich klar sind. Und zwar nicht nur im Kopf der Führungskraft, sondern auch in ihrem Herzen und Verhalten.«
Kathleen Baker, Organization Design Manager, Hewlett-Packard

Tipps für den Einstieg

- Fangen Sie klein an. Wenn Sie die Seiten 82–97 durchgearbeitet haben, können Sie sich ein kleines Erfolgserlebnis gönnen.
- Mit den fünf Elementen im Hinterkopf können Sie das Instrument »Wissen, Fühlen, Handeln« zur Vorbereitung kleiner Aufgaben nutzen (das kann alles umfassen: von einer einstündigen Sitzung bis zu einem zweimonatigen Projekt). Oder bereiten Sie sich mit Hilfe des Instruments »Nutzen, um erfolgreich zu sein« auf eine Coaching-Aufgabe vor.
- Versuchen Sie nicht, dies gleich beim ersten Mal fehlerfrei zu machen. Es ist wichtig, dass Sie sich selbst Aha-Erlebnisse verschaffen. Finden Sie heraus, wie die Instrumente die Organisation Ihrer Gedanken, Fragen oder Informationen verändert haben. Oder in welcher Form sie Sie veranlassen, sich über die Gefühle der Beteiligten Gedanken zu machen.
- Nach der Anwendung der Instrumente bitten Sie Ihre Teamkollegen oder Kunden um Feedback, inwiefern Ihre Gespräche anders waren als sonst und ob sie das Engagement und Verständnis der Beteiligten bzw. die Geschwindigkeit der Umsetzung verändert haben.
- Überlegen Sie nach diesem kleinen Erfolgserlebnis, wie beide Instrumente den nächsten großen Plan ändern könnten.

Das »Wissen, Fühlen, Handeln«-Instrument

Ziel: Intelligenteres Arbeiten ermöglichen. Leuten helfen, überlegte, klare Entscheidungen zu treffen.

Beispielfragen
(Die richtigen Fragen werden Ihnen den Weg zum geeigneten Instrument weisen. Passen Sie das Instrument Ihrer Aufgabe oder Ihrem Projekt an.)

Wissen: Die richtigen Daten, Informationen und Fragen in der richtigen Form zum richtigen Zeitpunkt

- Vor dem Gespräch mit anderen: Welche Daten bzw. Informationen habe ich verwendet, um bei diesem Thema zum Ergebnis zu kommen?
- Wenn ich nur fünf Minuten zur Verfügung hätte, welche drei Aspekte würde ich vermitteln?
- Habe ich es mir zum Ziel gesetzt, ihnen das Angeln beizubringen, oder will ich sie einen Tag lang ernähren? (Zusammenhänge/Lernprozesse versus Anweisungen?)
- Biete ich die richtigen Lernthemen zum richtigen Zeitpunkt?
- Welche Fragen werden sie haben?
- Welche Bedeutung oder welches Verständnis soll für alle gelten? usw.

Fühlen: Beschreibung von Engagement und Verbindlichkeit

- Wie kann ich vorhandenes Engagement und vorhandene Verbindlichkeit erkennen?
- Welche Veränderungen implizieren Engagement bzw. Verbindlichkeit gegenüber diesem Projekt für die Leute?
- Wann ist der Stichtag, an dem ich mich entscheide, ob sie ihre Worte in Taten umsetzen?
- Wie sollen sich die Leute hinsichtlich ihrer Beteiligung und Verantwortung fühlen?
- Wie kann ich feststellen, ob ich dieses Gefühl tatsächlich erzeugen konnte? usw.

Handeln: Erwartungen, Verhaltensweisen

- Welche Pflichten und Verhaltensweisen erwarten die Leute von mir?
- Welche Entscheidungen sollen die Leute treffen? Bis wann?
- Welches sind die ersten Handlungsschritte für mich und meine Kollegen?
- Welches sind die ersten Handlungsschritte für alle anderen?
- Was wären mögliche Auslöser – Veränderungen, die meine Erwartungen verlagern würden?
- Was werden die Leute anders machen bzw. anders sagen, wenn wir dieses Projekt starten? usw.

Beispiel

Beispiel für die vollständige Anwendung des Instruments aus der Sicht einer Projektleiterin, die ein mittleres Projekt mit einer Laufzeit von einigen Monaten startet. Die Angaben im Beispiel sind auf dieses Projekt zugeschnitten. Die Projektleiterin setzt das Instrument ein, um einen Plan für ihr Team zu organisieren und um eine weiterführende Diskussion mit ihrem Vorgesetzten vorzubereiten, der das Projekt finanziert.

Wissen, Fühlen, Handeln:

Was »intelligenteres Arbeiten« für dieses Projekt bedeutet:

Unser Projektteam wird folgendes tun:

Wissen: **Wie der Projektplan aussieht**

- Das Team kennt die sieben Marktfaktoren, die für dieses Projekt relevant sind. Und es ist in der Lage darzustellen, wie diese Informationen die Schlussfolgerungen darüber, was wichtig ist, verändert haben (um dieses Ziel zu erreichen, ist mindestens ein halber Tag angeleiteter Analyse erforderlich).
- Es wird unsere drei wichtigsten Zielvorgaben verstehen und in der Lage sein, seine Rolle beim Erreichen dieser Zielvorgaben zu erläutern.
- Das Team versteht den Bezug des Projekts zur Unternehmensstrategie und kann ihn erläutern.

Fühlen: **Begeistert und trotzdem verantwortlich sein**

- Das Team ist begeistert darüber, den entsprechenden Rahmen zur Verfügung zu stellen (Ergebnisse des Projekts), um unsere Kunden zum Lächeln zu bringen und das Leben unserer Mitarbeiter etwas weniger kompliziert zu machen (Ziele des Projekts).
- Es ist verantwortlich für die Beseitigung von Erfolgshindernissen (Ergebnis eines halbtägigen Brainstormings).

Handeln: **Das Erforderliche tun**

- Das Team bewältigt Störungen – zum Beispiel Bedenken hinsichtlich der Schwierigkeiten dieses Projekts –, indem es handelt (Brainstorming).
- Teammitglieder kommunizieren regelmäßig über ihre Aufgabe, die drei wichtigsten Zielvorgaben und den Bezug zur Unternehmensstrategie und verleihen diesen Aspekten Nachdruck.
- Das Team geht von gemeinsamer Verantwortung für den Erfolg des Projekts aus.

Das Instrument »Nutzen, um erfolgreich zu sein«

Ziel: Weniger Zeit für komplizierte Arbeit aufwenden, einfacher Erfolg haben

Beispielfragen
(Die richtigen Fragen weisen Ihnen den Weg zum geeigneten Instrument. Passen Sie das Instrument Ihrer Aufgabe oder Ihrem Projekt an.)

Erfolgreich sein: Soviel Klarheit, dass Teamkollegen sich selbst managen können

- Wie lauten meine Projektdefinitionen für erfolgreiche Ergebnisse, Meilensteine und Verhaltensweisen?
- Stehen diese Definitionen mit der Unternehmensstrategie im Einklang?
- Definiert die Person, der ich unterstellt bin, Erfolg genauso wie ich?
- Wie definieren meine Teamkollegen derzeit Projekterfolg?
- Welche Unterschiede gibt es zwischen meiner und ihrer Definition?
- Wie neu sind diese Gesprächsinhalte? (Was kann ich als bereits erörtert voraussetzen?) usw.

Nutzen: Die richtigen Werkzeuge, Trainings- und Unterstützungsmaßnahmen in der richtigen Form zum richtigen Zeitpunkt

- Wenn ich nicht an den täglichen Projektaktivitäten beteiligt bin: Wer unterstützt die Arbeit des Teams und hat die nötigen Informationen, um die anfallenden Fragen zu beantworten?
- Welche Lernkurve bzw. Entwicklungszeit ist erlaubt?
- Werkzeuge, Unterstützungsmaßnahmen, Ressourcen, Prozesse, Technologie: Was ist bereits vorhanden und kann eingesetzt werden?
- Was muss neu entwickelt werden?
- Wie viele Personen sind erforderlich? Und über welche Fähigkeiten müssen sie verfügen?
- Wie viele Leute kommen aus dem Unternehmen selbst? Wie viele Externe gibt es?
- Wie verhindern wir, dass das Projekt nach einem erfolgreichen Start doch scheitert? Welche weiterführende Unterstützung ist nach der Einführung erforderlich? usw.

Beispiel

Beispiel für die vollständige Anwendung des Instruments aus der Sicht einer Projektleiterin, die ein mittleres Projekt mit einer Laufzeit von einigen Monaten startet. Die Angaben im Beispiel sind auf dieses Projekt zugeschnitten. Die Projektleiterin setzt dieses Instrument ein, um einen Plan für ihr Team zu organisieren und um eine weiterführende Diskussion mit ihrem Vorgesetzten vorzubereiten, der das Projekt finanziert.

Nutzen, um erfolgreich zu sein

Was Erfolg in Bezug auf dieses Projekt heißt und wie er erzielt wird

Erfolgreich sein: **Bedeutet Geschwindigkeit, Wert und Wachstumschancen**

- Geschwindigkeit: Verringert die Zeit, die die Mitarbeiter für diese Aktivität aufwenden, um die Hälfte;
- Wert: Steigert die Zufriedenheit der Kunden um 12 bis 13 Punkte;
- Wachstum: Es sollten 10 000 Mitarbeiterstunden gewonnen werden, die für den Marktrenner Projekt X aufgewendet werden können.

Nutzen: **Intelligenz und unser Intranet . . . jetzt**

- Aufgrund des kurzen Umsetzungszeitraums und des niedrigen Budgets haben wir speziell ein Team ausgewählt, das bereits vorher zusammengearbeitet hat und keine zusätzlichen Trainings oder Instrumente benötigt.
- Im Rahmen der Einführung des Pilotprojekts müssen wir allerdings eine gewisse Anzahl an Instrumenten und Trainingsmöglichkeiten bereitstellen (Team für Ideen-Brainstorming). Derzeit haben wir kein Budget für diese Maßnahmen. Mittel müssen nach dem Brainstorming zugeteilt werden.
- Das Team führt ein Brainstorming hinsichtlich möglicher Daten und verfügbarer Mitarbeiterressourcen durch, die zur Unterstützung der Entwicklung erforderlich sind.

6 VERPFLICHTEN
Verhaltenskommunikation

Dies ist bloß Eures Hirnes Ausgeburt
William Shakespeare, Hamlet

»Diese Art der Kommunikation mit den Leuten ist wesentlich respektvoller. Sie behandeln sie wie denkende Erwachsene.« – Julie Thompson, Vice President der Personalabteilung und für Weiterbildung von California Pizza Kitchens, spricht davon, was geschieht, wenn Sie die Bausteine »Wissen«, »Fühlen«, »Nutzen«, »Handeln« und »Erfolgreich sein« in Ihre täglichen Gespräche einbringen.

Viele Gespräche haben das Ziel, Informationen mitzuteilen. Dies ist Zeitverschwendung. Heute gibt es wirksamere Möglichkeiten, an diese Informationen zu kommen. Ziel der meisten Gespräche sollte es vielmehr sein, Dinge zu klären, Fragen zu stellen, zu reflektieren und zu motivieren. Irgendwo mittendrin – und für viele von uns unsichtbar – wird aus dem Dialog Verpflichtung: wer macht was bis wann usw. Der Vorgang des Verpflichtens erfordert ein hohes Maß an Disziplin und Klarheit.

Die letzten beiden Kapitel des zweiten Teils befassen sich schwerpunktmäßig mit diesem Aspekt.

Selbst wenn die Vorbereitung auf einen Anruf oder eine E-Mail nur 30 Sekunden dauerte, helfen Ihnen die bereits beschriebenen Instrumente, Klarheit zu erzielen, bevor Sie die Zeit und Aufmerksamkeit eines anderen Menschen in Anspruch nehmen. Und was jetzt?

Das Modell für Verhaltenskommunikation

Im Rahmen unserer Studie schauten wir uns an, wie Menschen *wirklich* Entscheidungen treffen – welche Informationen sie benötigen, um zu handeln. Dabei entdeckten wir ein Muster: Ganz gleich in welcher Position, jeder – vom Mitarbeiter der untersten Ebene bis hin zum Leiter in der Führungsetage – hatte dabei lediglich fünf Fragen. (Siehe Modell für Verhaltenskommunikation unten.) Wenn Sie sich darauf konzentrieren, diese Fragen zu beantworten, werden Gespräche rasch und problemlos in Handlungen umgesetzt. Engagement und Verständnis ergeben sich dann ganz einfach. Und Sie können anfangen, die Zeit anders zu nutzen.

Die Anatomie der Entscheidung darüber, wie ich handle, basiert auf den folgenden fünf Fragen:

Modell für Verhaltenskommunikation

- Inwiefern ist das für meine Aufgabe relevant?
- Was genau soll ich machen?
- Wie wird meine Leistung gemessen, und was sind die Konsequenzen daraus?
- Welche Instrumente und Möglichkeiten stehen zur Verfügung?
- Was bringt es mir oder uns?

Quiz
Welche der fünf Fragen wird am häufigsten gestellt?

HINTERGRUND: Stellen Sie sich vor, Sie veranstalten eine Sitzung mit 100 Leuten. Sie versuchen, einige Veränderungen wie den neuen strategischen Plan möglichst einleuchtend zu erklären. Als die Leute nach der Sitzung ihre Fragen stellen können, bittet jeder um mehr Informationen.
GARANTIE: In 60 Prozent der Fälle wird es sich *immer* um eine der fünf im Modell für Verhaltenskommunikation aufgeführten Fragen handeln.
FRAGE: Welche ist es?

ANTWORT: Die am häufigsten gestellte Frage bezieht sich auf die Ausführung, also die Frage nach Instrumenten und Unterstützung. Sie haben wahrscheinlich an die letzte Frage gedacht: Was bringt es mir oder uns? Die wenigsten Leute bestehen dieses Quiz. Lesen Sie noch einmal die Kapitel 2, 3 und 4 durch. 65 bis 75 Prozent von uns fehlen die Instrumente oder Fähigkeiten, die wir benötigen, um alles zu bewältigen, was auf uns zukommt. Dennoch wird bei der Kommunikation die *wenigste* Zeit für die Erörterung von Instrumenten und Möglichkeiten der Unterstützung aufgewendet. Und da wundern wir uns, warum unsere Arbeit so komplex ist!
Für die, die bestanden haben: Jeder Mensch ist anders. Jede Veränderung ist anders. Die Regel, dass sich 60 Prozent der Fragen um Instrumente und Unterstützung drehen, gilt auch für die Gesamtbevölkerung. Wie Sie in diesem Kapitel noch öfter feststellen werden, glauben Change Agents und Führungskräfte nur selten, dass Instrumente und Unterstützung von vorrangiger Bedeutung sind.

Inwiefern ist das für meine Aufgabe relevant? Stellen Sie sich das Modell als das Einmaleins des Marketing vor. Wenn Sie Ihre Ideen Ihrem Gegenüber nicht innerhalb der ersten fünf Minuten oder auf der ersten Seite verständlich machen können, haben Sie schon verloren. Jeder muss sich auf zu viele Dinge konzentrieren. Wenn wir allem, was *angeblich* wichtig ist, unsere gesamte Aufmerksamkeit schenken würden, kämen wir nie zu etwas. Ihr Thema ist dann wichtig, wenn Sie es mit der Frage verknüpfen können, wie Leute *derzeit* ihre Zeit und Aufmerksamkeit einteilen. Ein Beispiel: Wenn Sie über die neue Strategie sprechen wollen, beginnen Sie das Gespräch mit den derzeitigen Prioritäten Ihres Teams. Danach beschreiben Sie, worin sich die neue Strategie unterscheidet. Oder: Wenn Sie erreichen wollen, dass eine viel beschäftigte Führungskraft sich als Sponsor Ihres Teams verpflichtet, beschreiben Sie, wie der Leitgedanke Ihres Teams mit ihren drei obersten Prioritäten zusammenhängt. Wenn Sie diese Art von Zusammenhängen nicht schnell deutlich machen können, wird es Ihnen nicht gelingen, die volle Aufmerksamkeit der Leute zu gewinnen.

Was genau soll ich machen? Um es noch einmal zu sagen: Dies ist keine Aufforderung, zum früheren System von Weisung und Kontrolle zurückzukehren. Stattdessen müssen Ihre Erwartungen an die Leute völlig klar sein: Welches sind die direkten nächsten Schritte? Welche Schritte gibt es überhaupt im Prozess? Wer ist für die jeweiligen Schritte verantwortlich? Wie werden die Leute es erfahren, wenn sich diese Verantwortungen verlagern? – Sie müssen den direkt Betroffenen Antworten vermitteln.

Wie wird meine Leistung gemessen, und was sind die Konsequenzen daraus? Es hilft zwar, wenn die Antwort Bestandteil Ihres Leistungsmanagements ist, Sie brauchen sich bei der »Messung« jedoch nicht unbedingt auf Analyse zu versteifen. Zu viel Analyse führt zur Lähmung. Die Menschen müssen einfach nur hören – und zwar ganz direkt –, wie man sie erlebt, ob sie ihre Sache gut machen. Wie sieht ihr Erfolg aus? Wie oft werden sie Feedback bekommen? Manchmal kann sich dies in einer spontanen Diskussion ergeben. Aber diskutiert werden muss es.

Den Mitarbeitern müssen außerdem die Konsequenzen von Erfolg oder Misserfolg klar werden. Diese können positiv oder negativ sein. Es kann heißen: »Schauen Sie, diese Vorteile haben die Kunden als direktes Ergebnis Ihrer Bemühungen.« Es kann aber auch bedeuten: »Drüben in der Versandabteilung können sie ihren Job nicht erledigen, wenn wir diesen Termin verpassen.«

Welche Instrumente und Möglichkeiten der Unterstützung stehen zur Verfügung? Diese Frage bezieht sich auf die reine Ausführung – also, wie die Dinge erledigt werden. Wie gesagt: Die meisten Mitarbeiter verfügen nicht über die Werkzeuge, um ihren Job zu erledigen. Oder, falls sie vorhanden sind, werden sie häufig nicht ausreichend genutzt oder falsch eingesetzt. Alles, was Sie tun, um den Leuten zu helfen, einen Zusammenhang zwischen ihren Aufgaben und den verfügbaren Instrumenten herzustellen, kann äußerst wirksam sein.

Die folgende Liste enthält einige Instrumente und Maßnahmen erfolgreicher Wissensarbeit:

- Training
- IT (Mitteilungen, Internet usw.)
- Coaching
- Zusätzliche finanzielle Ressourcen
- Kommunikationshilfsmittel
- Meetings, auch externe Treffen
- Praxisgruppen
- Mentoring
- Zusätzliches Zeitkontingent
- Sponsoren oder Experten
- Informationen für spezifische Aufgaben
- Zusätzliche personelle Ressourcen
- Spezielle Räume oder Orte
- Forschungsdaten

Die Vermittlung dieses Zusammenhangs kann außerordentlich vielschichtig sein. Stehen die richtigen Instrumente zum richtigen Zeitpunkt in der richtigen Art bereit, verkürzt das die Aufgabenliste der Leute erheblich und hilft ihnen, sich auf das Wesentliche zu konzentrieren. Wenn Sie nicht die richtigen Instrumente zum richtigen Zeitpunkt in der richtigen

Theorie-Ecke

Warum funktioniert das Modell der Verhaltenskommunikation?

Der wichtigste Grund ist: Es »erzwingt« Einfühlungsvermögen. Es ermöglicht Ihnen zu antizipieren, was Sie aus der Perspektive des Zuhörers vermitteln sollten – und nicht aus Ihrer Sicht oder der des Unternehmens. Sie können es sich als eine Art »Balanced Scorecard« vorstellen, nach der Entscheidungen getroffen und umgesetzt werden. Es beinhaltet alles, was wir für optimale Wissensarbeit benötigen:

- Intellektuelle Anforderungen
- Infrastruktur und Unterstützung
- Messsysteme
- Soziale und emotionale Bedürfnisse
- Schwerpunkt und Erwartungen
- Systeme zur Belohnung und Anerkennung.

Es kombiniert die Theorien des kognitiven Denkens von Jean Piaget, Jerome Bruner und anderen mit dem, was der Psychologe Frederick Herzberg als »Hygienefaktoren« bezeichnet hat: Die Dinge, die wir brauchen, um etwas zu erledigen.

Schließlich funktioniert das Modell, weil die menschliche Natur eine Abneigung gegen die Ungewissheit hat. Wenn Sie auf diese fünf Fragen keine Antworten haben, wird die Gerüchteküche welche kochen – und das sind nicht unbedingt die richtigen.

Form einsetzen – mit der richtigen Schulung für korrekten Gebrauch – verschwenden Sie viel Zeit und Aufmerksamkeit.

Was bringt es mir oder uns? Es ist zwar hilfreich, wenn Sie bei der Beantwortung dieser Frage auch auf ein formelles Belohnungs- und Anerkennungssystem zurückgreifen können, es ist jedoch nicht unbedingt erforderlich. Die Antwort kann viel »preiswerter« sein: beispielsweise weniger Stress, mehr Spaß, verbesserte Teamarbeit, mehr Zeit für die Familie.

Auch sollten Sie die Erkenntnis aus dem Quiz auf Seite 107 in Erinnerung behalten. Dies ist nicht die am häufigsten gestellte Frage. Natürlich müssen Sie auf alle fünf Fragen eingehen können, im allgemeinen hapert es bei der Frage nach Instrumenten und möglicher Unterstützung jedoch am häufigsten.

Motto dieses Kapitels

Verhaltenskommunikation bietet den Leuten das, was sie zum Handeln benötigen, und zwar rasch. Sie ermöglicht eine direkte Umsetzung intelligenten Arbeitens.

Das Modell in der Praxis

Julie Thompson von California Pizza Kitchens weiß aus erster Hand, wie das Modell funktioniert. »Ich habe versucht, eines unserer Trainingsprogramme im operativen Geschäft verbindlich einzuführen. Ich erklärte, dass es schwerwiegende rechtliche Komplikationen gäbe, wenn unsere Geschäftsleiter nicht an diesen Trainings teilnehmen und deren Inhalte anwenden würden. Ganz egal, was ich tat, alles, was ich zu hören bekam, war: ›Wir haben Wichtigeres zu tun – und zwar unsere Restaurants zu leiten und unsere Gäste zu bedienen – anstatt unsere Leiter in Ihren Unterricht zu schicken‹. Ich wunderte mich immer nur: ›Warum kapieren die das nicht?‹«

»Dann fielen mir die fünf Fragen wieder ein«, erzählt Thompson. »In der nächsten Sitzung erklärte ich ihnen in nur wenigen Minuten, wie sich dieses Trainingsprogramm auf die Umsätze und die Zufriedenheit der Gäste auswirken würde. Wie wir die Ergebnisse messen könnten. Wie die Leiter das Training als zeitsparendes Instrument nutzen könnten. Auf einmal ging ihnen ein Licht auf. Das Training wurde genehmigt!«

»In den Niederlassungen erlebte ich dasselbe. Anfangs benötigte ich ganze neun Monate, um von allen das Einverständnis zu bekommen. Später gelang es mir innerhalb von Wochen: Ich nutzte kurze Mitteilungen, in denen ich jede der fünf Fragen in einem kurzen Absatz beantwortete.«

Kim Thomas ist Kommunikationsleiterin bei Ameritech. Sie führt ganz konkrete Erfolge auf den Einsatz des Fünf-Fragen-Modells zurück. Dazu gehört die Verdoppelung der Hinweise, die die Callcenter an den Verkaufsstab weiterleiten konnten, ebenso wie eine IT-Einführung, die »nahezu fehlerlos mit hohem Engagement und breiter Unterstützung aller« erfolgte. Für sie liegt der größte Wert des Modells jedoch darin, dass es ein Instrument für strategisches Denken darstellt.

»Es ist ein erprobtes und wirksames Werkzeug zur Analyse von Mängeln. Noch während wir uns in der Planungsphase befinden, können wir Unzulänglichkeiten aufdecken, die den Erfolg behindern würden. Am häufigsten haben wir festgestellt, dass wir klarere Maßstäbe erarbeiten und ein breiteres Spektrum an Instrumenten und unterstützenden Maßnahmen entwickeln müssen, um Leute so auszustatten, dass sie Veränderungen durchführen können.« Die Ausführungen von Kim Thomas sind bezeichnend. Wenn Sie herausfinden, welche Antworten Sie *nicht* haben, hilft Ihnen das, Veränderungen proaktiv zu gestalten. Das Komplexe klar zu machen, ist ein Instrument des Change Managements.

Es kann aber auch ein Führungsinstrument sein. Dave Tippeconnic, CEO bei CITGO, führte sein Team vor kurzem durch einen großen Veränderungsprozess. »In unseren externen Seminaren musste jeder die fünf Fragen beantworten, um

WIE SIE VERHALTENSKOMMUNIKATION JEDEN TAG EINSETZEN

	AM WIRKSAMSTEN	AM PRAGMATISCHSTEN	AM BESTEN
Anwendungsformen	E-Mails, Voicemails, Rekapitulieren der nächsten Schritte. Beantworten Sie mit Ihrer Nachricht die fünf Fragen des Empfängers (auf höchstens einer Seite)	Sitzungen, persönliche Gespräche. Stellen Sie einige der Antworten als »Vorgaben« bereit. Bitten Sie um Bestätigung. Erarbeiten Sie die verbleibenden Antworten gemeinsam durch Brainstorming.	Externe Meetings, Coaching, Training. Fördern Sie die Diskussion im Sinn einer umfassenderen Strategie. Lassen Sie die einzelnen Mitarbeiter die fünf Antworten selbständig herausfinden.
Vorteil	Geschwindigkeit, Effizienz und Klarheit	Abstimmung, Klarheit und optimale Nutzung der Zeit aller Beteiligten.	Klare Verantwortlichkeiten im Hinblick auf die Antworten.
Nachteil	Unzureichend, wenn Sie • eine umfassende Veränderung der Verhaltensweisen einfordern, • keine Beziehung oder keinen Kontakt mit dem Empfänger aufgebaut haben oder • es keinen gemeinsamen Kontext (wie zum Beispiel eine Strategie) gibt.	Geringe bis keine, wenn Sie über einen guten Teamleiter verfügen.	Ist zeitintensiv und erfordert ausgezeichnete Coaching- und Förderqualifikationen.

Einfache Hinweise

Die Drei-Minuten-Garantie: Wenn Sie die Instrumente in Kapitel 5 – »Wissen, Fühlen, Handeln« und »Nutzen, um erfolgreich zu sein« – angewendet haben, um Ihre Gedanken zu organisieren, brauchen Sie nur ein paar Minuten, um sich auf verpflichtende Gespräche vorzubereiten.

Die Menschliche-Natur-Garantie: Wir sind alle viel beschäftigt. Der gesunde Menschenverstand lässt vermuten, dass sich die meisten Ihrer Kollegen an die Beantwortung der fünf Fragen *anderer* machen, ohne ihre eigenen Gedanken zu organisieren. Wenn Sie die Ausnahme sind, die diese Regel bestätigt, werden Sie als der Teamleiter bekannt sein, der Zeit und Aufmerksamkeit effektiv nutzt.

Die Große-Wichtigtuer-Garantie: Es gibt einen geläufigen Geschäftsführer-Witz: »Wenn eine Heftklammer dran ist, wird es nicht gelesen.« Für viele obere Führungskräfte ist dieser Scherz Realität. Je höher die Ebene ist, desto eher müssen Sie in der Lage sein, die fünf Fragen auf einer Seite oder noch knapper zu beantworten.

Tipps für den Einstieg

- Legen Sie einfach los! Probieren Sie das Modell innerhalb der nächsten 48 Stunden aus, nachdem Sie dieses Kapitel gelesen haben. Machen Sie sich keine Gedanken, wenn die Antworten nicht vollkommen sind. Sprechen Sie sie an – ganz gleich, ob in einer E-Mail, einem Meeting oder in einem Telefonat. Der schnelle Erfolg wird Sie dazu ermutigen, das Modell immer wieder anzuwenden.
- Bei der Anwendung der in Kapitel 5 beschriebenen Instrumente haben Sie möglicherweise einige Lücken festgestellt und angesprochen. Mit der Beantwortung der fünf Fragen zum Kommunikationsverhalten bietet sich Ihnen eine weitere Möglichkeit, klarere Maßstäbe und ein breiteres Sortiment an Hilfsmitteln und unterstützenden Maßnahmen zu entwickeln, bevor Sie Veränderungen einführen.

zu erklären, wie er seine neuen Aufgaben innerhalb des Unternehmens umsetzen würde. Ich bin gerade von einem Besuch vor Ort zurückgekommen, und ich sehe, dass die dadurch gewonnene Klarheit eine deutliche Auswirkung auf die Umsetzung unserer Strategien hatte.«

Tippeconnic fuhr fort: »Wenn Sie sich auf das konzentrieren, was als nächstes auf die Leute zukommt, was sie tun müssen und welche Instrumente sie einsetzen können, bringen Sie den Prozess wirklich voran. Sie beseitigen viele der möglichen Einwände, die sich aus einem Mangel an Klarheit ergeben. Das ist ein großer Vorteil.«

Quiz zum Thema gemeinsames Leitbild

Wir alle wissen, wie Unternehmensziele, Vision, Werte und Strategien funktionieren *sollen:* Sie sind als gemeinsame Handlungsrichtlinien dazu gedacht, die Erwartungen der Unternehmensleitung an die Mitarbeiter zu formulieren und damit deren Fragen zu beantworten. Wenn Sie glauben, diese Art Vorgaben seien von großem Nutzen für Sie, führen Sie doch einmal den folgenden Test durch:

1. Wählen Sie willkürlich 100 Leute aus.
2. Befragen Sie sie *nicht* zur wichtigsten Unternehmensleitlinie, sondern stellen Sie die fünf Verhaltensfragen.
3. Seien Sie darauf gefasst, dass die Ergebnisse Sie erschrecken werden! Viele Unternehmen stellen überrascht fest, dass die Absichten und »Fahrpläne«, die sie vorgeben, nicht in eine gemeinsame Auffassung dessen münden, wie die Arbeit praktisch zu tun oder was erforderlich ist, damit sie richtig erledigt wird.

Was Sie von Verhaltenskommunikation lernen können: »Schnelleinsteiger«

Wenn es erforderlich ist, Verhaltensweisen zu ändern, beantworten diese Personen die fünf Fragen instinktiv – in Sekundenbruchteilen. Die meisten langweilen sich oder werden bei dem Versuch herauszufinden, wie sie zu ihren Antworten kommen, ungeduldig.

(Im Fall des oberen Managements kann dies möglicherweise Führungsprobleme nach sich ziehen: Die Führungskraft hat Veränderungen durchgeführt, kann jedoch nicht eindeutig erklären, warum und wie.)

Die meisten von uns

Dieses Modell ist bei 60 oder 70 Prozent von uns von größtem Nutzen. Klarheit ist alles, was wir benötigen, um kreativer, konzentrierter, flexibler und verantwortungsvoller zu werden.

»Veränderungsverweigerer«

Nutzen Sie dieses Modell, um diese Personen auszusortieren. Sie können es sich nicht leisten, Ihre Zeit mit ihnen zu verschwenden!

Wenn Sie das Verhaltensmodell in verschiedenen Kommunikationssituationen angewandt und sich diese Personen immer noch nicht geändert haben (und Sie absolut sicher sind, dass dies nicht ein Problem mangelnder Klarheit Ihrerseits ist), werden sie das auch nie tun – ganz gleich, wie zielgenau Sie die fünf Fragen einsetzen.

Das Modell funktioniert auch im wirklichen Leben:
Josh war fünf Jahre alt, als man bei ihm Epilepsie feststellte. Mit sechs litt er an Anfällen, die man als »Fallsucht« bezeichnete. Bis zu 20 Mal am Tag verlor er vollständig die Kontrolle über seine Muskeln. Seine Eltern, Sue und Dave, kontaktierten Teresa Schaefer. Sie organisiert Teams der Gemeindehilfe für behinderte Kinder. Auf die Frage, wie sie es erreiche, dass sich verschiedene Teams nahtlos um Joshs Bedürfnisse kümmerten, antwortete sie, ihre Aufgabe sei es, Meetings anhand des Verhaltenskommunikation-Modells zu organisieren.

Dazu zählte beispielsweise Folgendes:

- Lehrer, die Schulkrankenschwester und Ärzte hatten Verantwortungsbereiche definiert. (Was soll ich tun?)
- Strategien wurden eingesetzt, um die Reaktionszeit auf Joshs Anfälle zu verkürzen. (Maßstäbe und Konsequenzen)
- Als Josh mit Schutzhelm und Knieschonern (Instrumente, die zu seinem Schutz entwickelt wurden) am Sportunterricht in der Schule teilnahm, veranstalteten seine Klassenkameraden einen »Tag des Helms«. Alle trugen Helme, um ihre Hilfsbereitschaft und den Zusammenhalt als Team zum Ausdruck zu bringen. (Ihre Ansicht von: Was bringt es uns?)

7 ZUHÖREN UND FILTERN

Das Wichtige vom Unwichtigen trennen

Hören Sie sehr aufmerksam zu, wenn Menschen reden. Die meisten Leute hören nie zu.

Ernest Hemingway, der sein ganzes Leben lang das Ziel verfolgte, einen wahren Satz zu schreiben

Das funktioniert angeblich folgendermaßen: Sie setzen gemeinsame Vorstellungen, Teamziele oder die Unternehmensstrategie ein, um alle ankommenden Informationen zu filtern.

Das wollen wir gleich einmal testen. Heute haben Sie 128 E-Mails und 47 Voicemails bekommen. Sie haben unzählige Gespräche geführt und sind unzählige Male unterbrochen worden, während Sie versuchten, das »ganz wichtige« Material auszusortieren. Und Sie haben an vier Meetings teilgenommen. Wie oft haben Sie die Unternehmensstrategie eingesetzt, um herauszufinden, was gelöscht werden kann, was beantwortet werden muss und welche Sitzung wichtig ist?

Genau das habe ich erwartet. Die schlechte Nachricht: Weil die meisten von uns nicht wissen, was sie herausfiltern müssen, treffen wir zu viele unwichtige Entscheidungen. Eine der E-Mails, die Sie gerade gelöscht haben, hatte viel mit Strategie zu tun. Sie haben das nur nicht erkannt, weil die Mitteilung nicht klar war. Oder Sie haben sich auf die sieben Dinge Ihres Chefs oder eines Kunden konzentriert und alles andere sausen lassen. Kurzfristig gesehen, kann das effizient erscheinen. Wo aber bleibt langfristig Ihr persönliches Wachstum und Ihre Kontrolle über Ihren eigenen Arbeitsablauf?

Die gute Nachricht: Sie haben mittlerweile recht gute Erfahrungen mit den fünf Bausteinen Wissen, Fühlen, Nutzen, Handeln und Erfolgreich sein, die die Grundlage für die Organisation der täglichen Arbeit sind. Auf Ihre Planung angewendet (Kapitel 5), helfen sie Ihnen, Ihre Gedanken besser zu strukturieren. Wenn Sie sie in entsprechende Fragen umwandeln (Kapitel 6), helfen sie Ihnen, effizienter zu kommunizieren. Sie können dieselben fünf Elemente auch einsetzen, um konzentrierter zuzuhören und zu filtern.

Die Effizienz des täglichen Zuhörens

Wir hören auf unterschiedliche Art und Weise zu: Einfühlend, wenn Sie einem Freund zuhören, dem es gerade schlecht geht; unterstützend in einem Coaching-Prozess, der die Selbsterkenntnis Ihres Gegenübers fördern soll; neugierig, um neue Wege des Denkens zu entdecken. Die Liste ist endlos.

Die Mehrzahl von uns hört jedoch meistens auf die übliche Art und Weise zu: Wir versuchen, alles, was auf uns zukommt, zu verstehen und herauszufinden, wie wir unsere Zeit nutzen sollen.

Weil Zeit unser wertvollstes Gut ist, kann es unglaublich viel bringen, diese Art des Zuhörens zu verbessern. Man gewinnt ein paar zusätzliche Sekunden, Minuten oder gar Stunden und kann diese für etwas anderes nutzen. Dieses Kapitel legt den Schwerpunkt auf die Komprimierung der Liste der Dinge, die Ihre Aufmerksamkeit verdienen, so dass Sie die gewonnene Zeit für wichtige Dinge nutzen können.

Je präziser Sie zuhören, desto eher werden Sie die wichtigen Dinge herausfiltern können.

Das Ziel ist ganz einfach: Erarbeiten Sie sich eine präzise und zielgerichtete Strategie des Zuhörens. So nutzen Sie Ihrem Gegenüber und sich selbst.

Wissen, worauf Sie hören sollen

Im Ausschluss finden Sie das Modell der fünf Fragen, das Sie bereits aus Kapitel 6 kennen. Diesmal ist es leicht abgewandelt und so aufgebaut bzw. formuliert, dass es auf das Zuhören angewendet werden kann. Denken Sie immer an das Ziel »Klarheit«. Um Klarheit inmitten all der Konfusion zu finden, muss jedes Gespräch, jede Sitzung und jede E-Mail mit Hilfe der folgenden Punkte überprüft werden:

- **Steht es im Zusammenhang mit dem, was ich mache?** Viel zu viele Leute rufen Sie zu Sitzungen oder bitten Sie, Sachen zu lesen, ohne sich im Klaren darüber zu sein, wie diese Dinge mit Ihren vorrangigen Prioritäten in Zusammenhang stehen. Sie verlangen von Ihnen, sich die Zeit zu nehmen, das herauszufinden, haben es selbst aber nicht getan. Wenn es sich um eine E-Mail oder Voicemail handelt, die Sie innerhalb von 15 Sekunden nicht in Bezug zu Ihren vorrangigen Prioritäten setzen können, löschen Sie sie. Der Absender verdient Ihre Zeit nicht. Jeder, der Ihre Zeit verdient, wird demgegenüber zumindest versuchen, einen für Sie klaren Zusammenhang erkennbar zu machen. Drückt sich der Gesprächsleiter in einem Meeting unklar aus, fordern Sie ihn auf: »Erklären Sie mir doch bitte, in welchem Zusammenhang das mit meiner Arbeit steht.« Wenn Sie nach mehreren Minuten Diskussion immer noch keinen Zusammenhang erkennen, hat sich diese Person nicht genügend darauf vorbereitet, Ihre Zeit zu nutzen. Entschuldigen Sie sich freundlich, und verlassen Sie die Sitzung. Jede weitere Minute hier wäre Zeitverschwendung.
- **Eine Liste der nächsten Schritte.** Handelt es sich um elektronische Kommunikationswege und die Mitteilungen machen keine weiteren Schritte notwendig, gehen Sie genauso vor: Löschen Sie sie. Der Absender ist jemand, der denkt, er schaffe Wert, indem er lauter Punkte erzeugt, die

Sie filtern müssen. Sollten die Meetings, an denen Sie teilnehmen, nicht mit einer Zusammenfassung abgeschlossen werden, die festlegt, wer was in den kommenden Tagen (nicht Monaten!) zu tun hat, lassen Sie sich in ein anderes Team einteilen. Der Projektleiter konzentriert sich nicht auf Handlungen oder auf die Klärung von Verantwortungsbereichen. Auch das ist reine Verschwendung Ihrer Zeit.

- **Erwartungen.** Bei nachhaltigen Veränderungen kann kaum jemand beim ersten Gesprächskontakt vermitteln, was Erfolg in Bezug zum jeweiligen Projektziel heißt. Wenn Sie jedoch bereits an mehreren Sitzungen teilgenommen oder schon mehrere E-Mails ausgetauscht haben, ohne dass eine Definition von Erfolg und den damit verbundenen Erwartungen an Sie geliefert wird, sollten Sie auf weitere Sitzungen verzichten. Distanzieren Sie sich von diesem Team oder Leiter. Das Team erreicht möglicherweise sein Ziel, aber erst, nachdem es viel von Ihrer Zeit verschwendet hat. (Oder noch besser: Übernehmen Sie dessen Leitung und bringen Sie Klarheit in die Erwartungen an das Projekt. Sie werden als das Teammitglied bekannt werden, das Klarheit erzielt hat.)

  Erinnern Sie sich an die drei Maßstäbe für Erfolg, die in Kapitel 4 erwähnt wurden: Geschäftsergebnisse, Projektmeilensteine und Verhalten (wie Sie Ihre Zeit und Aufmerksamkeit verwenden sollten). Jeder Mensch benötigt darüber unterschiedlich ausführliche Informationen. Verzichten Sie erst dann auf weitere Informationen zu diesen Aspekten, wenn Sie der Auffassung sind, dass Sie genügend Input haben, um sich selbst erfolgreich zu managen.
- **Fähigkeiten.** In dem vor kurzen erschienen Artikel »Managing Oneself« erklärte Peter Drucker: »Unglaublich wenig Leute wissen, wie sie Dinge erledigen sollen.« Ihr Job ist es, zu wissen, wie Sie Ihre Dinge erledigen, welche

Instrumente und unterstützende Maßnahmen Ihre Fähigkeiten stärken, um die Punkte auf Ihrer Liste abzuhaken. Hören Sie aktiv zu. Stellen Sie viele Fragen zum Thema »Fähigkeit« wie beispielsweise: Wer sind die richtigen Leute, die dies schaffen? Wie bekommen wir die richtigen Daten und Informationen? Sind diese so organisiert, dass sie unseren Anforderungen entsprechen? Müssen wir einen Experten hinzuziehen? (Weitere Hilfe bekommen Sie, wenn Sie alles über Instrumente und unterstützende Maßnahmen aus den letzten drei Kapiteln noch einmal lesen.)

In diesem Zusammenhang ist es wichtig, realistisch zu sein: Angenommen, Sie bekommen Aufträge, für die es weder ausreichende Antworten auf die einschlägigen Fragen noch anwendbare Instrumente gibt. Das kann in Einzelfällen passieren. Wenn sich allerdings für die meisten Teams im Unternehmen ein durchgängiges Muster hinsichtlich des Mangels an angemessenen Instrumenten und notwendigen Qualifikationen feststellen lässt – beauftragen Sie einen Headhunter. Ihre Zeit wird in diesem Unternehmen verschwendet.

- **Gewinn.** Hier geht es um die Frage, was das jeweilige Projekt Ihnen bringt. Seien Sie ehrlich: Es gibt viele Projekte, die wir nur ausführen, weil es von uns verlangt wird. Wenn Sie jedoch regelmäßig mit Projekten zu tun haben, die zu geringen persönlichen Gewinn bieten, sortieren Sie sie aus. (Dabei muss es nicht nur um Vergütung gehen. Gewinn kann auch weniger Stress, klarere Zielrichtung oder mehr Spaß usw. bedeuten.)

Klarheit inmitten der Konfusion finden

1. Bezug zur eigenen Tätigkeit	(Inwiefern ist das für mich wichtig?)
2. Liste der nächsten Schritte	(Was soll ich tun?)
3. Erwartungen	(Was heißt Erfolg?)
4. Fähigkeiten	(Welche Instrumente und unterstützende Maßnahmen brauche ich?)
5. Gewinn	(Was bringt es mir oder uns?)

Ansicht einer Führungskraft: Wie trenne ich das Unwichtige vom Wichtigen?
»Für mich besteht die Herausforderung darin, die verschiedenen Schichten der Komplexität zu durchdringen und zu entscheiden, worauf ich mich konzentriere. Das Management von Inputs ist zu einer großen Herausforderung geworden. Ich könnte den ganzen Tag nichts anderes tun als lesen, antworten, lesen, antworten. Ich käme mir vor wie eine Telefonvermittlung. Also mache ich es nicht. Viele der Anfragen beantworte ich nie. Ich verbringe die Zeit lieber mit meinem Team. Die beste Form des Zeitmanagements ist für mich, das Unwichtige auszusortieren und dann meine Zeit mit meinem Team zu verbringen, um ein gemeinsames Verständnis und ein gemeinsames Leitbild zu schaffen. Oder um sie ganz einfach als Menschen kennen zu lernen. Hier im Unternehmen nennen wir das die Grundlage der Verbundenheit. Es geht wirklich darum, Beziehungen zu vertiefen. Langfristig erzielen Sie damit bessere Geschäftsergebnisse.«
John Lechleiter, Senior Vice President, pharmazeutische Produkte, Eli Lilly

Ihre Verantwortung als Zuhörer

Wenn Sie das Unwichtige beiseite lassen, gewinnen Sie Zeit! Sie müssen sich jedoch das Recht dazu verdienen. Sie haben folgende Verantwortungsbereiche:

1. **Setzen Sie Ihren gesunden Menschenverstand ein.** Natürlich verlangt die E-Mail Ihres Bruders Zeit und Aufmerksamkeit. Auch wenn er in seinem ganzen Leben noch nie Klarheit erzielt hat.
2. **Sie sollten sich über Ihre Rolle im Klaren sein.** Sie müssen wissen, welche der fünf Fragen für Sie am wichtigsten ist. Für viele Geschäftsführer ist das meist die erste Frage (Wie wichtig ist etwas?). Viele Führungskräfte sind im Grunde genommen für alles verantwortlich und werden deshalb viel zu häufig um ihre Aufmerksamkeit gebeten. Sie sollten stets darauf achten, alles nach unten zu delegieren, was für ihre zehn ausgewählten Prioritäten unwichtig ist.

   Für einen Change Agent können die Erwartungen an erster Stelle stehen: Sie haben möglicherweise keine Probleme damit, den gesamten Projektverlauf im Blick zu haben. Wenn Sie jedoch Ihren Auftraggeber nicht dazu bringen, den Projekterfolg klar zu definieren und die damit verbundenen Erwartungen an Sie abzuleiten, müssen Sie mit Misserfolgen rechnen. Die meisten Change Agents haben aufgrund schlechter Erfahrungen gelernt, sich aus solchen Projekten zurückzuziehen.

   Für einen Trainee kann es Priorität haben, Klarheit darüber zu erlangen, welche Instrumente und unterstützenden Maßnahmen er einsetzen muss: Sie wollen sich die Zeit nehmen herauszufinden, welche der fünf Fragen für Sie in den meisten Situationen am wichtigsten ist. Unabhängig davon, zu welchem Ergebnis Sie kommen, seien Sie proaktiv: Besorgen Sie sich die Informationen, die Sie brauchen, um die richtigen Entscheidungen treffen zu können.
3. **Sortieren Sie vor, seien Sie ein Lehrer.** Wenn Sie für sich Klarheit schaffen können, heißt das noch lange nicht, dass andere auch dazu in der Lage sind. Bevor Sie die Informationen anderer Leute aussortieren, sollten Sie diesen einige Ratschläge geben: Zeigen Sie Ihnen das Modell für Verhaltenskommunikation und die dazugehörigen fünf Fragen. Erläutern Sie Ihnen, wie sie trotz Konfusion Klarheit finden. Erklären Sie ihnen, was Sie als Zuhörer erwarten. Die meisten Leute wollen das Richtige tun.
4. **Versuchen Sie, Muster zu erkennen.** Die persönliche Art des Zuhörens zu analysieren und zu verbessern, ist ein wichtiger Test für Ihr Selbstbewusstsein. Selbst nach nur wenigen Sitzungen oder E-Mails können Sie in der Regel anhand des Fünf-Fragen-Modells ein Muster in der Art Ihres Zuhörens erkennen. Ziel ist dabei, sich so oft wie möglich in der rechten Spalte der Tabelle auf Seite 127 wiederzufinden. Bewerten Sie sich selbst: Wie viel Prozent Ihrer Zeit verbringen Sie als Opfer, Pragmatiker oder Pro-Aktivist?

Das Wichtige herausfinden

Wenn Sie über eine präzise Strategie des Zuhörens verfügen, geschieht etwas Verblüffendes, das Theoretiker »kostenlose Ordnung« nennen. Plötzlich tauchen die wichtigen Dinge auf – aus dem Nichts. Eigentlich gab es sie schon lange. Nur waren sie inmitten der riesigen Flutwelle aus Möglichkeiten und Informationen nur unglaublich schwer zu erkennen. Seien Sie beim Zuhören und Selektieren präzise, und das Wichtige wird Sie finden.

Einfache Hinweise

»Es ist mein Chef, der meine Zeit verschwendet. Ich kann seine Sitzungen nicht einfach ignorieren!« Wenn Sie in einer solchen Situation sind, können Sie immer auf zwei Dinge zurückgreifen:

1. **Setzen Sie Ihren gesunden Menschenverstand ein.** Überlegen Sie sich gründlich, wann und was Sie ausblenden.
2. **Sie entscheiden, ob Ihre Zeit verschwendet wird.** Ihr Chef kann Ihre Zeit nur verschwenden, wenn Sie das auch zulassen. Ihnen stehen heute 1440 Minuten zur Verfügung. Sie geben einen Teil dieser Zeit Ihrem Chef. Überlegen Sie gut, wem Sie diese Minuten zur Verfügung stellen und wer sie nutzen darf.

Tipp für den Einstieg

Tun Sie's einfach!

MUSTER DES ZUHÖRENS

	Opfer	Pragmatiker	Pro-Aktivist
Umgang mit Zeit	**Wartet auf die nächste To-do-Liste**	**Beantwortet zu viele E-Mails** bzw. Voicemails und nimmt an zu vielen Sitzungen teil. Verfügt über keine prägnante Art des Zuhörens.	**Gewinnt Zeit.** Verfügt über eine prägnante Art des Zuhörens. Entscheidet präzise, was unwichtig ist.
Muster des Zuhörens	Muss die fünf Antworten vorgesetzt bekommen, um Verhaltensweisen zu ändern. Sagt selten, wenn überhaupt: »Helfen Sie mir zu verstehen . . .«	Kann seine täglichen Angelegenheiten erledigen, verpasst jedoch neue Chancen. Weiß, welche der Fragen für den Chef oder das Unternehmen wichtig sind und erzielt diesbezüglich Klarheit. Ist jedoch zu beschäftigt, um klare Antworten auf alle fünf Fragen zu erzielen.	Muss lediglich noch ein oder zwei der Fragen klären, nachdem er die unwichtigen Störfaktoren selektiert hat. Versucht in der Kommunikation mit anderen noch immer, die fünf Bausteine zu anzuwenden.
Verbesserungsstrategien	Ändern Sie sich – und zwar schnell. Hinter Ihrem Rücken erzählt jeder, Sie widersetzten sich Veränderungen. Erster Schritt: Machen Sie sich mögliche Hilfsmittel und unterstützende Maßnahmen bewusst.	Suchen Sie sich eine oder zwei der Fragen aus, auf die Sie noch keine Antwort haben. Stellen Sie sie immer wieder neu. Auf diese Weise verbessern Sie Ihre Kommunikationsfähigkeit.	Bemühen Sie sich um kontinuierliche Selbstbeurteilung und Verbesserung. (Darüber hinaus bliebe nur die Heiligsprechung.)

»Derzeit gibt es in der US-Wirtschaft nicht die erforderliche Anzahl an Leuten, die wissen, wie man zuhört. Die Unternehmen, die überleben und aufblühen werden, sind diejenigen, die das heute erkennen und damit beginnen, diese Fähigkeit zu fördern.«
Cathy Carmody, freiberuflicher Change Agent für Fragen der Unternehmensenergie

Motto dieses Kapitels

Wenn Sie wissen, wo, wann und wem Sie zuhören müssen, gewinnen Sie Zeit

»Als ich diesen Job übernahm, warf ich zwei Drittel des Papierkrams weg, den ich bekam. Es gibt vielleicht vier oder fünf Dinge, die Sie gezielt verfolgen können. Wichtig ist herauszufinden, welche das sind, wie Sie sie erledigen und wie Sie sie beim Betrieb des Unternehmens nutzen. Das befreit Sie von Ballast, so dass sie wissbegierig nach Neuem Ausschau halten können – und ständig mit dem Status quo unzufrieden sind.«

Mel Goodes, CEO im Ruhestand, Warner-Lambert

»Wenn Sie auf diese Weise (mit Klarheit) zuhören, bewegen Sie sich nahe an der Wahrheit. Zuerst will ich herausfinden: ›Bin ich die richtige Person für diese Aufgabe?‹ Wenn ich die Fragen weiter durchgehe, versuche ich herauszufinden, was wichtig ist: Ist dies eine kreative Idee, die vernünftig definiert ist und die, wenn sie korrekt umgesetzt wird, große Produktivitätsgewinne bringt? Oder wenden wir dafür nur viel Zeit auf und der Gewinn ist ungewiss? Für solche Ideen haben wir keine Zeit.«

Dave Johnson, Leiter der Herstellung von 20 Werken bei General Mills

»E-Mail ist der große ›Gleichmacher‹. Jeder kopiert Ihnen alles. Jeden Tag muss ich mich darauf konzentrieren, was ich mir anschaue und womit ich meine Zeit verbringe. Ich kämpfe, damit ich in meinem Kalender nur Dinge stehen habe, die wirklich wichtig sind.«

Matt Kissner, CEO, Pitney Bowes Financial Services

8 MOTIVIEREN
Die richtige Ordnung schaffen

Ein Drama ist ein Leben, bei dem man die uninteressanten Teile herausgeschnitten hat.
Alfred Hitchcock, Meister des Geschichtenerzählens

Mittlerweile haben Sie sicher schon den roten Faden erkannt, der sich durch den gesamten zweiten Teil zieht.

Um Zeit optimaler zu nutzen, ist eine disziplinierte Form des Denkens und Mitteilens notwendig. Für Sie und Ihre Teamkollegen bedeutet Einfachheit und intelligenteres Arbeiten, dass Sie Ihre Gedanken strukturieren und Klarheit schaffen müssen, bevor Sie Projekte starten.

Was ist jedoch, wenn Sie außerhalb Ihres Teams vor diese Aufgabe gestellt werden? Wenn Sie für Hunderte oder Tausende von Mitarbeitern Klarheit schaffen müssen? Natürlich ist es notwendig, die in den vorherigen Kapiteln diskutierten Grundlagen für die tägliche Einfachheit – Instrumente, Erwartungen, die nächsten Schritte usw. – im Hinterkopf zu behalten. Um sie für eine so große Zahl an Leuten wirksam einzusetzen, gehen sie jedoch zu sehr ins Detail. Sie müssten in diesem Fall ein Mittel zum Einsatz bringen, das für jeden Einzelnen einen nachvollziehbaren Sinnzusammenhang und eine verständliche Zielsetzung beschreibt. Und dieses Mittel heißt: »Geschichten erzählen«.

»Wenn wir eine Geschichte im Kopf haben, erkennen wir deren Bedeutung für die Ereignisse in unserem eigenen

Leben«, erklärte der berühmte Mythologe Joseph Campbell. »Sie vermittelt uns eine Sicht dessen, was mit uns geschieht. Da ist ein so starkes Gefühl ... so tief, so umfassend, so belebend, dass Sie es nicht missen möchten.«*

Geschichten fesseln uns. Sie wecken unser Engagement. Nach Auffassung von Sozialhistorikern sind Geschichten das Band, das Gesellschaften, Kulturen, Familien und Religionen miteinander verknüpft. Das Erzählen von Geschichten besitzt also eine außerordentliche Kraft.

Weil sie das Störende und Unwichtige durchdringen und das Komplexe rasch klar machen, sind Geschichten ein wichtiges Instrument der Unternehmensführung. Dieses Kapitel beschreibt, wie man das Geschichtenerzählen als ein Werkzeug einsetzt, um Hunderte oder selbst Tausende von Mitarbeitern zu motivieren.

Geschichtenerzählen verändert die Grundbausteine

Um mit Hitchcocks Worten zu sprechen: Geschichtenerzählen als Instrument der Unternehmensführung bedeutet den Einsatz von »Wissen«, »Fühlen«, »Nutzen«, »Handeln« und »Erfolgreich sein« – nur dass man die uninteressanten Teile herausgeschnitten hat. Es verändert den Inhalt der fünf Bausteine für einfaches Handeln: Sie verwandeln sich in ein spannendes Thema. Dabei ist der Aufbau der Geschichte wichtiger als eine detaillierte Vermittlung der fünf Elemente.

Seit frühester Zeit und in allen Kulturen der Welt wurden Geschichten nach einer einheitlichen Struktur erzählt. Von Steinzeitdamen, die über ihre faulenzenden Männer murrten

---

* Joseph Campbell, *The Power of Myth*, New York: Doubleday, 1988, S. 4.

bis hin zu Hollywoods jüngsten Kassenschlagern, alles richtete sich nach einem grundlegenden Drehbuch:

1. Konflikt
2. Übergang
3. Höhepunkt
4. Schluss

Durch diesen Aufbau wird die Geschichte interessant, sie wird zu einem Drama und macht uns zu aktiven Zuhörern. Wichtiger als die Fähigkeit, strategische Geschichten erzählen zu können, ist es, die Wirkung dieses vierteiligen »Drehbuchs« richtig einzuschätzen. Sie verschwenden viel Zeit und Aufmerksamkeit, wenn Sie das nicht beachten.

Die meisten strategischen Pläne richten sich nach der Logik des wirtschaftlichen Handels oder des Marktes – nach dem Motto: »Das geschieht in Hongkong, und da unser Konkurrent dort mehr Waren produziert, müssen wir dieses und jenes tun, um erfolgreich zu sein.« Aus Wettbewerbsgründen kann diese Logik vernünftig sein. Die meisten Leute *hören* so aber nicht *zu*. Mit Hilfe der Komponenten des Geschichtenerzählens können Sie Ihre Gedanken und Strategien so vermitteln, dass sie von den Leuten gehört werden.

Eine Geschichte über die Ordnung von Ideen

»Während der vergangenen 20 Jahre war ich eigentlich immer ein Change Agent, 14 Jahre davon bei Duracell«, erklärt Anlagenleiter John Parks. »Immer, wenn ich meinen Job gewechselt habe, geschah das, um tief greifende Veränderungen in einem Unternehmen durchzuführen.« Parks fühlte sich in dieser Rolle, in der er auch schwierige Situationen bewältigen musste, immer sicher. Bis zu jenem Tag im Jahr 1998, als er einen neuen Job in Lancaster, South Carolina, antrat.

»Bevor ich anfing, gab es einige Sitzungen, in denen ich als neuer Anlagenleiter vorgestellt wurde. Und da herrschte eine ziemlich feindselige Stimmung. Die Arbeitsmoral war miserabel. Ich saß da und dachte: ›Oh mein Gott, auf was habe ich mich da eingelassen?‹ Es war nicht der Fehler von Duracell. Nur hatte sich in diesem Werk zu vieles zu schnell geändert – es gab bei den Problemlösungen einfach zu viel Flickwerk. Das Führungsteam, dem ich unterstellt war, wollte, dass ich mich sowohl um Probleme bezüglich der Rentabilität als auch des Personals kümmerte – und zwar schnell. Ich wusste also, ich musste aufmerksam zuhören und zielsicher reagieren.«

»Dazu musste ich mit einer sehr treffenden Schilderung der vergangenen Jahre beginnen und erklären, inwieweit die kommenden zwölf Monate anders werden würden. Und hier setzte ich die ›Message Map‹ ein.« Parks meint damit ein Verfahren, das mit der vierteiligen Struktur des Geschichtenerzählens arbeitet: Veränderung und Entwicklung strategischer Pläne in Form einer Geschichte (siehe Seite 133).

Parks hatte rasch ein Team um sich versammelt. Es hörte sich lange und aufmerksam an, was die Mitarbeiter des Werks zu sagen hatten, und trug dann die Erfahrungen zusammen. Alles, was sie über die Vergangenheit und die Zukunft des Werks wussten, war entsprechend der Struktur der Geschichte aufgebaut und so umgesetzt, dass es im Sinne der Unternehmensziele verwendet werden konnte.

Struktur der Geschichte	**Umsetzung im Unternehmen**
Konflikt	**Brennende Ölplattform**
Übergang	**Unser Stand** (bisherige Erfolge oder bisheriger Fortschritt)
Höhepunkt	**Erfolg in diesem Jahr**
Schluss	**Ziel** (Unternehmensleitbild, kann auch Vision, Werte beinhalten)

MESSAGE MAP™
GESCHICHTENERZÄHLEN ALS INSTRUMENT DER UNTERNEHMENSFÜHRUNG

1 Unsere »Brennende Ölplattform«*
- Der einzige Ausweg ist, sich zu verändern
- Das Unternehmen als Fallbeispiel

2 Unser Standpunkt
- Bisheriger Fortschritt
- Erfolge feiern, Misserfolge erkennen
- Fortschritt kommunizieren

3 Erfolge in diesem Jahr
- Laufende Ziele bzw. Prioritäten des Unternehmens
- Übliche Methode: Balanced Scorecard

4 Unser Ziel
- Unternehmensziele (kann auch Vision, Werte und Grundsätze beinhalten)

* Häufig verwendeter Begriff, der von Daryl Conner, Leiter der Beratungsfirma ODR, geprägt wurde. Beruht auf einer tatsächlichen Explosion auf einer Ölbohrplattform und der Notwendigkeit, schnelle und durchgreifende Entscheidungen treffen zu müssen.

DAS VOLLSTÄNDIGE INSTRUMENT

Eine abgeschlossene, eine Seite umfassende Geschichte ist eine Mischung aus Überschriften (um fundiert und prägnant Klarheit zu schaffen und die Gefühle anzusprechen) sowie Unterpunkten zu Zielvorgaben und zu erledigenden Aufgaben. Danach wird die Message Map als Richtschnur für Diskussionen über Veränderungen und Strategien des Unternehmens verwendet. Sie können sie sich als kurze Anleitung für jede Art der Kommunikation über das Leitbild vorstellen. Dieses und andere kurze Beispiele können Sie sich von der Simplicity-Webseite herunterladen:
http://www.simplerwork.com

»Aus zwei Gründen war es leicht für mich, ein Instrument einzusetzen, das auf dem Erzählen von Geschichten beruhte«, erklärt Parks. »Erstens war es verständlich. Durch diese Methode wurden alle Gedanken, die wir uns gemacht hatten, zusammengefasst und strukturiert. Es war ganz leicht zu verstehen. Zweitens ließ es sich einfach einsetzen. Es gab keine komplizierten Theorien über die Psyche des Menschen, sondern es sagte uns einfach: ›Versetze dich in die Leute und höre zu.‹ Unsere Aufgabe wurde von komplexen Dingen befreit und machte diese andererseits verständlich. Ich hatte alle Informationen. Das Geschichtenerzählen strukturierte diese nur noch so, dass sie für die Zuhörer verständlich wurden.«

Parks hatte keine Zeit, seine Geschichte einzuüben. Sobald sie fertig war, berief er die erste Betriebsversammlung seit seinem Einstieg in das Unternehmen ein. Der Sitzungsraum bot jedoch nur für rund 75 Leute Platz. Er musste Sitzungen für über 1000 Mitarbeiter aus vier verschiedenen Schichten veranstalten. Daher wurden 13 einstündige Sitzungen innerhalb von 36 Stunden veranstaltet. Ungefähr 20 Minuten jeder Sitzung waren für Fragen vorbehalten.

Konflikt: Parks begann seine Geschichte zur Begründung der geplanten Veränderungen mit dem Beispiel Konkurrenzkampf. Duracell hatte gerade Sam's Warehouse Club an den Konkurrenten Energizer verloren, weil die Kostenstruktur nicht gestimmt hatte. (Dieser Verlust wirkte sich direkt auf die Produktionszahlen des Werks aus.) Alles in diesem Teil der Geschichte war auf Daten gestützt. Den Mitarbeitern sollten die Fakten vermittelt werden, auf denen die geplanten Veränderungen basierten.

Parks zeigte Einfühlungsvermögen und schuf eine Beziehung zu sämtlichen 1000 Mitarbeitern, indem er auf das einging, was für *jedes* Publikum am wichtigsten ist: dessen Sicht der Situation. Als er die Gründe für die geplanten Veränderungen vorbrachte, nahm er auch Bezug darauf, was er über die

Arbeitsmoral im Werk erfahren hatte. Er zitierte eine der Bemerkungen, die er bei seinem ersten Besuch im Unternehmen vernommen hatte – »Wir werden hier wie Hunde behandelt« – und zeigte jedem die Daten aus der Mitarbeiterumfrage, die diese Stimmung widerspiegelten.

Übergang: Danach zeigte er Erfolge auf, die jeder im Werk während der vergangenen Monate erzielt hatte. Diese umfassten alles: Vom neuen Anstrich der Toiletten bis hin zu elementaren Neuerungen wie der Einführung des betrieblichen Vorschlagswesens. Parks musste beweisen, dass er und sein Team auch während dieser Phase den Worten Taten folgen ließen: Dieser Teil der Geschichte wurde gleichfalls durch Daten gestützt. Noch nicht einmal Parks und sein Team hatten gewusst, wie viel bereits getan worden war, bis sie gefordert waren, alle Einzelheiten aufzulisten, um die Geschichte erzählen zu können.

Höhepunkt: Die meiste Zeit wandte Parks dafür auf, seine Gedanken für den entscheidenden Teil der Geschichte zu ordnen: Wie Erfolg für das kommende Jahr zu definieren sei. Um die Kosten unter Kontrolle zu bekommen, musste er den Schichtwechsel vollständig umkrempeln. Die bestehende Konstellation kostete einfach zu viel Geld.

Dies würde Änderungen im Leben der Mitarbeiter mit sich bringen. Einige würden ihr zusätzliches Einkommen in Form von Überstunden verlieren. Bei einem Werk, das in einer Stadt wie Lancaster in South Carolina mit ca. 10 000 Einwohnern über 1000 Mitarbeiter beschäftigt, würden diese Veränderungen nicht an den Toren des Unternehmens Halt machen. In gewisser Weise war die gesamte Gemeinde betroffen.

Parks glaubte an die Kraft des Geschichtenerzählens. Und sein Glaube sollte auf die Probe gestellt werden: Nachdem er sein Bestes getan hatte, um den Leuten die Informationen zu vermitteln, die sie für ein zielgerichtetes Handeln an ihrem Arbeitsplatz benötigten, eröffnete Parks die Fragerunde.

In zwölf der 13 Sitzungen wurde stets dieselbe Frage zuerst gestellt: »Wie kriegen wir Sam's Club wieder zurück?« Also eine Frage, bei der es um das Unternehmen und nicht um persönliche Interessen ging.

Natürlich gab es auch einige Neinsager. Allgemein wurden Parks Auffassungen jedoch bestätigt. Die meisten Leute wollten etwas ändern. Ihnen mussten jedoch die komplexen Zusammenhänge der Situation deutlich gemacht werden, sie brauchten eine Führungspersönlichkeit, die ihnen Zielrichtung und Klarheit im Hinblick auf die notwendigen Veränderungen vermittelte.

Schluss: Am Ende seines Vortrags erörterte Parks das neue Leitbild des Werks. Seit seiner Einführung hatte dessen Motto – »Flexibel, konzentriert und verantwortungsvoll« – dazu beigetragen, 1000 Leuten eine gemeinsame Richtung zu weisen. Parks wusste jedoch, dass dieses Thema während der ersten Sitzungen mit den Mitarbeitern nicht vorrangig behandelt werden sollte. Zu diesem Zeitpunkt wäre dies bei den Zuhörern als »heiße« Luft und weniger als Beweis konkreten Handelns angekommen.

Die erste Phase der Änderungen des Schichtplans wurde direkt umgesetzt. Am Ende jeder Sitzung gab Parks die Bildung eines Umsetzungsteams bekannt, das die Veränderungen leiten sollte. Er bat Freiwillige, sich zu melden – für das Team waren ungefähr 15 Linienmitarbeiter erforderlich. An diesem Tag meldeten sich 400. Dies alles geschah in einem Betrieb, in dem sich Parks noch einige Wochen zuvor zweifelnd gefragt hatte, worauf er sich da eingelassen hatte.

Der Eindruck, den diese Versammlungen hinterließen, ist noch heute spürbar. Parks erzählte, dass die Leistung des Werks in seinem ersten Jahr in sechs Schlüsselbereichen zwischen 30 und 40 Prozent stieg. »Genauso wichtig ist für mich jedoch auch«, lächelt Parks, »dass ich durch das Werk gehe, und die Leute winken mir zu. Sie sind manchmal so weit weg,

Theorie-Ecke

Geschichten gehen in die Schule

Dr. Janet Greco ist Trainerin im Masters-Programm für Organisationsentwicklung an der University of Pennsylvania. Sie erzählt, ihre Arbeit »nutzt Modelle des aktionsorientierten Lernens, der Mitarbeiterbefragung und der Message Maps, um Führungskräften dabei zu helfen, ihre persönlichen Einstellungen zu reflektieren«. Laut Greco »sind wir als soziale Wesen insgesamt nicht besonders gut darin, zu verstehen, was uns und andere bewegt.

Geschichten helfen uns bei dieser Aufgabe. Sie sprechen die Art des Lernens an, die unser Umfeld von Managern verlangt: mehr mit weniger Worten zu sagen; Wege zu finden, mit Vieldeutigkeit zu leben; nach Alternativen zu einer mechanistisch verstandenen Rationalität als einziger Erklärung für das Handeln zu suchen. Aus Erfahrung weiß ich, dass Geschichten ein wirksames Hilfsmittel zum Lernen sind. Das Erzählen kann für die Organisationsentwicklung einiges leisten. Es bietet uns nicht nur einen strukturierten Rahmen für Analyse, Wahrscheinlichkeit und Beweise, sondern auch noch die motivierende Kraft von Symbolen, Wahrheit, Übereinstimmung und Genauigkeit.«

»Beziehungen zwischen Menschen entstehen aus dem Erzählen von Geschichten. Und nicht aus Geschäftsplänen. Je höher Ihre Position im Unternehmen ist, desto mehr lernen Sie durch das Geschichtenerzählen.«

Jim Champy, Autor von Reengineering Management *und* The Arc of Ambition dass ich ihre Gesichter nicht erkennen kann. Aber sie winken! Vor einem Jahr war das noch ganz anders.«

Diese Ergebnisse wären ohne eine Führungspersönlichkeit wie John Parks nicht möglich. In diesem Sinne ist das Geschichtenerzählen immer auch als ein Führungsinstrument zu verstehen: »Das Schöne an dieser Struktur ist, dass sie alles in Ihrem Kopf ordnet und auf die wichtigen Dinge konzentriert. Sie ermöglicht es Ihnen, Ihre Gedanken richtig fließen zu lassen, sie wirklich zu durchdenken. Und wenn Sie dann noch über die entsprechende Führungskompetenz verfügen, haben Sie schon gewonnen.«

Wenn eine Geschichte mehr ist als eine Geschichte

Wenn Sie dieses Buch kurz durchgeblättert haben, ist Ihnen möglicherweise aufgefallen, dass im dritten Teil beschrieben wird, wie Veränderungen der unternehmerischen Infrastruktur Dinge einfacher gestalten können. Dieser Prozess beginnt eigentlich mit dem Geschichtenerzählen. Die Unternehmen, die wirkliche Fortschritte erzielen, nehmen Geschichten zu Hilfe, um nicht nur die Herzen und Köpfe der Leute, sondern auch Strukturen zu verändern.

Diese Unternehmen stellen Fragen wie »Haben wir unsere Feedback-Systeme so geändert, dass wir die Erfolge bis jetzt exakt nachvollziehen können?« oder »Inwiefern hat unsere Geschichte die Teamarbeit im Unternehmen verändert?« Wenn sich Ihre Geschichten nach den vier Komponenten richtet, sollten Sie die Art des Arbeitens verändern können.

Ein Beispiel: Die Bank of America verwendet schon seit Jahren Message Maps. »Ich weiß, dass diese Maps ursprünglich als Hilfsmittel für die Kommunikation entwickelt wurden«, sagt Kathy McLeod aus dem Team für Führungskräfteentwicklung. »Wir nutzen sie jedoch auch, um Führungskräften das Strukturieren ihrer Gedanken zu erleichtern. Wenn ein leitendes Team gebeten wird, seinen gesamten strategischen Plan auf nur einer Seite darzulegen, wird die Diskussion äußerst anspruchsvoll. Jeder ist gefordert!«

Jim Shanley, Leiter der Führungskräfteentwicklung, konzentriert sich darauf, dieses Engagement zum richtigen Zeitpunkt zu fördern. »Wir haben dieses Instrument bei Dutzenden von wichtigen Initiativen eingesetzt«, sagt Shanley. »Der größte Erfolg stellte sich jedoch ein, als wir ein gemeinsames Leitbild auf der Führungsebene nutzten, um umfangreiche Veränderungen innerhalb des gesamten Unternehmens zu fördern. Die Initiative ›Handlungsfreiheit‹ ist ein Beispiel dafür.«

»Wir versuchten, allen Mitarbeitern in unserer Konsumentenbank die Freiheit zu geben, intelligenter zu handeln und alles Unwichtige beiseite zu lassen. Die Message Map und das gemeinsame Leitbild lieferten uns dazu einen Ansatzpunkt: Um wirkliche Handlungsfreiheit zu bieten, mussten wir alles wachhalten, was wir in Bewegung gesetzt hatten. Auswahl- und Leistungssysteme wurden verändert. Ein Instrument zum Nachfassen, die ›Road Map zum Erfolg‹, wurde entwickelt, um bei der Umsetzung zusätzliche Richtlinien zu liefern. Neue Feedback-Systeme wurden eingesetzt.« Shanley betont: »Alle wurden in die Message Map ›Handlungsfreiheit‹ eingebunden«.

Dave Tippeconnic, CEO bei CITGO, hat ebenfalls erfahren, welchen Erfolg es bringt, alle in eine Message Map einzubinden. Gigantische Fusionen und jüngste Veränderungen der Ölpreise hatten für die gesamte Branche verheerende Wirkung. »Wenn man sich unseren Wettbewerb betrachtet«, erklärt Tippeconnic, »unterscheiden sich Unternehmen hauptsächlich darin, wie erfolgreich sie die Talente ihrer Mitarbeiter nutzen. Natürlich können Unternehmen von diesem Vorteil nicht profitieren, wenn sie nicht erfolgreich kommunizieren und nicht alle am selben Strang ziehen.«

Vor kurzem trafen sich 60 Führungskräfte von CITGO, um ihre Message Map zu erarbeiten. Tippeconnic stand vor der Aufgabe, dabei eine Übereinstimmung mit der Unternehmensstrategie herzustellen und Probleme auszuräumen, die die Führungsmannschaft auseinander dividieren könnten.

Nach einer kurzen Trainingseinheit wurden die Teams gebildet und nach Unternehmensbereichen getrennt. Bis acht Uhr des nächsten Morgens sollten sie ihre eigene strategische Geschichte erarbeiten. Jedes Team sollte seine Geschichte in Form einer einseitigen Message Map vorlegen. Tippeconnic und sein Team hatten dieselbe Aufgabe.

Bis zum Abend arbeiteten sie sich alle durch Kalkulationstabellen und Finanzpläne, dann setzten sie die Daten in Geschichten um. Für einige war dies eine schwierige Aufgabe. Zahlen und Prognosen in Geschichten umzusetzen, ist in der Regel keine Übung, die von Managern verlangt wird. Bis zum Morgen hatte jedoch jedes Team eine Geschichte, die es vorlegen konnte. Damit seine Ansichten den Austausch von Ideen nicht beeinflussten, wollten Tippeconnic und sein Team ihre Geschichte als Letzte vortragen.

Bereits nach dem dritten Vortrag begannen sich einige gemeinsame Muster abzuzeichnen: Die Teams konnten auch dort ein großes Maß an Übereinstimmung erkennen, wo sie es nicht erwartet hatten. Sämtliche Definitionen von Erfolg – Zahlen und Ziele, die in Geschichten umgewandelt wurden – ähnelten sich in bemerkenswerter Weise. Und einige Themen, die bislang nie in diesem Plenum diskutiert worden waren, kamen plötzlich zur Sprache. Einige »brennende Ölplattformen« der Teams deckten funktionsübergreifende Fragen auf, die bisher nie angesprochen worden waren.

Als Tippeconnics Team seine Geschichte vortrug, musste es die geplanten Veränderungen nicht mehr rechtfertigen. Die anderen Teilnehmer hatten das bereits getan. Sie konnten sich über die erzielte Übereinstimmung freuen und damit beginnen, die nächsten Schritte zu diskutieren.

Theorie-Ecke

Wie wir anhand der Struktur einer Geschichte lernen können

»Jeder Prozess, der in den Phasen Konflikt, Übergang, Höhepunkt und Schluss abläuft, entspricht den vier Grundbedingungen, die Lernende benötigen, um konzeptionelle Veränderung durchführen zu können. Wenn sie eine Lücke in ihrem eigenen Denken überbrücken wollen, ist folgendes erforderlich:

- Sie müssen mit der derzeitigen Situation unzufrieden sein.
- Sie müssen ›den neuen Weg‹ verstehen.
- Sie müssen den neuen Weg als begründet und hilfreich ansehen.
- Sie müssen in der Lage sein, den neuen Weg kontinuierlich an weitere Veränderungen anzupassen.«

Dr. Susan Land, Assistenzprofessorin, Instructional Systems, Penn State University

»Wir haben unsere Größe im vergangenen Jahr mehr als verdoppelt. Wir haben festgestellt, dass wir viel Zeit dafür aufwenden müssen, die richtige Geschichte ... die richtige Metapher zu entwickeln. Unser Ziel ist es, jedem Mitarbeiter die Möglichkeit zu geben, seine Handlungen an etwas zu messen – selbst wenn es etwas so Einfaches ist, wie den Telefonhörer abzunehmen.«

Clement Mok, Chief Creative Officer, Sapient

»Dass alle Führungskräfte diesen Prozess durchlaufen haben, half uns ungemein dabei, unsere strategische Richtung festzulegen«, erklärt Tippeconnic. »Sie erkannten schnell den Zusammenhang der Geschichten und verstanden sie. Sie konnten ihre eigenen Schlussfolgerungen darüber ziehen, was geändert werden musste und worauf wir uns konzentrieren müssen.«

Motto des Kapitels

Ihre Geschichte *ist* die Liste dessen, was wichtig ist. Und sie darf nicht länger als eine Seite sein.

Durch Geschichtenerzählen Klarheit erzielen

Eine Message Map ist nur eine Möglichkeit, Geschichten für das Unternehmen zu entwickeln. Für das Erzählen von Geschichten, mit denen die Unternehmensstrategie strukturiert und vermittelt wird, gibt es keine Vorschriften. Wenn Sie erst einmal den Aufbau gelernt haben, gibt es unzählige Möglichkeiten, die vier Teile zusammenzusetzen.

»Ich versuche für gewöhnlich, Geschichten darüber zu erzählen, wie man Geld macht«, erklärt Mike O'Brien, President bei ZoomTown.com, einer Tochtergesellschaft von Cincinnati Bell. »Das habe ich von meinem Vater. – Einmal habe ich in einem Job angefangen, von dem ich überhaupt keine Ahnung hatte. Ich sagte zu meinem Vater, ›Ich freue mich darauf, aber ich weiß gar nichts über dieses Geschäft. Wie finde ich heraus, wie es funktioniert?‹ Er antwortete: ›Nimm dir das Scheckheft vor. Stell' fest, warum Geld eingeht und warum es wieder ausgegeben wird. So wirst du erfahren, wie das Ganze funktioniert.‹ Geschichten können sehr wirksam sein, um komplexe Ideen so zu vermitteln, dass sie alle verstehen.«

Noel Tichy, Professor an der University of Michigan, verwendet die Konstruktion des Geschichtenerzählens, um einen so genannten ›lehrbaren Standpunkt‹ zu entwickeln.

In einem kürzlich im *Harvard Business Review* erschienenen Artikel erörterte Tichy, wie Unternehmen, zum Beispiel GE, PepsiCo, AlliedSignal und Ford, Geschichten als strategisches Instrument einsetzen. Seiner Auffassung nach sind sie »der Schlüssel zur ›Black Box‹ in den Köpfen der Leute – die Black Box, in der die Ursprünge guter Ideen und wichtiger Erkenntnisse verborgen sind«.* Tichy nennt drei Gründe, warum die Entwicklung eines leicht zu vermittelnden – eben: lehrbaren – Standpunkts so erfolgreich ist:

- **Der Prozess schafft tatsächlich bessere Führungspersönlichkeiten.** Er gibt Zeit zum Nachdenken und macht verborgenes Wissen deutlich. Vorhandene Auffassungen werden in Frage gestellt, verfeinert und verändert.
- **Der Prozess schafft Geschwindigkeit und Reichweite.** Alle Führungskräfte, die dieses Verfahren angewendet haben, erklären, dass so ein gemeinsames Leitbild innerhalb des gesamten Unternehmens entwickelt werden kann.
- **Der Prozess lehrt, mittels Beispielen zu führen.** Das Erzählen von Geschichten bietet Führungskräften eine aussagekräftige Sammlung an vermittelbarem Wissen. Es hilft ihnen, andere dabei zu unterstützen, intelligenter zu arbeiten.

Für Führungskräfte wird es immer mehr zu einem grundlegenden Erfolgsfaktor, ihre Ideen, Pläne und Strategien in »lehrbare Zeitspannen« umsetzen zu können. Jährliche Strategien können nur dann realisiert werden, wenn sie als Geschichten vermittelt werden, die auf einer Seite erzählt werden können. (Laut Tichy können es zwei Seiten sein. Aber das ist unerheblich. – Mehr sollten es allerdings nicht sein.)

---

* »Driving Change: An Interview with Ford Motor Company's Jacques Nasser«, *Harvard Business Review* März/April 1999, S. 82 f.

Auch digitale Geschichten haben Zukunft

John Seely Brown, Chef des Palo Alto Research Centers von Xerox, erzählt: »Wir haben ein System namens Eureka entwickelt, mit dem wir Wissen in Form von Geschichten erfassen. Es fördert das Lernen – sowohl durch das Erzählen einer Geschichte als auch durch das Zuhören. Zu wissen, was eine Geschichte bewirkt, hilft Ihnen den Kontext zu interpretieren, in dem Sie tätig sind.«

Diamond Technology Partners mit Sitz in Chicago standen während ihres ersten plötzlichen Wachstumsschubs vor einer interessanten Herausforderung. Als das Unternehmen von 20 auf 85 und schließlich auf mehrere Hundert Beschäftigte anwuchs, war es an der Zeit, den Mitarbeitern die Vision der Unternehmensleitung zu vermitteln. Die Gründungspartner hatten jedoch nicht die Zeit, so viele Geschichten zu erzählen. So ließen sie sich vom Namen des Unternehmens inspirieren und entwickelten eine äußerst fortschrittliche technologische Lösung.

16 der Führungskräfte des Unternehmens wurden interviewt und daraus 21 Stunden Video-Rohaufzeichnungen zusammengestellt. Die bearbeiteten Geschichten wurden in ein digitales System geladen. Insgesamt stellte man 409 Videoclips mit einer durchschnittlichen Länge von 35 Sekunden mit über 6000 Hyperlinks her.

Sämtliche neuen Mitarbeiter konnten sich durch die gesamte Unternehmensgeschichte klicken. Obwohl jede Geschichte aufgrund der möglichen Verlinkungen eine einmalige Erfahrung war (Anfang, Mitte oder Ende waren variabel), waren die vermittelten Botschaften und Ideen immer zusammenhängend. Der Inhalt war genauso durchdacht und wichtig wie die Technologie.

Wenn Sie bei all diesem modernen Hyperlink-Kram Sehnsucht nach einer guten alten Geschichte am Lagerfeuer bekommen: Die digitale Welt kann auch das bieten. Als Dan

Atchley seine Laufbahn begann, lernte er noch, Drucklettern und gedruckte Bücher von Hand zu setzen. Seit den 60er-Jahren erforscht er die Grenzen zwischen Kunst und Technologie. Atchley rief das Digital Storytelling Festival ins Leben und erschafft heute digitale Geschichten für Kunden.

Eine typische Atchley-Geschichte beginnt in der Dunkelheit an einem Lagerfeuer. Durch das Knistern und Knallen des brennenden Holzes dringt Atchleys Stimme, Sie können ihn aber nicht sehen. Es wird heller, und Sie stellen fest, dass sich das Lagerfeuer auf einem Monitor befindet. All seine Geschichten sind visuell und werden unter Einsatz von mehreren Monitoren erzählt. Das Feuer brennt weiter, und seine Geschichten werden interaktiv. Wie bei einer Truppe von Improvisationskomikern werden Sie von seiner Fähigkeit gefesselt, alles sichtbar zu machen und auf den Gesprächsfluss mit dem Publikum einzugehen.

Die Technologie des Geschichtenerzählens ändert sich täglich. Die strategischen Einführungen von morgen werden von Computern unterstützt, die in unserer Kleidung integriert sind. Aber es sind nicht unbedingt Hightech-Präsentationen, die das Geschichtenerzählen zu einem wichtigen Instrument der Unternehmensführung machen.

So bringen Sie alles in die richtige Ordnung

Die Kunst des Geschichtenerzählens hing schon immer von der Fähigkeit ab, Zusammenhänge aufzuzeigen, zu fesseln und zu verblüffen, eine Zukunft zu erklären, die noch nicht absehbar ist – oder Klarheit innerhalb des Datensmogs von heute zu schaffen.

Für Führungskräfte, die sich darauf wirklich verstehen, ist eine Geschichte nicht nur Gerede oder schöne Verpackung. *Die Geschichte ist eine To-do-Liste.* In einer Welt, in der die Beschäftigten durch ihre Entscheidungen steuern, was getan wird, bringen Kontrolle oder Stufenpläne keine Ordnung. Alles richtig zusammenzubringen heißt, Ideen müssen klar und die Fähigkeiten vorhanden sein, diese Vorstellungen im täglichen Gespräch zu vermitteln.

Keiner hat die Zeit oder ist in der Lage, all die Voicemails, E-Mails und unzähligen Meetings zu filtern und sie mit irgendeiner Unternehmensstrategie oder einem Unternehmensplan abzugleichen. Geschichten lassen sich dagegen leicht verständlich machen, speichern und wieder in Erinnerung rufen.

Die Liste der Dinge, die umgesetzt werden müssen, ist die Geschichte der Strategie, die wir in unseren Köpfen tragen. Es ist nicht die Strategie selbst. Es sind noch nicht einmal die drei oder vier wichtigsten Messwerte für Erfolg.

Grund dafür ist, dass das Erzählen von Geschichten wie ein universeller Übersetzer fungiert, ähnlich dem Stein von Rosette. Geschichten wirken wie ein Filter, der sicherstellt, dass jeweils das Richtige bei dem Beteiligten ankommt – seien es nun Leute aus dem Controlling, der Produktion, der Entwicklung, dem Hausmeisterdienst oder aus den Führungsetagen. Geschichten verleihen der Liste der wichtigen Dinge Individualität, Engagement, Bedeutung und Bezug zur eigenen Arbeit.

John Seely Brown mag für sich selbst gesprochen haben, als er erklärte: »Die wirklich guten strategischen Planer, die ich kenne, nutzen immer Geschichten. Diejenigen, bei denen ich stets vorsichtig bin, entwickeln ihre Strategie ausschließlich mit Hilfe von Analysen.«

Die Empfindungen der Beteiligten machen jedoch genau den Unterschied zwischen einer großartigen Strategie und einer Strategie aus, die eben implementiert wird. Die Menschen handeln, wenn die Geschichte nicht nur im Hinblick auf die Unternehmensziele, sondern auch emotional nachvollziehbar ist.

Das Geschichtenerzählen als Instrument der Unternehmensführung

Es gibt zwar unzählige Möglichkeiten, um den Fokus aller Mitarbeiter auf die Unternehmensstrategie zu lenken. Sie alle laufen jedoch auf zwei Dinge hinaus: Erstens sollte eine gemeinsame Sichtweise der wenigen Dinge geschaffen werden, die in diesem Jahr am wichtigsten sind. Zweitens sollte

Tipps für den Anfang (Einsteiger)

- Sie werden endlich Ihre Geschichte auf einer Seite erarbeiten und alles zusammenbringen, um das Komplexe klar zu machen. Aber jetzt noch nicht. Stattdessen ...
- Machen Sie eine »Mängelanalyse« Ihrer aktuellen Geschichte. Verwenden Sie den Einschub »Geschichtenerzählen als Instrument der Unternehmensführung« auf den Seiten 147–150, und reflektieren Sie Ihre letzte Vermittlungsaktion im Zusammenhang mit der Unternehmensstrategie. Beantworten Sie dann die folgenden Fragen:
  - Konnten Sie die Notwendigkeit von Veränderungen angemessen begründen?
  - Wie klar, präzise und kurz wurde der Erfolg für das laufende Jahr definiert?
  - Wie häufig haben Sie diese Definition in diesem Jahr bekräftigt?
  - Angenommen, Sie befragen 100 Mitarbeiter, inwieweit ihnen Strategie und Erfolgsziele des Unternehmens klar sind: Wären Sie mit den Antworten zufrieden?
  - Wie häufig haben Sie seit Einführung der Strategie Erfolge und Misserfolge für alle deutlich hervorgehoben?
  - Wurde dies zum Anlass genommen, einen Zusammenhang zu weiteren notwendigen Veränderungen und den definierten Erfolgszielen herzustellen? (Wurde der Bezug der Erfolge und Misserfolge zur Unternehmensstrategie deutlich gemacht?)
- Anhand der Ergebnisse dieser Analyse werden Sie rasch verstehen, warum so viele Mitarbeiter glauben, es gäbe keine Klarheit, weswegen ihre Liste der zu erledigenden Aufgaben immer länger zu werden scheint. Legen Sie Ihre Ergebnisse Ihrem Führungsteam vor.
- Wenn Ihre Begründungen stichhaltig genug sind, können Sie für die Entwicklung eines einseitigen lehrbaren Standpunkts eintreten.

ein gemeinsames Ziel kommuniziert werden – ein leicht verständlicher Kontext, der das Treffen von Entscheidungen in einer komplexen Welt vereinfacht.

Mit Hilfe von guten Geschichten kann man jedem jede Idee vermitteln. Man muss jedoch wissen, wie man eine gute Geschichte aufbaut. Wenn Sie die Struktur kennen, können Sie Strategien entwickeln, die zu einer gemeinsamen Sicht-

Tipps für den Anfang (Fortgeschrittene)
Sollten Sie mit der Struktur und der Verbreitung Ihrer strategischen Geschichte zufrieden sein, finden Sie im Folgenden eine anspruchsvollere Mängelanalyse, die ebenfalls auf dem Einschub auf den Seiten 147–150 beruht:

- **Konflikt.** Wie viele Leute wissen, worauf sie beim Filtern von Informationen achten müssen, um die »brennende Ölplattform« von morgen zu erkennen? In zu vielen Unternehmen denken zu wenig Leute über die Zukunft nach. Bei wie vielen Leuten in Ihrem Unternehmen wird der »Blick über den Tellerrand« angemessen vergütet? Wie oft pro Jahr verpflichten Sie Ihr Führungsteam dazu, einen Blick auf die kommenden großen Herausforderungen zu werfen? Schauen Sie sich noch einmal Kapitel 3 an. Stufen Sie Komplexität (in Bezug auf Entscheidungen) und Überlastung als »brennende Ölplattformen« ein?
- **Übergang.** Hervorheben von Erfolgen und Misserfolgen: Sind Sie damit zufrieden, wie häufig das geschehen ist? Wenn Erfolge und Misserfolge nicht oft genug und für alle erkennbar in Bezug zur Unternehmensstrategie gesetzt werden, können die Mitarbeiter den Zusammenhang zwischen den aktuellen Bestrebungen und den Zielen des kommenden Jahres nicht nachvollziehen – dieser Mangel wird also zu weit mehr als nur einem »weichen« Problem der Unternehmenskultur.
- **Höhepunkt.** Selbstverständlich verfügen Sie über einen besonders ausgefeilten Prozess, um jedermanns Ziele in die Definition des Unternehmenserfolgs einzubinden. Wie hoch ist die Zahl Ihrer Führungskräfte, die das in den täglichen Gesprächen mit Mitarbeitern konkret umsetzen können?
- **Schluss.** Selbstverständlich sind alle Führungskräfte auf einer Linie mit Unternehmenszielen, Vision und Werten. Aber trifft das auch auf die Infrastruktur des Unternehmens zu? Angenommen, Sie wählen willkürlich 100 Mitarbeiter aus dem Unternehmen aus und fragen sie, inwieweit vorhandene Instrumente, unterstützende Maßnahmen und Trainings ihnen bei ihrer Umsetzung der Ziele behilflich sind: Wären Sie mit den Antworten zufrieden?

1. Konflikt Die Begründung von Veränderung im Unternehmen	Ohne Konflikt oder einen Protagonisten gibt es keine Geschichte. Auf Unternehmensebene heißt das: Es muss eine Unzufriedenheit darüber vorhanden sein, wie die Dinge erledigt werden, damit die Leute es auf andere Art und Weise versuchen. Der größte Fehler der US-Unternehmen ist, dass das leitende Management die Gründe für Veränderungen im Unternehmen immer noch »verkaufen« will. Im Rahmen einer Geschichte dagegen akzeptiert der Zuhörer die Logik des Erzählers, er zieht jedoch seine eigenen Schlussfolgerungen. Eine wirksame Begründung von Veränderungen liefert den Mitarbeitern hilfreiche Daten und Trends (dieselben Rohmaterialien, die auch das leitende Management verwendet hat) und regt sie an, ihre eigenen Schlussfolgerungen zu ziehen.
2. Übergang Positive Aufnahme von Erfolgen und Misserfolgen	Jede Geschichte braucht einen Übergang, um den Zuhörer zu leiten. In der Wirtschaft entspricht diese Komponente der Phase, in der Unternehmen Erfolge bzw. Misserfolge offenlegen und gemachte Erfahrungen untersuchen. Diese Anlässe helfen allen zu verstehen, welche Fortschritte sie erzielt haben oder wie sie sich verbessern können. Nur wenige Unternehmen machen diese Entwicklungen in ausreichendem Maß publik. Noch weniger veröffentlichen regelmäßig die Erfahrungen, die sie gemacht haben, und nutzen sie zur allgemeinen Weiterentwicklung. Ergebnis ist, dass sich viele Veränderungen scheinbar auf ein »Motto des Monats« reduzieren, da es dem Unternehmen einfach nicht gelingt, eine angemessene Zeitspanne des Übergangs zu schaffen. Für den durchschnittlichen Mitarbeiter ist es schwer zu erkennen, wie all die Veränderungen zusammenhängen und das Unternehmen vorwärts bringen können.
3. Höhepunkt Der jährliche Erfolg	In einer Geschichte ist der Höhepunkt der Moment der Wahrheit. In Unternehmen bedeutet dieser Höhepunkt die Erfüllung der jährlichen Zielvorgaben. Wenn Sie die Struktur einer Geschichte über einen strategischen Plan legen, können Sie Mängel entdecken, die Sie bei einer anderen Form der Systematisierung von Unternehmensstrategien nicht erkennen können. Beispiele:

	1. Kann jeder in Ihrem Unternehmen die Ziele des Unternehmens, des Geschäftsbereichs und des Teams beschreiben? Der Aufbau von Geschichten ist dabei behilflich. Die meisten anderen Strukturierungshilfen strategischer Pläne leisten dies nicht. 2. Selbst wenn Führungskräfte die wichtigsten Messwerte von Erfolg kennen, sind nur wenige in der Lage, Gespräche mit ihren Mitarbeitern mit dem Satz zu beenden: »Diese Zielvorgabe bedeutet für Ihre tägliche Arbeit . . .« 3. Die meisten Leistungsmanagementsysteme missachten die Tatsache, dass die wichtigen Dinge durch Gespräche und nicht durch Pläne oder formelle Bewertungen bewegt werden.
4. Schluss Unternehmensziele, Visionen, Werte	Die Mitarbeiter müssen sehen können, wofür sie so hart arbeiten. Sie sollten jedoch Instrumente, Prozesse und unterstützende Maßnahmen, die jeder braucht, um sein vorhandenes Potenzial vollständig zu nutzen, nicht zugunsten von Unternehmenszielen, Visionen und Werten vernachlässigen. Ein gemeinsames Leitbild zu schaffen ist wundervoll, aber nur, solange die Infrastruktur mit der Diskussion darüber Schritt hält.

weise und zu gemeinsamen Zielen führen. (Aber beachten Sie: Jede Lücke im Aufbau ist wie eine Lücke in der Geschichte: Ihre Strategie ergäbe für die Leute keinen Sinn mehr.)

Wenn Sie etwas aus diesem Kapitel lernen, sollten es diese beiden letzten Sätze sein: Wenn Ihre Strategie unklar ist, weil es Lücken in Ihrer Geschichte gibt, sind die Mängel in der Ausführung Ihres Vorhabens *garantiert*.

3

Einfache Unternehmen

Gestalten Sie Arbeit intelligent?

Der Weg zum einfachen Unternehmen beginnt mit den Grundlagen, die im vorhergehenden Teil beschrieben wurden. Die Disziplin, mit der Sie und Ihre Mitarbeiter die Zeit anderer nutzen und Informationen verbreiten, ist die Seite der Einfachheit, für die jeder Einzelne verantwortlich ist.

Die andere Seite ist der **organisatorische Rahmen,** den das Unternehmen zur Verfügung stellt, damit Informationen in Handlungs- und Entscheidungsfähigkeit sowie Flexibilität münden.

Erfolgreiche Unternehmen sorgen für eine angemessene Ausführung. Einfache Unternehmen dagegen setzen an den Bedürfnissen der Basis an und arbeiten **von unten nach oben.** Sie wissen, dass die Infrastruktur des Unternehmens den Leuten dabei hilft, intelligenter zu arbeiten, wenn die Instrumente, Abläufe und Informationen auf deren jeweilige Bedürfnisse abgestimmt sind. Daher beginnen einfache Unternehmen ihre Prozesse an der Stelle, an der Mitarbeiter und Kunden zusammentreffen, und arbeiten sich dann zu den Belangen des Unternehmens als Ganzes hin.

Dies verändert die Art, wie wir Arbeit gestalten. Einfache Unternehmen sind »anwenderorientiert«. Sie passen sich an die Bedürfnisse derjenigen an, die täglich die Entscheidungen treffen. Durch diese Verlagerung können einige Führungskräfte tendenziell aus ihren bequemen Positionen verdrängt werden. In den folgenden Kapiteln erfahren Sie, wie Sie mit dem Aufbau einer einfacheren Infrastruktur beginnen.

Ein einfaches Unternehmen ist leicht zu erkennen. Es ist eine Organisation, in der Mitarbeiter darauf vertrauen, dass man sie dabei unterstützt, intelligenter zu arbeiten – eine Organisation, in der Informationen und Prozessstrukturen entsprechend den Bedürfnissen derjenigen gestaltet sind, die sie einsetzen.

---

9 EINFACHER WISSEN

Denken Sie anwenderorientiert

Die meisten Leute verpassen Chancen, weil diese Arbeitskleidung tragen und nach Arbeit aussehen.
Thomas Edison, anwenderorientierter Erfinder

Bob Glass erzählt tolle Geschichten. Beispielsweise die, wie einer der Bereiche seines Unternehmens zu dem Namen »Vomit Comet«, Komet des Erbrechens, kam. (Glass ist Cheftechnologe bei Weaver Aerospace. Er arbeitet nicht nur an wichtigen Forschungsfragen wie der Entwicklung von Möglichkeiten, Nutzlasten zu einem Zehntel der derzeitigen Kosten ins All zu bringen, sondern machte bereits seinen Weg nach Hollywood: Für den Film *Apollo 13* zum Beispiel wurden die Szenen in Schwerelosigkeit von seinem Unternehmen entwickelt. Man flog parabolische Loopings in einem Jumbojet, um kurze Phasen der Schwerelosigkeit zu erzielen. Jetzt können Sie sich sicher vorstellen, wie dieser Name entstand ...)

Glass erzählt auch großartige Geschichten über die Zeit, als er Leiter des Human Factors Engineering bei Sun war oder ähnliche Positionen bei Apple und Xerox innehatte.

Eine seiner besten Geschichten handelt jedoch von der NASA in den Anfangstagen des *Skylab*. Glass war als »Weltraumspaziergangs-Spezialist« bekannt, der die Arbeit von Menschen im All nach ergonomischen Gesichtspunkten gestaltete. »Die Techniker der NASA bauten allerhand Gerätschaften für diese Spaziergänge, die Astronauten konnten die Ausrüstung jedoch in der Regel nicht selbst einsetzen«, sagt Glass. »So kam die NASA auf die Lösung, noch mehr Werkzeuge zu bauen, die die Astronauten halten konnten, die dann an den Vorrichtungen befestigt wurden, die die Arbeit taten ...«

»Ich sagte: ›Ihr Kunde ist eine Person, die in einem Druckanzug steckt. Warum berechnen wir nicht, was sie tun kann? Wir könnten doch messen, wie weit sie die Finger und den Kopf bewegen oder den Körper drehen kann. Danach konstruieren wir die Hardware, die für diese Bewegungen optimal geeignet ist.‹«

Nach Auswertung der Unterwassertests, die ähnliche Bedingungen wie die im All boten, arbeitete Glass an den neuen Entwürfen. »Wir haben versucht, die leitenden Führungskräfte davon zu überzeugen, die Konstruktion zu verändern: Die NASA könnte Zeit und Geld sparen. Es wären keine weiteren Vorrichtungen erforderlich, wenn die Instrumente dazu geeignet wären, dass die Leute ihre Arbeit machen könnten.«

Als die Ergebnisse getestet wurden, lobte Pete Conrad, Kommandant der Raumstation und der dritte Mensch, der auf dem Mond umherspazieren sollte, bei der Pressekonferenz die Entwicklungen in den höchsten Tönen. Die Erfolge waren beachtlich: Während *Aviation Week*, die NASA sowie die Vertreter von US-Marine und US-Luftwaffe glaubten, die Ausführung einer bestimmten Aufgabe im Unterwassertank nehme 45 Minuten in Anspruch, erledigten sie die Astronauten in dreieinhalb Minuten. »Wir haben die Geräte einfach so konstruiert, dass die Leute damit ihre Arbeit erledigen können«, schließt Glass.

Motto des Kapitels

Leute verfügen über unbegrenzte Fähigkeiten, intelligenter zu arbeiten. Aber nur solange die Rahmenbedingungen, die Sie schaffen, anwenderorientiert sind.

»Wir könnten viel intelligenter arbeiten, wenn nur ...«

Das Modell, um Informationen zu vereinfachen
Versetzen Sie sich an die Stelle der anderen Person. Pause. Im Leben nennt man das gesunden Menschenverstand. Im Verkauf nennt man es Kundenorientierung. Und bei der Gestaltung von informationsgestützter Arbeit nennt man es Anwenderorientierung.

Das Modell in der Praxis
E-Commerce und Callcenter verwenden dieses Modell. Unzählige Menschen – von Technikfreaks über Informationsexperten bis hin zu Anthropologen – untersuchen, wie der Kunde Informationen wünscht und nutzt. Es wird alles unternommen, um von unten nach oben zu arbeiten; um festzustellen, was der Kunde benötigt, damit er intelligente und einfache Kaufentscheidungen treffen kann. Und dabei geht es nicht nur um die Informationen, sondern auch um Schnittstellen, Beziehungen usw. Kurz gesagt: Der gesamte Prozess ist anwenderorientiert und auf den Kunden zugeschnitten.

Warum die meisten Unternehmen das Modell nicht anwenden
1. Die wenigsten sind im Hinblick auf die Bedürfnisse ihrer Wissensarbeiter so entwickelt wie in ihren Kundenbeziehungen.
2. Anpassung an die Bedürfnisse der Anwender bedeutet, zu verstehen und zuzugeben, wie viel Einfluss die Mitarbeiter beim Treffen täglicher Entscheidungen haben.
3. Der Mythos, komplexe Arbeit habe »externe« Ursachen, ist noch immer weit verbreitet. Die meisten Unternehmen haben sich noch nicht eingestanden, dass sich der Feind im eigenen Lager befindet.

Wissensarbeiter ohne Grenzen

Die Grundsätze, die Glass bei der Gestaltung der Astronauten-Ausrüstung anwendete, können auf alle Arten von Wissensarbeit übertragen werden: Wenn man sich an den Bedürfnissen der Anwender ausrichtet und die Vermittlung von Erfahrungen an ihre Art zu lernen anpasst, wenn man ihnen hilft, Informationen auf ihren Bedarf zuzuschneiden, können sie intelligenter arbeiten. Entsprechende Instrumente und Abläufe im Unternehmen können sie dabei unterstützen, alle Inputs, die ihre Aufmerksamkeit verlangen, zu ordnen, zu verstehen und anderen verständlich zu machen.

Dies führt zu dem Schluss, dass nur eine Hälfte der Verantwortung für die Reduktion von Komplexität bei den Beschäftigten liegt und davon abhängig ist, wie diese ihr Wissen an andere weitergeben. Für die andere Hälfte sind Sie verantwortlich: Beginnen Sie bei den Bedürfnissen der Anwender, arbeiten Sie sich von unten nach oben, um mehr Klarheit zu schaffen.

Die meisten Unternehmen sehen es als ihre wichtigste Aufgabe an, Klarheit von oben zu erzielen. Ein leitender Mitarbeiter aus einem weltweit führenden Unternehmen erklärt: »Wir haben uns dazu verpflichtet, die Unternehmensstrategie in einfache und leicht zu merkende Begriffe umzusetzen und eine gemeinsame Bedeutung zu schaffen, so dass die Mitarbeiter miteinander reden können.« Die Schaffung eines gemeinsamen Leitbildes oder eines gemeinsamen Kontexts wird immer eine wichtige Aufgabe bleiben.

Eine solche Maßnahme ist jedoch nicht mit Einfachheit zu verwechseln. Wenn es um eine Form von Klarheit geht, die Mitarbeiter wirklich bevollmächtigt und deren einzige Einschränkung in den Grenzen der Vorstellungskraft der jeweils handelnden Person liegt, müssen sich Unternehmen am Anwender orientieren. Dies setzt eine kontinuierliche Anpassung an die Bedürfnisse der Personen voraus, die die täglichen Entscheidungen treffen.

Intelligenteres Arbeiten einfacher machen

Das Unternehmen passt sich den Bedürfnissen der Personen an, die die täglichen Entscheidungen treffen. Toll. Einige Leute haben gerade das Buch zugeknallt. Zu radikal. Zu viel Verlust an Kontrolle.

Diese Leser können sich kein Unternehmen vorstellen, in dem Projektleiter dazu beitragen, Zielvorgaben für die Führungsetage zu definieren, weil sie wissen, was im Sinne von mehr Kundenorientierung *wirklich* erforderlich ist. Oder ein Unternehmen, in dem Gabelstaplerfahrer und Kassiererinnen Berichtsstrukturen auf *ihre* Bedürfnisse zuschneiden können und diese nicht nach den Wünschen des Managements gestaltet werden. Sie können sich nicht vorstellen, warum jemand dafür verantwortlich sein sollte, leistungsverbessernde Instrumente zu entwerfen, die die Leute so sehr *fesseln,* dass sie um weitere Informationen bitten, weil diese Arbeitsmittel Elemente der Unterhaltung und Weiterbildung in sich vereinen.

Sie können sich auch nicht vorstellen, dass Unternehmen ein anders Verständnis von Respekt haben könnten. Einfache Unternehmen werden Fragen stellen wie: »Respektieren all unsere Instrumente und Ablaufprozesse die Zeit unserer Mitarbeiter? Bekommen sie problemlos das, was sie brauchen? Und respektieren wir unsere Mitarbeiter in ausreichendem Maß, so dass es ihnen leicht fällt, ihre eigenen Schlussfolgerungen im Hinblick auf die Unternehmensstrategie zu ziehen? Selbst wenn es das für unsere Führungskräfte schwer macht, ihren Botschaften stets die richtige unternehmensstrategische Stoßrichtung zu geben?«

Auf Führungskräfte, die das Buch noch nicht zugeklappt haben, kommt ein hartes Stück Arbeit zu, wenn sie die Infrastruktur aus der Sicht des Anwenders sinnvoll gestalten wollen. Möglicherweise müssen Sie einige elementare Dinge ändern: Ihre Maßstäbe, Ihren Fokus, Ihr Verständnis von Arbeit, vielleicht sogar die Rolle der Führung.

Mit hoher Wahrscheinlichkeit wird der Aufbau einer anwenderorientierten Infrastruktur Umdenkprozesse erfordern. Ein Teil der Kontrolle von Instrumenten, Abläufen und Informationsflüssen wird an die Leute übergehen, die diese unmittelbar anwenden.

Sollten Sie die Absicht haben, ein einfaches Unternehmen zu schaffen, dann liefern Ihnen die folgenden Seiten eine Strategie zur Bewerkstelligung dieses Wandels. Die Kapitel 10 bis 13 enthalten nähere Informationen über die Erfordernisse, die notwendig sein werden, diese Strategie in die Praxis umzusetzen.

Aufgepasst! Ein Quiz

Stopp, nicht gleich weiterblättern! Stellen Sie sich den Rest dieses Kapitels als Vorarbeit vor: Kurze Geschichten über verschiedene Möglichkeiten, wie man anwenderorientiert werden kann. Auf jede Geschichte folgen Fragen und Ideen, die diskutiert werden müssen, wenn Sie Einfachheit erzielen wollen.

Diese Vorarbeit endet mit einem kurzen Quiz, in dem Sie beantworten sollen, in welchem Zusammenhang all diese Geschichten mit der wichtigsten Ursache für komplexe Arbeit stehen.

BERICHT EINES INFORMATIONSVERMITTLERS

»Können die Erfahrungen von 15 000 Patienten und die Daten der letzten Jahre dazu beitragen, für Ärzte und Patienten leichter erkennbar zu machen, was wichtig ist?« Diese Frage stellte sich der Arzt John Yates, der eines der Projekte im Bereich Klinische Forschung der Firma Merck leitet.

»Ich erkannte, wie schwer das ist, und bildete Experten-

Eine Strategie für einfachere und intelligentere Arbeit

NOTWENDIGKEIT: Das größte Hindernis für intelligenteres Arbeiten ist die mangelnde Fähigkeit, alles zu ordnen, verständlich zu machen und zu verknüpfen, was unsere Aufmerksamkeit verlangt.

Ziel: Intelligenteres Arbeiten leichter machen – viel leichter

DIE FÜNF REGELN FÜR EINFACHE UNTERNEHMEN	WAS IST NEU?	ERFORDERLICHE INFORMATIONEN
1. **Bauen Sie Vertrauen in Ihrem Unternehmen auf**	Das Medium (Ihre Infrastruktur) ist die Botschaft: Können Ihre Mitarbeiter darauf vertrauen, dass Sie ihnen die Rahmenbedingungen zur Verfügung stellen, die für intelligenteres Arbeiten notwendig sind?	**Einfacher fühlen** Kapitel 10
2. **Gestalten Sie Informationsinhalte richtig**	Bereiten Sie Informationen so auf, dass sie tatsächlich informieren und leicht anzuwenden sind. Verbessern Sie deren Wirksamkeit.	**Einfacher nutzen** Kapitel 11
3. **Nutzen Sie Projektstrukturen als Entscheidungshilfen**	Nur wenige Projekte werden wirklich durch Pläne, Budgets und Controlling gesteuert. Projektarbeit ist eigentlich das Organisieren von Entscheidungen.	**Einfacher handeln** Kapitel 12
4. **Ermöglichen Sie leichte Navigation**	Erfolge können einfacher erzielt werden, da Zusammenhänge leichter erkennbar werden.	**Einfacher erfolgreich sein** Kapitel 13
5. **Entwickeln Sie Prototypen der Zukunft**	Sie werden es drei Gruppen leichter machen, Ihre Infrastruktur zu verändern: den Kunden, der Unternehmensleitung und natürlich auch den Mitarbeitern, die mit dem ganzen Zeug arbeiten müssen.	Kapitel 10 bis 13 enthalten jeweils einen Einschub zur Entwicklung eines Prototyps.

teams«, sagt Yates. »Wir haben beispielsweise ein Team für wissenschaftliche Kommunikation eingerichtet. Seine Aufgabe ist es, alle Daten durchzusehen, nach Prioritäten zu ordnen und zusammenzufassen, um die wichtigsten Botschaften über unser Medikament und seine Wirkung zu vermitteln. Natürlich müssen unsere Verfahren wissenschaftlich fundiert sein. Gültigkeit und Genauigkeit bei der Auslegung von Daten ist für Merck ein absolutes Muss.«

Yates erklärt, er sehe sich selbst in erster Linie als Arzt. Die Analyse all dieser Daten sorge dafür, dass bei jeder Unternehmensentscheidung von Merck der Patient im Vordergrund stehe. Sein Kommunikationsteam verbindet Informationen über Patient, Medikament und Arzt so, dass es den Führungskräften des Unternehmens leichter gemacht wird, Unternehmensstrategie und Patientenbedürfnisse im Zusammenhang zu diskutieren. Yates folgert: »Ich glaube, Merck hat damit ein sehr systematisches und prozessorientiertes Verfahren entwickelt. Jeder verfügt über dasselbe Verständnis der Ziele und über alle Informationen, die er braucht, um Entscheidungen treffen zu können.«

Anmerkung: Merck und alle anderen Unternehmen, die eine Zulassung der US-amerikanischen Lebensmittelbehörde beantragen, müssen geregelte Prozesse vorweisen können, die ihnen durch das Sammeln und Verarbeiten enormer Mengen von Daten ermöglichen, informierte Entscheidungen zu treffen. Das ist heute Aufgabe jedes Unternehmens. So entstand Wissensmanagement. Es sollte Unternehmen helfen, diejenigen Informationen zu entwickeln, zu erfassen und zu verteilen, die Mitarbeiter für angemessene Entscheidungen benötigen.

Natürlich gibt es hier auch Schattenseiten. Abgesehen von Beratungs- und Technologiefirmen bauen nur wenige Unternehmen Teams wie das von Merck auf. Jeder kann Informationen einbringen, wer aber arbeitet sich von den Bedürfnissen der Anwender nach oben? Wer filtert die Muster und Trends und stellt Bezüge her, die das Treffen von Entscheidungen einfacher machen? Ungehinderte Teamarbeit hat zwar enorme Vorteile, sie schafft jedoch auch eine erstaunliche Menge an unwichtigen und störenden Einflussfaktoren und damit Konfusion.

Außerhalb der realen Unternehmen – in der Welt des E-Commerce – werden die Teams, die inmitten all dieser Konfusion Klarheit schaffen und Schwerpunkte setzen, *Info-Mediatoren oder Informationsvermittler* genannt. Sie sind Provider, die Wert ausschließlich dadurch schaffen, dass sie Informationen sortieren, nach Prioritäten ordnen, zusammenfassen und es den Kunden damit ermöglichen, auf die Informationen zuzugreifen, eine Entscheidung zu treffen und sie wieder zu verlassen. Ganz schnell und einfach. Im E-Commerce wird dies als »reibungslose Transaktion« bezeichnet, weil bei der Gestaltung dieser Prozesse das Hauptaugenmerk auf die effiziente Nutzung der Zeit des Kunden gelegt wird. Alles ist anwenderorientiert und auf die Personen konzentriert, die die Informationen benutzen, um Entscheidungen zu treffen.

Im Hinblick auf die internen Entscheidungsstrukturen sind die meisten US-Unternehmen von diesem Trend noch weit entfernt. Der durchschnittliche Mitarbeiter sortiert in demselben Maß Informationen, ordnet sie nach Prioritäten und macht sie verständlich, wie es das Team von Dr. Yates tut. (Schauen Sie sich nochmals Kapitel 2 an: Die wichtigsten Ursachen für komplexe Arbeit sind alle auf kognitive Überlastung und Mangel an Klarheit zurückzuführen.)

Wenn wir von den unterschiedlichen Mitarbeitern – von denen immerhin 75 Prozent zusätzliche Qualifikationen oder Instrumente benötigen, um das Wichtige vom Unwichtigen zu trennen – intelligenteres Arbeiten erwarten, brauchen wir in unseren Unternehmen mehr Informationsvermittler. Unternehmen werden sich also stärker als bisher anstrengen müssen, um Informationen für die Leute verwertbar aufzubereiten.

DREI GESCHICHTEN DARÜBER, WIE MAN HINDERNISSE FÜR WISSEN UND LEISTUNG ÜBERWINDET

Ein Kreis ineinander greifender Faktoren

John Cochran spricht begeistert über das beeindruckende Leistungsmanagementsystem seines Unternehmens. John ist CEO bei FirstMerit, einer Gemeinschaftsbank, die hauptsächlich im US-Staat Ohio tätig ist.

»Wir werden als hochleistungsfähiges Unternehmen angesehen«, sagt Cochran. »Jedes Jahr befragt das Gallup-Institut unsere Mitarbeiter. Die Aussage: ›Ich weiß, was hinsichtlich meiner Arbeit von mir erwartet wird‹ bekommt immer die höchste Punktzahl. Der Grund dafür ist, dass wir uns das Motto ›Wenn du etwas misst, dann verändert es sich‹ zu einem unserer Grundsätze gemacht haben. In den meisten Fällen werden die Messungen in eine vierteljährliche persönliche Scorecard aufgenommen. In einigen Fällen erfolgt dies auch wöchentlich. Wenn es darum geht, die Informationen über Leistungen auf den Scorecards den Bedürfnissen der einzelnen Personen gegenüberzustellen und anzupassen, sind wir möglicherweise die Besten in unserer Branche.«

»Diese gesamte Anpassung wird durch unsere zweite hervorragende Qualifikation unterstützt: Coaching. Wir haben 130 Coaches, die sich darauf konzentrieren, die tatsächliche Leistung mit den Erwartungen zu vergleichen. Wir bemühen uns ungemein um das Training und die Entwicklung von Coaches. Schließlich ist unser Vergütungssystem so ausgelegt, dass die Leistung in Relation zum Plan bezahlt wird. 2000 unserer 3200 Mitarbeiter nehmen an einem Prämiensystem teil, das 80 unterschiedliche kundenorientierte Zahlen beinhaltet. Die anderen 1200 Leute führen unterstützende Tätigkeiten aus. Sie können ihr Gehalt mit Hilfe von Leistungsanreizen um bis zu 200 Prozent steigern.« – »Es handelt sich hier um einen Kreis ineinander greifender Faktoren«, erklärt Cochran. »Der Geschäftsplan geht in Ihren persönlichen Leistungsplan über, der wiederum in Ihre Messungen einfließt, die Ihr Coaching, Ihre persönliche Entwicklung und Ihre Vergütung bestimmen. Die gesamte Anpassung an einzelne Bedürfnisse hat letzten Endes ein Ziel, wobei wir uns von anderen Unternehmen durch eine sehr, sehr gute Ausführung unterscheiden: Jeden Tag konzentriert sich jeder unserer Mitarbeiter auf unsere Strategie, die darauf zielt, eine Beziehung zu unseren Kunden aufzubauen.«

Anmerkung: Mit einem solchen vollständig integrierten Leistungsmanagementsystem – wie dem Kreis der ineinander greifenden Faktoren – vereinfachen und fokussieren viele Unternehmen die Entscheidungen, die von Mitarbeitern getroffen werden. Die Liste der wichtigen Dinge wird straff gehandhabt und gemessen.

Die meisten dieser Mess- und Managementsysteme können jedoch nicht mit der Geschwindigkeit des Internets und den permanenten Veränderungen des Umfelds Schritt halten. Wenn Ihr Unternehmen größer oder weniger geregelt ist als FirstMerit, werden möglicherweise die Motoren blockiert, die diese Systeme antreiben sollen. Leitende Führungskräfte erhalten zwar die für sie relevanten und aufgearbeiteten Informationen noch rechtzeitig, Manager und andere Mitarbeiter jedoch nicht mehr – für das Unternehmen wäre es zu komplex, sie an alle Beteiligten weiterzuleiten.

Jedes Unternehmen, das Systeme für Enterprise Resource Planning (ERP) und Human Resource Information (HRI) einführt, weiß dies aus eigener Erfahrung. Sie sind Teil des Motors, der das Leistungsmanagement antreibt. Dennoch stellte die GardnerGroup 1999 in einer Studie von über 1300 Unternehmen in den Vereinigten Staaten und Europa folgendes fest:

- Leitende Führungskräfte sehen bei der Einführung von ERP-Projekten stets die Gefahr des Scheiterns.

- Misserfolge haben nur wenig mit den technischen Voraussetzungen zu tun. Die Ursachen dafür sind meistens unzureichende Akzeptanz und Unterstützung, unrealistische Erwartungen, unerfahrene Projektteams und mangelnde Bereitschaft, die notwendigen Mittel zur Verfügung zu stellen.

Ergebnis: Die meisten Leute in diesen Unternehmen erhalten nicht das notwendige Feedback oder die erforderlichen leistungsbezogenen Informationen – weder zum entsprechenden Zeitpunkt noch in entsprechender Form.

In den meisten Unternehmen gibt das Leistungsmanagement nicht einmal vor, anwenderorientiert zu sein. Und die Beschäftigten vertrauen auch nicht darauf, dass ihnen diese Infrastruktur des Unternehmens hilft, intelligenter zu arbeiten. Wenn Sie ein Leistungssystem einsetzen wollen, dem Ihre Beschäftigten vertrauen, muss es Feedback bieten, und zwar in der notwendigen Ausführlichkeit und zu *100 Prozent* auf Ihre Mitarbeiter zugeschnitten.

Um diesen Schritt in Richtung intelligentere Arbeit vollziehen zu können, müssen Sie eine enorme Barriere beseitigen.

Die Barriere zwischen Wissens- und Leistungssystemen

Dave Browne, CEO bei LensCrafters, konzentriert sich auf diese Herausforderung. Wie in Kapitel 4 beschrieben, glaubt er fest daran, dass es Aufgabe des leitenden Managements ist, bei der Synthese und Systematisierung von Informationen behilflich zu sein. Sein COO ist persönlich für die Koordination dessen verantwortlich, was wöchentlich in die LensCrafters-Geschäfte gelangt. Die Konfusion zu verringern, ist Aufgabe der Führungsetage. Browne zufolge ist jedoch das, was danach kommt, noch viel wichtiger.

»Wenn Sie die Kapazität für Wissensarbeit steigern wollen, muss der Grad des Empowerments der Mitarbeiter bedarfsgerecht angepasst werden. Wir wenden dafür viel Energie auf«, erklärt Browne, »weil das die Art von Kundenorientierung ermöglicht, mit der wir Wert schöpfen. Wir wissen, welche Kundendaten für die Ergebnisse am wichtigsten sind. Wir erfassen sie in der Form, die für das Unternehmen am besten ist. Aber wir stellen den Mitarbeitern auch die Werkzeuge zur Verfügung, um diese Informationen in der Datenbank variabel zusammenstellen zu können.

Sie können bei Abweichungen ihre eigenen Parameter setzen und ihre eigenen Berichtsverfahren festlegen. Sie tun alles, was erforderlich ist, um die einzelnen Geschäfte zu führen. Wir sind nicht so vermessen und geben ihnen ein Format vor, nach dem sich jeder richten und das jedem gefallen muss. Ich habe die Berichtsverfahren entworfen, die ich zum Leiten des Unternehmens brauche. Wir haben die Datenbank jedoch so aufgebaut, dass die Gesamtheit der darin enthaltenen Informationen unterschiedlichen Zwecken angepasst werden kann.«

Browne schließt: »Es ist von größter Bedeutung, Daten in einer Form vorliegen zu haben, die es den Leuten ermöglicht, sie in Handlungen umzusetzen. So können sie rasch Muster und Trends in ihrer eigenen Arbeit erkennen. Indem wir den Leuten die Möglichkeit geben, flexibel realisierbare Formate zu schaffen, erzielen wir Erfolge.« Die Geschäftsleiter von LensCrafters *gestalten* aktiv, was sie für intelligenteres Arbeiten brauchen. Sie – und nicht die Unternehmenszentrale – bestimmen, wie Leistungsdaten optimal strukturiert und eingesetzt werden.

Ein ähnliches Beispiel stammt von Kent Greenes, der früher bei BP Amoco tätig war. Während seiner damaligen Amtszeit als Chief Knowledge Officer, so betonte er, »drehten sich die Kriterien, die wir zum Organisieren von Wissen einsetzten, um ganz reale Unternehmensbedürfnisse sowie Bedürfnisse des Einzelnen. Dazu sind transparente Datenströme erforderlich – was wiederum heißt, dass jeder Zugriff auf Unternehmensinformationen haben muss, um sich den Blickwinkel schaffen zu können, den er braucht. Die Profit Center und die Leute, die die Arbeit machen, müssen in der Lage sein, die Informationen so zu strukturieren, dass sie ihren Bedürfnissen entsprechen.«

Anmerkung: Browne und Greenes beschreiben eine Arbeitsweise, die vielen US-Unternehmen radikal erscheint. Ihre Unternehmen haben die künstliche Barriere zwischen Wissens- und Leistungssystemen beseitigt. Dort können einzelne Personen die Unternehmensdaten problemlos abrufen und so nutzen, wie *sie* sie brauchen.

Intelligenteres Arbeiten bedeutet mehr, als nur Raum für kooperatives Arbeiten zu schaffen. Es impliziert vielmehr, dass Mitarbeiter ihre Kommunikation und Informationen auf ihre Bedürfnisse zuschneiden können. Dies ist eine risikolose Form der Verantwortungsdelegation, die große Gewinne bringt: Mitarbeiter sind für das Lernen verantwortlich, die Zentrale für die Prozessausführung.

Intelligenteres Arbeiten bedeutet, dass alle Unternehmensdaten, die für die Arbeit eines einzelnen Mitarbeiters erforderlich sind, in Formaten verfügbar sein müssen, die je nach Bedarf variabel eingesetzt werden können. Jeder in Ihrem Unternehmen muss auf die Informationen zugreifen können, die in den folgenden Bereichen enthalten sind:

- Geschäftsmodell
- Kundendaten
- Geschäftsplan
- Strategischer Plan
- Leistungsbeschreibung
- Wettbewerb

Mitarbeiter müssen diese bedarfsgerecht auf ihre komplette Tätigkeit anwenden können und nicht nur in Bezug auf ein Instrument oder einen Bericht. Einem Callcenter-Mitarbeiter sollte es beispielsweise wesentlich leichter gemacht werden, sämtliche Daten zu vergleichen, die über den Markt, dessen Entwicklung und den Geschäftsplan vorliegen. Wenn das ein-

»Das Zuschneiden von Informationen und Arbeitserfahrungen bedeutet, **eine an den Lernenden orientierte Umgebung** zu schaffen. Informationen werden nach den Aufgaben zugeteilt, die sie erledigen müssen. Und sie können die Aufgaben entsprechend ihrer Erkenntnisse aus diesen Informationen verändern.«

Dr. Susan Land, Assistenzprofessorin, Instructional Systems, Penn State University

»Eine mitarbeiterorientierte Umgebung zu haben, heißt für Unternehmen im Wesentlichen, den Leuten die Informationen in der Form zur Verfügung zu stellen, in der sie sie vorliegen haben müssen.«

George Por, Gründer und leitender Berater, Community Intelligence Labs

»Die gesamte Forschung, die ich in Universitäten und Unternehmen betrieben habe, führt zu einer nicht widerlegbaren Erkenntnis: Lernumgebungen, die an Lernstil und Lernprozess der jeweiligen Personen **nicht angepasst** sind, werden **nicht genutzt**.«

Richard Durr, leitender Manager, Learning Strategies, Motorola

»Es gibt nicht die einzig richtige Methode, aber es gibt auch nicht unzählige richtige Methoden. Wir haben sozialwissenschaftliche Forschungen durchgeführt, um die Gewohnheiten zu untersuchen, wie Leute Entscheidungen treffen. Sie müssen beim Beobachten wie ein Anthropologe vorgehen, um die auftretenden Muster zu erkennen.«

Christine Albertini, Forschung und Entwicklung, Steelcase Furniture fach genug ist, könnte er sich seine eigenen Aha-Erlebnisse schaffen, anstatt darauf zu warten, dass ihm irgendein Vorgesetzter erklärt, warum sich schon wieder etwas ändert.

In einigen Fällen führt diese Form von Vertraulichkeit zu Einschränkungen. Sie können dennoch nicht darauf verzichten. Wenn Sie sich Einfachheit zum Ziel gemacht haben, ist es ein Muss, alle Unternehmensdaten in Formaten verfügbar zu machen, die bedarfsgerecht angepasst werden können. Dies bietet den Mitarbeitern die Möglichkeit, rasch Muster, Zusammenhänge und die wichtigen Trends zu erkennen.

Wenn Sie es den Leuten erleichtern, Wissens- und Leistungssysteme gleichermaßen zu nutzen, erzielen Sie hinsichtlich intelligenterer Arbeit große Fortschritte: Einen Teil dessen, was Mitarbeiter zur Entscheidungsfindung brauchen, erhalten sie auf diese Weise aus der täglichen Praxis. Den anderen Teil bekommen sie über die Informationen, die das Unternehmen erfasst und zusammenträgt. Wenn Sie die Wechselwirkung zwischen diesen beiden Komponenten kompliziert gestalten, werden die Mitarbeiter immer darauf angewiesen sein, dass Sie Klarheit für sie schaffen.

Wenn Sie Ihre Art zu fragen verändern, verändern Sie auch die Einsatzmöglichkeiten von Projekten

Clement Mok ist Gründer von Studio Archetype, einer Firma mit Sitz in San Francisco, die sich darauf spezialisiert hat, Online-Erfahrungen zu vermitteln. Mok erzählt von einer interessanten Lernerfahrung, die er beim Kauf seiner 140 Beschäftigte zählenden Firma durch Sapient, einer Beratungs- und Technologiefirma, erlebte: »Ich bin jetzt Teil einer Organisation mit über 1300 Mitarbeitern. Wir mussten viele unserer Personalprozesse formalisieren. Das hat uns ganz schön die Augen geöffnet. Sapient schickt jeden durch ein hartes Einarbeitungs- und Trainingsprogramm. In der ersten Woche bilden Vision und Unternehmensziele den inhaltlichen Schwerpunkt. Die nächsten vier oder fünf Wochen werden zur Förderung genutzt: Es werden Rollenspiele durchgeführt, und man lernt, Sitzungen zu leiten. Dieses Unternehmen hat die Förderung zu einer Kernkompetenz gemacht. Es geht nicht um persönliche Entwicklung oder intelligentere Leute. Sondern darum, bessere Fragen zu stellen. Jeder einzelne Programmierer, jeder Entwickler – alle lernen, wie Diskussionen strukturiert, geleitet und Gespräche geführt werden. Ergebnis ist intelligenteres Arbeiten. Projekte sind effizienter, weil jeder seine eigene Klarheit schafft. Die Mitarbeiter verstehen die Entscheidungen, die getroffen werden, vollkommen.« Moks letzte Bemerkung dazu ist ein: »Einfach toll!«.

Einige mögen einwenden, das sei nichts Neues. Sapient schaffe lediglich bessere Methoden der Zusammenarbeit. Tatsächlich ist etwas wesentlich Größeres geschehen. Das Unternehmen hat ein wichtiges Verfahren der Arbeitsorganisation neu erfunden: die Projektstruktur.

Anmerkung: Für Unternehmen, die *nicht* in der Lage sind, innerhalb der gesamten Organisation bessere Fragen zu stellen, bedeutet das Arbeiten mittels Projektstrukturen zumeist das Erstellen von To-do-Listen, die systematisch abgewickelt werden können. Vorrangiges Ziel ist das Organisieren von Zeitlinien, Budgets, Messungen und dergleichen.

Sapient und ähnliche Unternehmen erkennen, dass es eine noch wichtigere Dimension der Projektarbeit gibt. Ein Projekt bietet einen exakten räumlichen und zeitlichen Rahmen, in dem die Bedürfnisse des Unternehmens, der Individuen, des Teams und der Kunden in einem bearbeitbaren Umfang zusammenlaufen. Sämtliche Kompromisse und Entscheidungen werden auf Projektebene diskutiert, und zwar intensiver als irgendwo anders. Die Projektstruktur ermöglicht tatsächlich die Organisation von Entscheidungen.

Wenn beispielsweise Projektteams erkennen, in welcher

Form die verschiedenen Bedürfnisse aufeinander treffen, diskutieren sie zum Beispiel folgende Fragen: »Wie viel sind wir bereit, in das Projekt zu investieren? Warum sollten unsere Mitarbeiter oder Kunden sich entscheiden, das, was wir entwickeln, einzusetzen? Werden die Vorgesetzten ihren Führungsstil ändern müssen, um den Erfolg des Projekts zu ermöglichen?«

Diese Feinheiten gehen bei vielen Unternehmen verloren. Das ist schade, denn solche Nachlässigkeiten wirken sich fast immer nachteilig auf Projekte aus. Der bei weitem häufigste Grund für ein Misslingen der Projektimplementierung ist jedoch ein Mangel an Klarheit oder Übereinstimmung hinsichtlich notwendiger Entscheidungen und Verhaltensweisen. (Denken Sie an die Hauptgründe für das Misslingen von ERP-Projekten: Unzureichende Akzeptanz und Unterstützung, unrealistische Erwartungen, unerfahrene Projektteams, mangelnde Bereitschaft, ausreichende Mittel bereitzustellen – alle tangieren Entscheidungen, die Mitglieder des Projektteams treffen oder nicht treffen.)

Unternehmen, die Einfachheit erzielen wollen, werden feststellen, dass sich einige der wichtigsten Fragen und Diskussionen in Bezug auf Entscheidungen im Rahmen der Projektarbeit ergeben. Sie werden Wege finden, auf alles zuzugreifen, was Projektteams über das Treffen von Entscheidungen gelernt haben. Und sie werden das Gelernte zielgerichtet einsetzen, um die Art und Weise zu ändern, wie Führungskräfte, Manager und Mitarbeiter anstehende Entscheidungen gemeinsam diskutieren.

WIE VERMITTELN SIE DIE VERÄNDERUNGEN DER ZUKUNFT ANWENDERORIENTIERT?

Jim Dixon ist Leiter für Technologie und Betriebsprozesse bei der Bank of America. Durch Fusionen wurde die Anzahl der Mitarbeiter in der Unternehmensgruppe auf 45 000 erhöht.

Und seit Technologie für die Bankbranche so unglaublich wichtig geworden ist, trägt er die Verantwortung für ein Budget von 5 Milliarden US-Dollar.

Dixon beschreibt eines der Instrumente, die die Gruppe einsetzte, um den Aufbau einer neuen Infrastruktur nach den Fusionen zu erleichtern: »Wir haben unser Geschäftsmodell visualisiert. Die Strategie war zu weit von der Arbeit entfernt, die getan werden musste. So stellten wir sämtliche Ebenen dessen dar, was wir aufbauen wollten: eine kundenorientierte Struktur – Prozesse, Arbeitsabläufe, Kontrolle und alles weitere.« Dixons Ziel war es, aus dem Puzzle – den Strukturen und inneren Funktionsabläufen des neuen Geschäftsmodells – ein vollständiges und einleuchtendes Bild zu machen.

Designer haben einen Namen für die Visualisierung, die Dixon sich zunutze machte: Sie sprechen von einem Prototypen. Dieser Prototyp stellt etwas dar, was es noch nicht gibt. Architekten, Produktdesigner und Softwareentwickler arbeiten stets mit Prototypen, um ihre Kunden zu begeistern, noch bevor sie mit der Realisierung ihrer Projekte beginnen. Prototypen machen es jedem Beteiligten einfacher, auf Ideen zu reagieren und Dinge zu verändern, bevor sie geschaffen werden.

Dixon fährt fort: »Wir können uns zwar in alle Einzelheiten vertiefen, das Modell macht jedoch deutlich, dass alles auf drei Kundenaktivitäten hinausläuft: Fragen, Kaufen und Anwenden. Wir benutzen die Visualisierung, um all das anzusprechen: Was die Kunden wollen (Fragen), die Entscheidungen, die sie treffen (Kaufen) und die Handlungen, die sie ausführen (Anwenden).« – »Dieses Vorgehen stellt zum einen eine großartige Möglichkeit dar, Leute für etwas zu begeistern«, erklärt Dixon. »Zum anderen hilft es jedem, über all die Zusammenhänge zu kommunizieren, die wir schaffen müssen. Wir haben zum Beispiel Mitarbeiter aus dem Unternehmen mit Vertretern einer externen Firma zusammengesetzt, um unser Vergütungssystem neu zu gestalten. Das Team begann seine Empfehlung mit einer Beschreibung, wie sein Entwurf in das Geschäftsmodell passe, und erklärte dann, welche Prozesse wir im Zusammenhang damit verändern müssten.

Wenn Sie das Geschäftsmodell visualisieren können, verändern Sie in einer komplexen betrieblichen Umgebung die Kommunikation und die Art, wie Fragen gestellt werden. Dies wiederum verändert und vereinfacht die Realisierung Ihrer Pläne«, endet Dixon.

Anmerkung: Gerade in der von Dixon beschriebenen Situation einer Unternehmensfusion, die dessen Gesamtbild nachhaltig verändert, schaffen Prototypen ein klares Bild des Ziels. Und, was genauso wichtig ist: Sie machen es allen Beteiligten leichter, Feedback zu geben und Veränderungen selbst umzusetzen.

Wie die Verfügbarkeit von Informationen hat jedoch auch die Entwicklung von Prototypen ihre Nachteile: Die meisten Unternehmen bitten ihre Mitarbeiter hinsichtlich ihrer Infrastruktur nur dann um Feedback, wenn ein Team zu deren Neugestaltung gebildet wird. Im Klartext: Die Beteiligung der Mitarbeiter bei der Gestaltung der Unternehmensinfrastruktur ist unerwünscht, solange diese nicht ausdrücklich darum gebeten werden. Die meisten Firmen machen es dem durchschnittlichen Anwender schwer, Dinge, die die Unternehmensleitung entwickelt hat, zu kommentieren oder zu verändern. In diesen Unternehmen müssen die Mitarbeiter der vordersten Linie mit ihren Verbesserungsvorschlägen zu Instrumenten, Abläufen oder Informationsflüssen – die ja alle im Interesse der Kundenorientierung und des Betriebsergebnisses entwickelt werden – warten, bis die Unternehmensleitung eine Neugestaltung unterstützt.

In einer Welt, die sich innerhalb von Minuten ändert, schafft diese Form der Infrastrukturgestaltung ein enormes Ausmaß an Komplexität für unsere Beschäftigten. Unternehmen, die nach Einfachheit streben, werden dagegen etwas tun.

Sie werden ihre Infrastruktur künftig entsprechend den drei Prinzipien gestalten, die für die Entwicklung von Prototypen gelten:

1. Machen Sie es den Mitarbeitern leicht, auf Strukturen zu reagieren, bevor sie eingeführt sind;
2. Machen Sie es den Mitarbeitern leicht, die von Ihnen entwickelten Dinge zu verändern, indem sie kontinuierliches Feedback geben;
3. Steigern Sie das Tempo, in dem Sie die beiden ersten Punkte realisieren (hier spricht man auch von »schneller Entwicklung von Prototypen«).

Viele Unternehmen handeln nach außen hin, wenn es um Kunden geht, bereits nach diesen Grundsätzen. Ein Großteil der Software wird beispielsweise auf diese Weise entwickelt. Bevor ein Produkt offiziell auf den Markt kommt, haben Kunden bereits bedeutende Veränderungen und Verbesserungen angeregt. Und sobald Version 1.0 auf den Markt kommt, tragen die Kunden schon etwas zu Version 2.0 bei.

Einfache Unternehmen werden diese Idee auch innerhalb des Unternehmens realisieren. Allerdings werden hier weniger Teams zur Neuentwicklung erforderlich sein, weil es das Unternehmen jedem Einzelnen leichter macht, die Systeme kontinuierlich anzupassen und zu verändern.

Unternehmensleiter werden erkennen, dass sie am schnellsten und leichtesten anwenderorientiert werden, wenn sie den Mitarbeitern eine ständige Mitwirkung bei der Entwicklung der Infrastruktur einräumen. Neugestaltung erfolgt täglich. Und wenn eine umfassendere Restrukturierung erforderlich ist, wird zuerst die mittlere und nicht die oberste Führungsebene dazu aufrufen.

Einfache Unternehmen machen es drei Zielgruppen einfach, ihre Infrastruktur zu verändern: den Kunden, der Unternehmensleitung und den Leuten, die mit dem ganzen Kram arbeiten müssen. Mittels der Entwicklung von Prototypen können diese Unternehmen eine sich verändernde, noch unbekannte Zukunft aus der Sicht des Anwenders darstellen.

DIE VOLLBRINGER TÄGLICHER WUNDER

Wie versuchen derzeit die meisten Unternehmen, Kundenorientierung zu erzielen? Sie stellen so viele Kathleen Bakers wie nur möglich ein: »Wir arbeiten hart daran, unseren Fokus zu bewahren und hilfreiche Teamerfahrungen zu schaffen«, sagt Baker, Organizational Design Manager bei Hewlett-Packard. »HP hat ein weltweites Produktions- und Vertriebsnetz aufgebaut. Daher ist mein Team buchstäblich überall. Wir befinden uns fast nie gemeinsam am selben Ort. Folglich müssen wir besonders gut am Telefon zusammenarbeiten. Wir müssen die gleichen Erfahrungen wie in unseren persönlichen Treffen schaffen.«

Baker ist eines der besten Beispiele für die Vorgehensweise der US-Wirtschaft, wenn es um die Entwicklung von Mitarbeitern geht. Sie nutzt die Zeit wirksam, während sie von unterschiedlichen Seiten beansprucht wird. Und sie ist äußerst erfolgreich dabei, zum richtigen Zeitpunkt die richtige Klarheit für ihr Team zu schaffen. Dennoch ist ihrer Meinung nach das, was sie tut, nicht unbedingt eine komplizierte Wissenschaft. »Sie brauchen lediglich Disziplin und Verbindlichkeit. Wir sind äußerst gewissenhaft, wenn es um die Aktualisierung von Projekten und um das Mitteilen leistungsrelevanter Informationen geht. Wir versuchen jedoch, uns dabei auf E-Mails zu beschränken. So können wir die Zeit für Telefonate ausschließlich dem Lernen, Arbeiten und Entwickeln als Team widmen.«

Anmerkung: Selbst in diesem Teil – der der Veränderung Ihrer Unternehmensinfrastruktur gewidmet ist – müssen die Kathleen Bakers dieser Welt erwähnt werden, denn jede Strategie zur Vereinfachung der Wissensarbeit stellt den Menschen in den Mittelpunkt. Leider verfügen – wie wir in den vorhergehenden Kapiteln erfahren haben – viele Manager und Projektleiter nicht über die Fähigkeiten oder die Disziplin Kathleen Bakers, wenn es darum geht, das Wichtige vom Unwichtigen zu trennen. Daher werden alle, mit denen sie Kontakt haben, mit zu vielen Optionen und Informationen überschwemmt, die überflüssig sind.

Wenn Sie sich zum Ziel gesetzt haben, das Potenzial jedes Einzelnen der vielen unterschiedlichen Beschäftigten in Ihrem Unternehmen zu maximieren, dann muss ein Teil Ihrer Strategie darauf ausgelegt sein, es den Mitarbeitern zu erleichtern, Instrumente und Werkzeuge ihren Bedürfnissen anzupassen, und die Dinge zu verändern, die derzeit der Kontrolle der Unternehmensleitung obliegen. Denn die Kathleen Bakers können nicht ständig jedem helfen.

Ein Fragespiel: Einfacher intelligenter sein

Sie haben jetzt einige Geschichten darüber gelesen, wie man durch Anwenderorientierung intelligenter arbeiten kann. Jede dieser Geschichten beschreibt Herausforderungen, vor denen auch Sie stehen können, und zeigt, wie die Diskussion darüber geändert werden muss, wenn Ihr Unternehmen einfacher werden soll.

Nun zu einem kleinen Fragespiel:

1. Nutzt jeder in Ihrem Unternehmen seine Kapazität, um intelligenter zu arbeiten?
2. Verfügen Sie derzeit über eine Strategie zur Schaffung einfacherer, intelligenterer Arbeit?

Wenn Sie die Geschichten gelesen und dabei gedacht haben: »Nein, wir tun das nicht«; oder wenn Sie sich die in diesem Kapitel beschriebenen Herausforderungen verdeutlicht und gesagt haben: »Darüber sprechen wir nicht«, dann lauten die Antworten auf beide Fragen wahrscheinlich Nein.

Eine Strategie zur Schaffung einer Umgebung, in der jeder intelligenter arbeiten kann, beinhaltet all das, worüber Sie gerade gelesen haben. Sie betrifft Ihr gesamtes Unternehmen als integrierten Informationsbereich. Im Rahmen ihrer Umsetzung muss die Entwicklung von Menschen, Informationen und Technologie zusammenfließen.

Kurzer Abstecher: Blättern Sie zurück zur Tabelle auf Seite 40 in Kapitel 2. Die Beschäftigten zeigen Einfühlungsvermögen: Der Mangel an Integration ist für sie die wichtigste Ursache für komplexe Arbeit. Sie definieren Integration jedoch anders als die Unternehmensleitung. Die Leitung konzentriert sich auf Kontrolle und Koordination. Die Mitarbeiter definieren Integration als die richtigen Informationen in der richtigen Form, Qualität und Menge zum richtigen Zeitpunkt, so dass sie erfolgreiche Entscheidungen treffen können.

Die fünf Regeln einfacher Unternehmen

Für eine Strategie zur Schaffung einfacherer und intelligenterer Arbeit ist es notwendig, Integration im Sinne der Mitarbeiter zu erzielen. Dies impliziert, dass Sie sich von deren Bedürfnissen aus nach oben arbeiten müssen, und zwar gemäß den folgenden fünf Regeln:

1. Bauen Sie Vertrauen in Ihr Unternehmen auf. Tun Sie weiterhin alles, was Sie bisher dazu getan haben. Hören Sie aber auch auf das, was Marshall McLuhan schrieb: Das Medium (Ihre Infrastruktur) ist gleichzeitig Ihre Botschaft. Wenn Sie nicht in der Lage sind, Instrumente, Informationen und Erfahrungen auf die Bedürfnisse des Einzelnen zuzuschneiden, vermitteln Sie in der Welt der unbegrenzten Möglichkeiten die Botschaft: »Vertrauen Sie nicht darauf, dass wir Ihnen dabei helfen, intelligenter zu arbeiten.«

Dies wäre das Gleiche wie wenn es die NASA ablehnte, die Bedürfnisse der Astronauten zu berücksichtigen, und ihnen erklärte: »Also Jungs, wir haben unsere Personalsysteme so entwickelt, dass wir über die besten Astronauten verfügen. Wir haben außerdem die Informationen so aufbereitet, dass das Kontrollzentrum alles im Griff hat. Und wir haben die Technologie entwickelt, euch hoch und wieder runter zu bringen. Aber wenn uns irgendetwas außer Kontrolle gerät, dann ist es eure Aufgabe, das Ganze so schnell wie möglich wieder hinzukriegen, solange ihr da oben herumlauft. Verstanden?«

Welcher Astronaut würde in diesem Fall der NASA sein Leben anvertrauen? Wenn Sie die Dinge nicht auf die Bedürfnisse der Leute zuschneiden, dürfen Sie kein großes Vertrauen in die Lösungsvorschläge erwarten, die Sie entwickeln. (Siehe Kapitel 10 für Möglichkeiten, Vertrauen aufzubauen.)

2. Gestalten Sie Informationsinhalte richtig. Schauen Sie sich noch einmal die Abbildungen mit den Punkten und dem Trichter auf den Seiten 57 und 58 an. Wenn die Informationen, die die Leute für ihre Entscheidungen benötigen, nicht bedarfsgerecht von unten nach oben aufbereitet werden, entspricht ihre Erfahrung eher den Punkten als dem Trichter. (Siehe Kapitel 11, hier ist beschrieben, wie Sie das ändern.)

3. Nutzen Sie die Projektstrukturen als Entscheidungshilfen. Nur wenige erfolgreiche Projekte werden tatsächlich nur durch Pläne, Budgets und Fortschrittsberichte gesteuert. Wenn die Projekte eine Veränderung des Verhaltens und intelligenteres Arbeiten bewirken, zielt deren Struktur hauptsächlich auf die Organisation von Diskussionen und Entscheidungen. Einfache Unternehmen wissen dies und werden das, was sie von solchen Projektteams lernen können – insbesondere Ideen, die den Status quo verändern – aktiv in die Struktur des Unternehmens integrieren. (Siehe Kapitel 12.)

4. Ermöglichen Sie leichte Navigation. Für die Leute, die versuchen, ihre Arbeit zu erledigen, sollte es keine Grenze zwischen leistungsbezogenen und allgemein zugänglichen Informationen geben. Beseitigen Sie diese Grenze. Wenn es schwierig ist, in dem von Ihnen entwickelten Wissenssystem wirksam zu navigieren – das heißt einfachen Zugang zu Informationen zu finden, bedarfsgerechte Zugriffsmöglichkeiten zu haben und Ziele schnell zu erreichen –, reduzieren Sie zudem die Zahl derer, die dieses Wissenssystem schätzen und nutzen. Wenn Sie auf wirksame Navigation setzen, machen Sie es den Beschäftigten einfacher, erfolgreich tätig zu sein, weil sämtliche Zusammenhänge leichter erkennbar sind. (Siehe Kapitel 13.)

5. Entwickeln Sie einen Prototyp der Zukunft. Die einzige Möglichkeit, mit der halsbrecherischen Geschwindigkeit von Veränderungen Schritt zu halten *und* komplexe Arbeit zu verringern, besteht darin, es dem durchschnittlichen Mitarbeiter einfacher zu machen, einige seiner Instrumente, Abläufe und Informationsströme seiner spezifischen Form der Anwendung anzupassen. Einfache Unternehmen geben ihren Beschäftigten täglich die Möglichkeit, ihre Infrastruktur fein einzustellen und abzustimmen. (Siehe Einschübe in den Kapiteln 10 bis 13 mit Ansatzpunkten, an denen Sie beginnen und worüber Sie nachdenken sollten.)

Ihre erste Entscheidung

Einige Seiten zuvor machten wir uns auf die Reise zum einfachen Unternehmen und sprachen über Astronauten und das All. Wir wollen das Kapitel mit einem Blick auf die letzte Grenze des Empowerments beenden.

In den 60er-Jahren des 20. Jahrhunderts forderte der Theoriebiologe Stuart Kauffman die Grenzen unseres Denkens heraus, indem er die Wissenschaft der Komplexität erforschte. Er

Was ist ein Informationsbereich?

In diesem Teil des Buches werden Sie aufgefordert, sich Ihre Infrastruktur aus der Sicht der Beschäftigten zu betrachten. Am wichtigsten ist dabei die Frage, ob sie die Dinge bekommen, die sie benötigen, um intelligenter arbeiten zu können, und zwar zum richtigen Zeitpunkt und in der richtigen Form. Wenn sie versuchen, intelligenter zu arbeiten, haben Ihre Mitarbeiter keine Geschäftsbereiche, Unternehmenssoftware, Intranets, Führungskräfte oder Manager oder Teamkollegen, keine Kontrolle, Prozesse, Leistungsanalyseprogramme oder Geschäftspläne vor Augen. (Oder irgendetwas anderes, an das Sie vielleicht denken.)

Was sie sehen, ist Ihr Informationsbereich. Ob sie Aufgaben erledigen können, hängt davon ab, wie hier alle Dinge zusammenlaufen oder auch nicht. Wenn Sie einfach werden wollen, müssen Sie beginnen, die Dinge durch deren Augen zu sehen.

»Wenn wir Dinge einfacher machen wollen, ohne sie stupider zu machen, müssen wir uns darauf konzentrieren, unsere Gedanken zu strukturieren und nach Prioritäten zu ordnen.«
Jessica Lipnack, Autorin von Virtuelle Teams

ist Ihnen bereits mehrmals in diesem Buch begegnet. So hat er beispielsweise den Begriff »kostenlose Ordnung« geprägt. Einfach ausgedrückt, war seine Idee: Komplexe Systeme (wie Unternehmen) können nicht kontrolliert werden (mit Dingen wie Strategien, Plänen und Kompensationsprogrammen). Systeme schaffen ihre eigene Ordnung, wenn man sich auf Beziehungen und auf den Austausch von Informationen konzentriert.

Seit Kauffman haben sich viele Wissenschaftler und führende Denker mit Konzepten beschäftigt, wie seine Ideen in der Wirtschaft angewendet werden könnten. Vor kurzem brachte die Beratungsfirma Ernst & Young einige dieser Pioniere auf einer Konferenz mit dem Titel »Das anpassungsfähige Unternehmen« zusammen.

Das Ergebnis: Einige tolle und interessante Dinge geschehen bereits. Die Verbindung, die dieser Theorieansatz mit den neuen Technologien eingegangen ist, schafft neue Möglichkeiten für die Abwicklung von Geschäften gemäß den Einkaufsgewohnheiten der Kunden. Sie hilft den US-Marines, die Truppen zu organisieren, und ermöglicht es South West Airlines, die Frachtbearbeitung um bis zu 70 Prozent zu verringern, ohne den pünktlichen Versand zu beeinträchtigen.

All diese tollen und interessanten Dinge geschehen jedoch *außerhalb,* das heißt in der Welt der Kunden und des Marktes. Nun ist es Zeit, den Blick in das Innere Ihres Unternehmens zu wenden und die erste Entscheidung darüber zu treffen, wie ein einfaches Unternehmen aufzubauen ist.

Das anpassungsfähige Unternehmen beginnt vor Ort. Oder bei Ihren Mitarbeitern. Wenn Sie Wissensarbeiter ohne Grenzen wünschen, müssen Sie Ihr Unternehmen kontinuierlich an diese Menschen anpassen. Sie sind es, die die Entscheidungen treffen. Ganz gleich, wie Sie dessen Infrastruktur aufbauen, sie muss im Hinblick auf den Informationsaustausch und die Verknüpfung von Ideen und Menschen anwenderorientiert sein.

Ihre erste Entscheidung heißt: »Kann ich es mir leisten, *nicht* anwenderorientiert zu sein?«

An dieser Stelle des Buches werden die Führungskräfte zum ersten Mal gebeten, sich zu Veränderungen von Infrastruktur, Instrumenten und Abläufen zu verpflichten. Das Offensichtliche lässt sich nicht vermeiden. Die Umsetzung einer Strategie für einfachere, intelligentere Arbeit ist nicht leicht und könnte einige Ihrer derzeitigen Pläne verändern. Doch für deren Realisierung gibt es drei gute Gründe:

- Die Ausführung Ihrer Unternehmensaufgaben wird einfacher, schneller und leichter werden – und Wachstum und Rentabilität fördern.
- Mitarbeiter werden intelligenter arbeiten – und dies alles bewegen.
- Einfachheit steigert die Verantwortung der Mitarbeiter. Wenn häufig von »Anwenderorientierung« gesprochen wird, dann bezieht dies auch höhere Erwartungen an sie mit ein.

Tipps für Einsteiger

- Blick nach innen
  - Hatten Sie neue Aha-Erlebnisse? Hat dieses Kapitel neue oder andere Wege gezeigt, über intelligentere Arbeit nachzudenken?
  - Wie stark vertrauen Sie Ihren Mitarbeitern **wirklich**? Einige Führungspersönlichkeiten werden glauben, die in diesem Kapitel vorgeschlagene Strategie gewähre den Arbeitern zu viel Vollmacht und den Führungskräften nicht mehr genügend Kontrolle. Obwohl es keine richtige oder falsche Antwort gibt, bringt es Nachteile mit sich, wenn Sie die Position Ihres Führungsteams in diesem Zusammenhang nicht deutlich machen. Erläutern Sie sie, und sorgen Sie dafür, dass jeder sie versteht.
- Verwenden Sie Seite 163 als Schablone zur Ausarbeitung Ihrer Strategie. Nehmen Sie dann die restlichen Kapitel in diesem Teil des Buches zu Hilfe, um die Diskussion darüber anzuregen, wie diese Schablone ausgefüllt werden könnte.

10 EINFACHER FÜHLEN

Bauen Sie Vertrauen in Ihrem Unternehmen auf

Lassen Sie sich nicht täuschen. Revolutionen führen nicht zurück.
Abraham Lincoln, Schüler der menschlichen Natur

Wie sich die Menschen fühlen, ist wichtig. Gefühle können, wie Dr. Michael O'Brien in Kapitel 5 betonte, nicht ignoriert werden.

Einer der wichtigsten Faktoren dabei ist das Vertrauen. Sobald ein Unternehmen oder dessen Einheiten aus mehr als einer Person bestehen, wird Vertrauen unerlässlich. Wir müssen wissen, dass wir uns auf andere verlassen können und dass unser Unternehmen eine Umgebung schafft, in der wir handeln und uns als Individuen weiterentwickeln können.

Kurze Reflexion zwischendurch: Nennen Sie fünf Synonyme für »Vertrauen am Arbeitsplatz«.

Wahrscheinlich finden sich auf Ihrer Liste ein oder zwei der folgenden Umschreibungen:

- Das Unternehmen und mein Team sind an mir als Individuum interessiert.
- Ich kann etwas bewirken. Meine Arbeit trägt dazu bei, das Ziel zu erreichen.
- Die Leute um mich herum haben dieselben Werte, Ziele und Absichten wie ich.
- Ich brauche meine Entscheidungen nicht mit anderen abzusprechen.

- Ich werde genauso gerecht behandelt wie andere, und ich habe dieselben Möglichkeiten.
- Ich kann Feedback offen entgegennehmen und geben.
- Kommunikation findet offen und im richtigen zeitlichen Rahmen statt.
- Es fällt mir nicht schwer, andere um bessere Leistungen zu bitten, und sie können dasselbe von mir verlangen.
- Ich kann mich auf die Verbindlichkeit anderer bezüglich Absprachen und Verpflichtungen verlassen und umgekehrt.

Diese Liste sollten Sie immer im Kopf behalten. Als Führungskraft können Sie sie jederzeit und immer wieder einsetzen, sie ist daher sehr wichtig.

Die neue Brille

Es wird etwas geschehen! Etwas, was noch nie zuvor passiert ist und das Thema Vertrauen um eine völlig neue Dimension erweitern wird: Die Mitarbeiter werden die Vertrauensfrage auch hinsichtlich der Instrumente, Abläufe und Informationsflüsse stellen, die ihnen das Unternehmen zur Erledigung ihrer Aufgaben zur Verfügung stellt. Wenn sie merken, dass sie nicht ohne weiteres das bekommen, was nötig ist, um ihr Bestes zu geben, wird ihr Vertrauen in das Unternehmen untergraben.

Wenn dieses Buch erscheint, betreten die ersten Vertreter der Internet-Generation den Arbeitsmarkt. Ihnen folgen 80 Millionen Söhne und Töchter, deren Eltern der Babyboom-Generation angehören. Zu diesem Bevölkerungsanteil – in den USA auch als »Generation Y«, »Echo Boomer« oder »Millennium Generation« bezeichnet – gehören Kinder, die seit frühester Kindheit mit digitaler Technik vertraut sind. Mit ihnen schwappt die größte Welle an Arbeitskräften auf den US-Arbeitsmarkt seit der Babyboom-Generation.

Motto dieses Kapitels

Klare Worte der Mitarbeiter zum Arbeitsvertrag

»Wir sollten darüber reden,
was wir brauchen,
um intelligenter zu arbeiten.«

Das Modell für Unternehmen, die Vertrauen schaffen
Die wechselseitige Beziehung zwischen Mitarbeitern und Unternehmensleitung beruht nicht nur auf Dialog, sondern auch auf einer funktionierenden Infrastruktur. Instrumente, Abläufe, Prozesse und Informationsflüsse verändern sich so, dass sie den Bedürfnissen der Anwender entsprechen. Diese wiederum orientieren sich an den Bedürfnissen der Kunden und des Unternehmens.

Das Modell in der Praxis
Mit Ausnahme von sehr kleinen oder einigen Hightech-Unternehmen wenden nur wenige dieses Modell im Umgang mit ihren Mitarbeitern an.
Das Internet ist ein sehr gutes Beispiel dafür, wie das Modell nach außen angewandt wird:
Je länger die Beziehung zwischen Kunden und Unternehmen besteht, desto stärker passt sich der Informationsfluss an die Bedürfnisse des Kunden an. Ob dies in seinem Sinne stattfindet, kann der Kunde an drei Aspekten festmachen:
1. Navigation: Einfach zum Ziel kommen, Entscheidungen treffen und wieder hinausgehen.
2. Erfüllung: Das Erforderliche genau in der gewünschten Form und zum gewünschten Zeitpunkt bekommen.
3. Zeit: Angemessener Umgang mit der Zeit und Aufmerksamkeit des Anwenders.

Warum die meisten Unternehmen das Modell nicht anwenden
Tja.
Vermutlich liegt es am mangelnden Druck von unten. Vorreiter für Veränderungen sind hier vor allem die Mitglieder der »Generation X«. In einer Informationsgesellschaft aufgewachsen, erwarten sie freien und schnellen Zugang zu den nötigen Informationen. Sie könnten diejenigen sein, die die herrschenden Beziehungsmodelle zwischen Mitarbeitern und Unternehmen in Frage stellen. Allerdings machen sie statistisch gesehen nur einen relativ geringen Teil der Beschäftigten aus. Daher ist fraglich, ob sie die notwendigen Veränderungen in der Unternehmensstruktur erzwingen können.

Mit der Internet-Generation kommen neue Herausforderungen auf Unternehmen zu. Fälschlicherweise oft als gleichgültig bezeichnet (besser wäre hier der Begriff »unabhängig«), hat sie andere Vorstellungen davon, wie ihre Beziehung zu ihren Arbeitgebern aussehen soll. Sie möchte darauf vertrauen können, dass das Unternehmen die entsprechenden Rahmenbedingungen zur Bewältigung der ihr anvertrauten Aufgaben schafft. Und sie wird dafür sorgen, dass ihre Definition von Vertrauen in den Arbeitsvertrag aufgenommen wird.

Revolutionen führen nicht zurück

Mit der Generation Y stellt die Wirtschaft erstmals Arbeitnehmer ein, die mit anwenderorientierten und interaktiven Erfahrungen als Konsumenten aufgewachsen sind. Dieselbe Revolution, der Ihr Unternehmen seine Produktivitätssteigerung verdankt, hat eine ganze Generation gelehrt, wie man positive Erfahrungen mit der Informationstechnologie machen kann. Einfache Unternehmen wissen, dass viele ihrer zukünftigen Mitarbeiter häufig bereits Kleidung, Kinokarten und Bücher über das Internet erwerben. Einige haben sogar ihr erstes Auto online bestellt, kaufen Lebensmittel online oder nutzen Internet-Textilreinigungen.

Dabei ist es egal, ob ihre Erfahrungen auf Internet-Shopping, hochrangiger Forschung oder Computerspielen beruhen. Bevor sie Teil Ihrer Belegschaft werden, haben viele von ihnen fast ihr gesamtes Leben mit der Navigation in Informationsräumen verbracht. Ihre Erfahrungen können Ihnen sogar dabei helfen, verschiedene Weiterbildungsprobleme zu lösen (siehe Kapitel 2 und 3). Und sie müssen keinen ausgezeichneten Hochschulabschluss haben, um all die spannenden Möglichkeiten zu kennen, die eine Hyperlink-Umgebung bietet.

All diese Erfahrungen wecken auch Erwartungen. Die Internet-Generation wird nicht nur versuchen, Ordnung durch Klarheit und leichte Anwendbarkeit zu erzielen. Sie definiert auch die Arbeitsbedingungen, denen sie vertrauen wird.

Na und?

Auf den folgenden Seiten wird näher ausgeführt, was Ihr Unternehmen braucht, damit die Mitglieder der Internet-Generation seiner Infrastruktur vertrauen. Hören Sie aufmerksam zu, wenn Ihre derzeitigen Mitarbeiter ähnliche Argumente vorbringen. Künftig definieren Arbeitnehmer diese Bedingungen über ihren Arbeitsvertrag.

Ob sie bleiben oder gehen werden, hängt ganz davon ab, inwieweit Sie in der Lage sind, ihre Bedürfnisse zum Ausgangspunkt der Unternehmensentwicklung zu machen – und zwar aus demselben Grund, aus dem Sie dieses Buch in die Hand genommen haben: Einfachheit ist Stärke. Sie wollen intelligenter und einfacher arbeiten. Wie für die Zielgruppe dieses Buches ist Einfachheit für sie ein Mittel, um Freude und Engagement im Beruf sowie die richtige Balance zwischen Arbeit und Privatleben zu erreichen.

Es gibt jedoch etwas, was diese Gruppe von älteren Mitarbeitern unterscheidet: Die Mitarbeiter der Internet-Generation versuchen Einfachheit zu erzielen, indem sie bestehende Strukturen in Frage stellen. Anders als alle vorherigen Generationen betrachten sie die Infrastruktur des Unternehmens nicht als Herrschaftsbereich des leitenden Managements. Das Internet, wie wir es kennen, wurde zu ihrer Zeit entwickelt. Und die treibenden Kräfte waren in der Regel keine herkömmlichen leitenden Manager.

Sie werden erwarten, beim Aufbau der Rahmenbedingungen, die sie für intelligenteres Arbeiten benötigen, als gleichrangige Partner behandelt zu werden.

Die künftigen Mitarbeiter melden sich zu Wort

Als wir durch die Gebäude der Sharon High School am Rande von Boston gingen, erzählte uns John Brande, Lehrer und Fachbereichsleiter, eine nette Geschichte: David Karelitz, der vor kurzem seinen Abschluss gemacht hatte, war während seiner Schulzeit an einen einmaligen Job geraten. Er half dabei, die computergestützte Anzeigetafel im Foxboro Stadion der New England Patriots zu programmieren und zu betreiben.

Ich traf 16 von Davids Freunden und Studienkollegen aus dem letzten Jahr des Studiengangs »Internetbezogene Technologie« (also einige der Leute, die künftig die Infrastruktur Ihres Unternehmens, die Sie gerade aufbauen, vertrauensvoll nutzen sollen). Ich fragte sie, was für sie in Bezug auf das Internet wichtig sei und wie sich das auf die Wirtschaftswelt auswirken könnte.

Hier einige Meinungen der künftigen Berufseinsteiger und heutigen Internet-Experten:

Drew Baglino, 18: »Der größte Pluspunkt, aber auch der größte Minuspunkt ist, das zu finden, was man gerade braucht. Wenn Sie etwas Bestimmtes suchen, zum Beispiel eine CD, kriegen Sie das ganz einfach und schnell. Wenn Sie jedoch mit dem Internet lernen wollen, sind die Informationen zu diffus, zu weit verstreut und nur mühsam zu bekommen. Bis sich das ändert, nutze ich es als Gebrauchsgegenstand. Ich gehe heim, logge mich ein und höre klassische Musik aus San Francisco. Das gefällt mir.«

Mike Liu, 16: »Für mich ist Technologie nur ein Werkzeug. Das Internet ist nur eine Mischung aus allen anderen Medien. Es ist eine weitere Variante des Informationsaustauschs, die einfach schneller und leichter zugänglich ist.«

Becca Sendker, 17: »Der größte Nachteil ist, dass Sie wissen müssen, was Sie suchen. Wenn ich alle Zeit der Welt hätte, wäre ich wahrscheinlich öfter im Internet. So aber nutze ich es in erster Linie für E-Mails, was ich ziemlich gut finde, weil es so einfach ist. Aber ich glaube auch, das Internet macht manches viel zu einfach. Es fördert die Verdummung unserer Generation. Man vergisst leicht, dass es nicht ausreicht, nur »Hamlet« einzugeben, und die Cliff Notes mit Interpretationen abzuschreiben.«

Rebecca Deutsch, 17: »Die wenige Zeit, die ich habe, will ich nicht auch noch mit Computern, sondern mit Freunden verbringen.«

Zu den Vor- und Nachteilen von Projektteams:

Marc Wayshak, 17: »Vor zwei Jahren habe ich an einem Business Camp teilgenommen. (Anmerkung des Autors: Lesen Sie diesen Satz noch einmal, und schauen Sie sich sein Alter an!) Die Unternehmenschefs sagten, ihr größtes Problem sei zu entscheiden, wen sie einstellen sollten und wer gut mit wem arbeiten könnte. Wenn Sie ein gutes Team haben möchten, müssen Sie für eine ausgewogene Zusammensetzung der Gruppe sorgen. Und Sie brauchen einen Leiter, der die Ideen aller zusammenfassen kann, um Synergien zu erzeugen.«

Drew Baglino: »Ich bin nicht auf der Suche nach einem Unternehmen, in dem Gruppenarbeit ein dominierender Faktor ist. Nach dem, was mein Vater erzählt, wird vielen Teams vorgeschrieben, was sie zu tun haben. Man hat so gar nicht die Zeit, einander kennen zu lernen.«

Laura Brown, 17: »Wenn die Gruppe gut funktioniert, arbeitet man schneller und besser. Meine Freundin Becca zeigte mir, wie ich besser arbeiten kann. Ich war nicht in der Lage, mir über bestimmte Dinge ein Bild zu machen, aber nachdem ich mir ihre Vorstellungen angehört hatte, waren auch meine klarer.«

Über die Fähigkeiten, die die Internet-Generation vorweisen muss, wenn sie ins Arbeitsleben eintritt:

Doug Levy, 18: »Ein wichtiger Aspekt wird die Fähigkeit der Leute sein, ihre Gedanken zu organisieren und dann in verständlicher Form zusammenfassen zu können. Leute, die ihre Vorstellungen möglichst vielen und verschiedenen Gruppen nahe bringen können.«

Rebecca Deutsch: »Sie müssen in der Lage sein, gut zu lernen und zu lehren, weil Sie neue Ideen rasch erfassen und dann Ihr Wissen vermitteln müssen, um anderen zu helfen, etwas zu lernen.«

Jake Garber, 17: »Geduld und soziale Fähigkeiten. Der Großteil der Arbeit wird in Gruppen gemacht werden.«

Marc Wayshak: »Sie müssen in der Lage sein, zu kommunizieren und zuzuhören. Vielen Leuten fällt es schwer, zuzuhören. Mir auch.«

Nach einem langen und außergewöhnlichen Gespräch bat ich die Jugendlichen um Hilfe. Ich wollte wissen, was für sie am wichtigsten sei, wenn sie selbst einen Informationsbereich zu gestalten hätten. Folgende Kriterien gab ich vor: Erstens praktische Anwendbarkeit. Zweitens sollten sowohl am Menschen orientierte als auch digitale Verfahren zum Einsatz kommen. Und, was am wichtigsten war: Sie sollten dieser Umgebung das Vertrauen entgegenbringen, darin intelligent arbeiten zu können. Sie beschränkten die Liste ihrer Antworten auf drei Aspekte:

1. Navigation: Es sollte leicht sein, im Informationsraum zu navigieren, sich in ihm zu bewegen. Jeder sollte problemlos finden können, was er für intelligentes Arbeiten braucht. Zudem sollten die Zusammenhänge zwischen unterschiedlichen Ideen, Leuten und Informationen leicht erkennbar sein.

2. Die richtige Qualität in der richtigen Form zum richtigen Zeitpunkt: Selbst die erfahrenen Internet-Surfer unter ihnen erklärten, man müsse sich durch zu viel unwichtige und konfuse Dinge durcharbeiten. Wenn sie der Infrastruktur eines Unternehmens Vertrauen entgegenbringen sollten, müsste ihnen der zur Verfügung stehende Informationsbereich effizient und termingerecht das geben, was sie für eine optimale Erledigung ihrer Aufgaben benötigen.

3. Ihre Zeit wird respektiert: Das Verfahren, ganz egal, ob persönlicher Kontakt oder online, müsste ihre Zeit wertschätzen und respektieren. Dies beinhaltet die Bereitschaft, vom Anwender zu lernen und damit kontinuierlich die Zeit zu verringern, die für die Bewältigung von Aufgaben erforderlich ist. Die Systeme und Verfahren sollten zudem an den Zielen orientiert sein, die sie sich gesetzt haben. (Sich von ihren Bedürfnissen aus nach oben arbeiten.)

Jenny Mae Kho, 17, liefert eine aussagekräftige Zusammenfassung: »Letztendlich sind wir alle Menschen. Es basiert alles auf der menschlichen Natur: Wir müssen darauf achten, wie die Beziehungen zwischen den Leuten aussehen und in welcher Form sie Dinge brauchen.«

Ein Muster wird erkennbar

Je mehr Leute aus der Internet-Generation ich traf, desto häufiger tauchten immer wieder diese drei Aspekte von Vertrauen auf.

Einige Meinungen von Studenten, die vor kurzem ihren Abschluss an der Drew University gemacht haben:

Stacy Levy: »Wir alle haben Unmassen an Dingen zu erledigen. Wir sind alle überfordert. Wie meine Zeit in Anspruch genommen wird, ist daher für mich ein wichtiger Faktor für Vertrauen.«

Chris Grygo: »Dieses Thema hat viel mit der Fähigkeit zu tun, mit Mehrdeutigkeit und Unklarheit umgehen zu können. Viele Leute haben nur eine niedrige Ambiguitätstoleranz. Vertrauen ergibt sich, wenn man dies beim Verteilen von Informationen und bei der Steuerung durch das System berücksichtigt.«

Oder von einem Absolventen der Northern Illinois University mit Hauptfach Wirtschaft:

Aaron Miller: »Eines wird das Internet nicht verändern: Es gibt immer noch eine ganze Menge an subjektiver Arbeit. Man muss versuchen, all die notwendigen Informationen zusammenzubekommen und wissen, worauf man vertrauen kann, um intelligenter zu arbeiten.«

Oder von Studenten der Rutgers University mit Hauptfach Marketing:

Michelle DiGiulio: »Es ist unglaublich wichtig, in der Lage zu sein, Informationen in der Form vorzulegen, in der die Leute sie brauchen. Was bedeutet, dass man die Navigation erleichtern und hilfreiche Hinweise liefern muss ...«

Connie Burman beendete den Satz: »... warum sollten sie sonst den Informationen vertrauen? Ihre Zuhörer sehen Sie an und fragen sich: ›Was bringt mir das überhaupt?‹«

Insgesamt habe ich – online und auch persönlich – Vertreter der Internet-Generation von über drei Dutzend Universitäten und Colleges getroffen, die über unterschiedlichste Hintergründe und Interessen verfügten. In vielerlei Hinsicht unterschieden sie sich nicht von vorangegangenen Generationen: Sie wollten einen sinnvollen Beitrag leisten und etwas bewirken.

Der Unterschied zeigte sich in den Gesprächen zum Thema Vertrauen. Ergänzend zu den üblichen Vorstellungen – gemeinsame Ziele und Werte, Teamwork usw. – setzten sie Vertrauen mit der Nützlichkeit und Wirksamkeit ihrer Informationserfahrungen im Unternehmen gleich. Dabei verwischte sich zunehmend die Abgrenzung zwischen Technologie, Informationsinhalt und persönlicher Kommunikation. Wichtig war für sie die Qualität der Erfahrung insgesamt.

Bestätigtes Vertrauen

Ich hätte mir viel Zeit erspart, wenn ich mich zuerst mit Clement Mok, Chief Creative Officer bei Sapient, unterhalten hätte. Seine Firma hatte gerade ein sechsmonatiges Forschungsprojekt zum Thema Vertrauen in Informationsinfrastruktur abgeschlossen. Und die Ergebnisse entsprachen denen, die ich an der Sharon High School gemacht hatte.

»Wir begannen mit dem Schwerpunkt Online-Sicherheit«, sagt Mok. »Wie sich herausstellte, war das Thema wesentlich umfassender. Wir fanden insgesamt drei Metakategorien, die für das Thema Vertrauen in Informationsinfrastruktur relevant sind:

1. **Navigation**
2. **Erfüllung**
3. **Zeit ...**

Innerhalb dieser drei Kategorien gibt es 28 Unterkategorien.«

Mok erklärte weiter. »Hier ist ein Beispiel dafür, wie es funktioniert: Vertrauen in die Marke ist wichtig, ganz gleich, ob sie im E-Commerce oder in ganz traditionellen Branchen tätig sind. Wenn Sie ein Neueinsteiger im E-Commerce sind und keine bekannte Marke vorweisen können, warum sollten die Leute Ihnen vertrauen? Voraussetzungen, um hier schnell Markenkapital zu schaffen, sind Zielklarheit und eine einfache Navigation. Wenn die Navigation durch das Internet-Angebot leistungsfähig und einfach ist, können die verschiedenen Einkaufsmöglichkeiten leicht eingesehen und verglichen werden. Einfach zu vergleichende Informationen schaffen in jeder Situation Vertrauen, in der Entscheidungen getroffen werden.«

»Das ist der erste Teil«, sagt Mok. »Außerdem müssen Sie in der Lage sein, den Prozess der Informationsbeschaffung in einem Zeitraum abzuschließen, der den Erwartungen entspricht. Wir haben gesehen, dass Unternehmen, die sich an

»Die Kids von heute sind viel besser, wenn es darum geht, beim Spielen etwas verständlich zu machen, zu improvisieren und Dinge herauszufinden, als die meisten Manager der mittleren und oberen Führungsebenen in Bezug auf ihre Aufgabe.
Wir müssen darüber nachdenken, welche Inhalte und welche Instrumente sie dahin bringen, so zu handeln.«

John Seely Brown, leitender Wissenschaftler, Xerox Corporation, Leiter von Xerox PARC

»Im sich ausweitenden E-Business müssen Unternehmen intern dieselben Maßstäbe und Grundsätze anwenden wie in Bezug auf den Kunden.«

Pehong Chen, Präsident, BroadVision (ein E-Commerce-Technologieunternehmen)

»Nur weil ich Zugang zu allem habe, heißt das noch lange nicht, dass ich auch alles brauche. Mir geht es besser, wenn ich nicht alles sehen muss. Ich versuche, Quellen zu finden, denen ich vertrauen kann – sowohl im Hinblick auf Menschen als auch Webseiten. In der Lage zu sein, sich das Gesamtbild im Detail anzuschauen und sich dann wieder einen allgemeineren Überblick zu verschaffen, hat gleichfalls viel mit Vertrauen zu tun.«

Tomoko Ichikawa, Information Designer, The Doblin Group

»Das meiste sind Grundlagen: Es geht darum, was in den Leuten vorgeht. Sie können Produktinnovationen, herausragende betriebliche Leistungen usw. und alles mögliche im Blick haben. Der wirkliche Wettbewerbsvorteil hängt von den Mitarbeitern und davon ab, wie Sie täglich deren Vertrauen gewinnen.«

Bill Hamman, President, Education Division, Sodexho Marriott Services die Richtlinien hinsichtlich Navigation, Erfüllung und Zeit halten, große Erfolge beim Aufbau von Vertrauen in ihre Marken erzielen.«

Aber sind diese Kategorien auch für eine interne Informationsstruktur des Unternehmens wichtig? »Auf alle Fälle. Im Unternehmen angewendet sprechen wir von Wissensmanagement und Kommunikation. Navigation heißt hier: Wie schnell kann man die Informationen finden und bekommen, die man braucht? Erfüllung zielt auf die richtige Qualität, Menge und Form, in der die einzelnen Mitarbeiter die Informationen brauchen. Und Zeit ist die termingerechte Bereitstellung von Informationen – ohne zusätzliche Schritte, Klicks, Sitzungen oder Auseinandersetzungen.«

Mok schloss mit den Worten: »Jedes Unternehmen, das Verbesserungen in diesen drei Bereichen anstrebt und daran arbeitet, kann erleben, wie das Vertrauen der Mitarbeiter in die Höhe schießt«.

Vertrauen ist Stärke

Vertrauen war schon immer wichtig. Wie oft aber ist es wirklich dringend erforderlich? Bisher meist nur in Krisensituationen. Das hat sich aus zwei Gründen geändert:

- Die Vertreter der Internet-Generation werden es zu einem wichtigen Thema machen und dafür sorgen, dass es das auch bleibt. Sie werden nach Instrumenten, Abläufen und Strukturen suchen, denen sie im Hinblick auf die Erfüllung ihrer Bedürfnisse vertrauen. Wenn Sie nicht danach handeln, werden Sie sie nicht an Ihr Unternehmen binden können. Diejenigen, die in Ihr Team eintreten, werden kontinuierlich beurteilen, ob Ihre Infrastruktur sie dabei unterstützt, intelligenter zu arbeiten.
- Wenn Ihre Firma den meisten anderen entspricht, dann haben Sie seit Jahren Vertrauensprobleme falsch diagnos-

tiziert. Schauen Sie sich nochmals Kapitel 2 an und lesen Sie, wie eine Überlastung durch ein Überangebot an Möglichkeiten fälschlicherweise als »Widerstand gegenüber Veränderung« interpretiert wird. Die Mehrzahl der Mitarbeiter aus unterschiedlichen Generationen ist nicht davon überzeugt, dass Ihre Infrastruktur ihnen dabei hilft, intelligent und schnell genug zu arbeiten. Die Angehörigen der Internet-Generation werden jedoch dafür sorgen, dass solche Fehldiagnosen nicht mehr vorkommen. Es gibt genügend von ihnen, und sie werden so ungeduldig sein, Ihnen das direkt ins Gesicht zu sagen.

Vertrauen ist nicht mehr länger nur eine Übereinkunft auf sozialer Ebene. Die Internet-Generation macht den Anfang und wird es direkt in ihren Arbeitsverträgen festklopfen: Sie werden Sie fragen, ob sie Ihnen im Hinblick auf die Möglichkeit, intelligenter zu arbeiten, vertrauen können. Und sie werden beobachten, was Sie an den drei Fronten »Navigation«, »Erfüllung« und »Zeit« aufbauen.

Die gute Nachricht für die, die sich wünschen, das ganze Problem löse sich einfach in Luft auf, lautet: Es dauert noch einige Jahre, bis die Internet-Generation einen kritischen Anteil an der Beschäftigtenzahl erreicht hat. Für einige Unternehmen wird das erst um 2010 Realität. Die schlechte Nachricht lautet: Wenn Sie solange mit Veränderungen warten, werden Sie dann bereits 20 Jahre im Rückstand sein.

Wo soll ich anfangen?

Fragen Sie sich zuerst, wo Sie *nicht* anfangen sollen. Konzentrieren Sie sich auf keinen Fall primär auf Technologie, Daten oder Gegenstände. Wenden Sie sich auch nicht an Ihre Technikfreaks. Richten Sie Ihren Fokus auf Menschen. Vertrauen ist die Beziehung, die Sie zu Ihren Mitarbeitern aufbauen.

Es gibt eine Bezeichnung für das Vertrauen, das Sie mittels

Aufbau einer bedarfsgerechten Infrastruktur schaffen: »Wir nennen es eine Lernbeziehung«, sagt Don Peppers, Mitautor von *Enterprise One to One.* »Wenn Sie ein E-Commerce-Kunde sind, dann lernt ein Unternehmen mit jeder Ihrer Bestellungen mehr über Ihre Bedürfnisse. Es ist in der Lage, bestimmte Abläufe – zum Beispiel die Sondierung des Warenangebots oder die Form des Bestellens – auf Sie zuzuschneiden und sein Angebot für Sie zu verändern. Vertrauen wird durch den erfahrbaren Willen des Anbieters geschaffen, anwenderorientiert zu handeln. Bislang haben Unternehmen die größten Fortschritte in diesem Bereich im Hinblick auf ihre Kundenbeziehungen erzielt, gleichwohl gelten diese Grundsätze auch innerhalb des Unternehmens.«

Peppers Ansicht nach geht es dabei nicht nur um Technologie und auch nicht nur um E-Business. Es geht darum, was Mitarbeiter in der Beziehung zu Ihrem Unternehmen erwarten.

Wie bereits im vorhergehenden Kapitel erwähnt, setzt Anwenderorientierung bei der Verpflichtung des leitenden Managements an, entsprechende Instrumente, Informationen und Erfahrungen bereitzustellen. Sie müssen entscheiden, ob Sie Ihren Mitarbeitern so weit vertrauen, um sich bei der Entwicklung Ihrer Infrastruktur von deren Bedürfnissen leiten zu lassen.

ENTWICKLUNG EINES PROTOTYPS FÜR EIN UNTERNEHMEN, DAS VERTRAUEN SCHAFFT

Vertrauen ist nicht mehr länger nur eine Übereinkunft auf sozialer Ebene. Wenn die Mitarbeiter nicht das Gefühl haben, mittels einfacher Strukturen das zu bekommen, was sie für ein optimales Arbeitsergebnis benötigen, wird das Vertrauen zunichte gemacht. Obwohl es keinen eindeutig

BEKANNTE STATEMENTS DER UNTERNEHMENSLEITUNG	NEUE ANTWORTEN DER MITARBEITER	ANZUWENDENDES MODELL
»**Wir haben eine neue Strategie.** Jeder muss sich daran beteiligen«.	»Soso. **Die Definition Ihrer Erfolgsziele ist unklar,** und Sie können die geplanten Veränderungen nicht ausreichend rechtfertigen. Sprechen Sie uns doch wieder an, wenn Sie Ihre Strategie begründen können.«	**Pressekonferenz mit der Geschäftsleitung:** Den obersten Chef in die Mangel nehmen und fragen, wie er die Arbeit seiner Mitarbeiter zur Erreichung dieser hehren Ziele einzusetzen gedenkt.
»**Wir müssen umstrukturieren,** um den Bedürfnissen des Markts gerecht zu werden. Ab heute werden alle Geschäftsbereiche neu definiert.«	»Aha. **Viel Verpackung, nichts drin.** Kommen Sie doch wieder, wenn die Umsetzungsteams wissen, wie sich das auf die wirkliche Arbeit auswirkt.«	**Wo ist der Inhalt der Botschaft?** Intelligenteres Arbeiten beinhaltet, all das abzulehnen, was Zeit und Aufmerksamkeit verschwendet.
	»**Wenn Sie zurückkommen** – falls Sie es sich wirklich zum Ziel gesetzt haben, intelligenter und schneller zu sein – bringen Sie Simulationen mit, die uns zeigen, wie sich die Umstrukturierung auf unsere Aufgaben auswirkt und was für uns wichtig ist.«	**Computer-Modelle**

Konfusion behindert Sie darin, bahnbrechend zu denken. Alles, was Ihnen dabei hilft, Ihr Denken zu organisieren, wird Sie auf ein höheres Niveau bringen und Sie veranlassen, wichtigere Fragen zu stellen.
Don Winkler, Chairman und CEO, Ford Motor Credit Company

vorgeschriebenen Weg dafür gibt, durch angemessene Rahmenbedingungen Vertrauen zu schaffen, werden die Beschäftigten auf dem Recht bestehen, Instrumente, Informationen und Erfahrungen in Frage zu stellen und zu verändern. Sind Sie auf diese Diskussion vorbereitet?

BEKANNTE STATEMENTS DER UNTERNEHMENSLEITUNG	NEUE ANTWORTEN DER MITARBEITER	ANZUWENDENDES MODELL
»Wir haben ein Verfahren zur Auswahl und Entwicklung zukünftiger **High Potentials**.«	**»Ist zu exklusiv.** Warum stimmt nicht jeder im Unternehmen über diese Potenzialträger ab? Warum wählen wir sie nicht für die Dauer von zwei Jahren in eine Position, in der sie gezielt entwickelt werden, und unser 360°-Feedback wird entscheiden, ob Potenzialträger weiter in dieser Position bleiben oder nicht?«	**Demokratische Kontrolle**
»Wir brauchen **mehr Kundenorientierung.** Der Kunde ist das Wichtigste.«	»Großartig! Wenn Ihre Instrumente, Abläufe und Prozesse nicht unseren Erfordernissen im Umgang mit Kunden entsprechen, werden wir alle verlieren. Stimmen Sie überein, dass **anwenderorientierte Infrastruktur** jetzt wichtig ist? Wenn nicht, werden wir, die diese Infrastruktur mit unseren Entscheidungen täglich gestalten, kündigen und für die Konkurrenz arbeiten.«	**Vertragsabschlüsse im Rahmen des freien Markts**
»Wir haben gerade mit einem anderen Unternehmen fusioniert und **integrieren** dessen **IT-Plattform** in unsere.«	**»Zu kompliziert und zu langsam.** (Und bei der nächsten Fusion machen Sie es wieder genauso.) Warum entwickeln wir keine Open-Source-Betriebsplattform? Ein freies Betriebssystem würde Fusionen und Veränderungen billiger, schneller und leichter machen.«	**Betriebssystem Linux**

11 EINFACHER NUTZEN

Gestalten Sie Informationsinhalte richtig

Die Aufbereitung von Informationen wird zu einem Vorgang des Verstehens.
Edward Tufte, Professor für Informationsgestaltung und statistische Erhebung, Yale University

Warum sollte es bei all den Ansatzpunkten für Einfachheit in Unternehmen so wichtig sein, sich über Inhalte Gedanken zu machen – über das, was die Leute an Informationen verwenden, um Entscheidungen zu treffen? Das hört sich weder aufregend noch strategisch wichtig an, oder?

Wenn Sie den Grund dafür herausfinden wollen, machen Sie Folgendes: 1. Drehen Sie das Buch auf den Kopf, und halten Sie es vor einen Spiegel. 2. Schauen Sie in den Spiegel. 3. Versuchen Sie, diesen Absatz in weniger als sechs Sekunden zu lesen.

Sie haben gerade erfahren, wie es ist, wenn man schnelle Entscheidungen mit den Mitteln treffen muss, die einem das Unternehmen für diese Aufgabe zur Verfügung stellt. Eigentlich war alles Notwendige vorhanden. Aber es war so angeordnet, dass Sie beim besten Willen nichts damit anfangen konnten.

In dieser kleinen Übung ging es in erster Linie darum, Worte nutzen zu können. Für Mitarbeiter, die versuchen, intelligenter zu arbeiten, sind folgende Aspekte wichtig: Wurden die Informationen strukturiert, gefiltert, überprüft, abgesegnet, nach Prioritäten geordnet usw., so dass sie in der Form vorliegen, die sie für die Erledigung der jeweiligen Aufgaben benötigen? Die Art, wie wir Ideen auf dem Papier, online und in Diskussionen vermitteln, kann die Produktivität der Wissensarbeit drastisch verändern – im positiven wie im negativen Sinn.

Aus diesem Grund ist die inhaltliche Gestaltung von Informationen wichtig. Selbst wenn Sie auf *Daten*banken, *Informations*systeme, allgemein verfügbares *Wissen*, geeignete *Lern*mittel und die *Klugheit* anderer Leute zurückgreifen können, ist es immer noch möglich, sich im undurchdringlichen »Daten-Nebel« zu verirren. Wenn diese Bestandteile des Wissensmanagements nicht anwenderorientiert und bedarfsgerecht gestaltet werden, fehlt Ihnen vermutlich die Zeit, sie effizient zu nutzen.

Stellen Sie sich Inhalt als einen Komplex aus Daten, Informationen, Wissen, Lernen und Klugheit vor, der für einen bestimmten Zweck, eine bestimmte Entscheidung oder ein bestimmtes Gespräch zusammengetragen wird. Damit all diese Dinge verwendbar werden, muss sie irgendjemand sinnvoll aufbereiten.

Richard Saul Wurman weiß dies besser als die meisten von uns. Er ist von der Idee besessen, das Komplexe klar zu machen, und hat über 65 Bücher zu Themen verfasst, die er besser verstehen wollte. Zudem ist er Gründer der TED-Konferenzen (TED = *T*echnology, *E*ntertainment, *D*esign), einmal jährlich stattfindende Gesprächsrunden, die sich auf die Annäherung der drei Informationsfaktoren konzentrieren.

Für Wurman bedeutet Gestaltung von Informationsinhalten in erster Linie, Verständnis zu entwickeln. »Die meisten Unternehmen sind immer noch mit den Aufgaben des Sammelns, Speicherns und Übertragens von Informationen beschäftigt. Am wichtigsten ist jedoch der Aspekt des Verstehens. Er zielt darauf ab, Dinge verständlich zu vermitteln. Gestaltung von Informationen bedeutet, deren Effizienz zu verbessern – dafür zu sorgen, dass irgendjemand über irgendetwas *informiert* wird.«

Motto dieses Kapitels

Alle Informationen sind störend ... solange sie sich nicht auf den Zweck konzentrieren, der für eine bestimmte Person relevant ist.

»Ist jemand damit beschäftigt, den ganzen Kram hier benutzbar zu machen?«

Modelle, um Dinge leichter nutzen zu können

- Das Beschilderungssystem im Louvre
- Online-Nachverfolgung bei FedEx
- Plan der Londoner U-Bahn (um 1932)
- *How Things Work* von David Macaulay
- *USA Today*
- *Woman's Body*, herausgegeben von der Diagram Group (ein medizinisches Nachschlagewerk für blinde Japanerinnen in Braille-Schrift)

Das Modell in der Praxis

Wenn Sie sich umschauen, finden Sie solche Modelle als Verbraucher überall: Auf Ihrer beliebtesten E-Commerce-Seite, auf der CD-ROM, die Sie für Ihre Nichte gekauft haben, an der Rezeption Ihres Lieblingshotels. Immer wenn Sie Unternehmen als Kunden begegnen, stellen diese die Zweckmäßigkeit und Anwendbarkeit der Informationen für den Verbraucher in den Mittelpunkt.

Warum der Informationsinhalt für die meisten Unternehmen nur geringe Priorität hat

Das ist eine Frage des Standpunkts. Wenn Sie der Auffassung sind, dass insbesondere Managementinstrumente (Strategien, Budgets, Geschäftsbereiche, Prozesse usw.) dazu dienen, Entscheidungen der Mitarbeiter zu ermöglichen und zu strukturieren, werden Sie entsprechend viel Zeit in die Entwicklung dieser Instrumente investieren. Wenn Sie jedoch davon überzeugt sind, dass – trotz ausgezeichneter Managementinstrumente – die Mitarbeiter durch Entscheidungsmöglichkeiten und Informationen überlastet sind, werden Sie bei der Informationsgestaltung andere Schwerpunkte setzen: Sie werden weit mehr Energie für die inhaltliche Aufbereitung von Informationen aufwenden, die die täglichen Entscheidungen Ihrer Mitarbeiter erleichtern.

Wurmans Leidenschaft für Klarheit zeigt sich in allem, was er tut. Ungefähr zum selben Zeitpunkt, an dem dieses Buch erscheint, wird er einen Atlas mit dem Titel *Understanding* veröffentlichen, den er zu Herstellungs- und Versandkosten vertreiben will. Ziel dieses Buches ist es, die »600 oder 700 wichtigsten Fragen der Amerikaner« in Bereichen wie Gesundheitswesen, Bildung und Wirtschaft zu beantworten. »Weil es danach gestaltet wurde, was Leute fragen, erkennen sie vielleicht, dass sie bessere Fragen stellen könnten«, so Wurman.

Na und?

Wenn Informationsinhalte aus Sicht der Anwender sinnvoll gestaltet sind, verändern sich deren Fragen und Kommunikation. Raten Sie mal: Wie viele Unternehmen verhindern, dass Mitarbeiter intelligenter arbeiten und ihre eigene Klarheit schaffen?

Die meisten Unternehmen setzen kaum an den Bedürfnissen der Anwender an, wenn es um die Gestaltung folgender Informationswege geht:

- Bildschirmschnittstellen
- Kundenberichte
- Datenbankstrukturen
- Ergebnisse von Datensuchen
- Leistungsberichte
- Darstellung von Arbeitsabläufen
- Informationshierarchien
- Projektlageberichte
- Interne »Gelbe Seiten« usw.

Das Gleiche gilt für zahllose andere Wege, mittels derer eine Entscheidungsfindung vorbereitet werden kann. Das hat zur Folge, dass die Mitarbeiter eine Menge Arbeit aufwenden müssen, um gerade die Nadel im Heuhaufen zu finden, die sie brauchen – oder zu verstehen, was von ihnen verlangt wird; oder neue und andere Fragen zu stellen ...

Den meisten Unternehmen mangelt es an Disziplin, wenn es um die Gestaltung von Informationsinhalten als Entscheidungsgrundlage für die Mitarbeiter geht.

Ein Großteil der Unternehmensinformationen informiert nicht, und vieles von dem, was als Wissensmanagement bezeichnet wird, verdient diesen Namen nicht. »Sie können nicht einfach Wissen nehmen und es den Leuten hinwerfen. Die Leute müssen das Wissen *nehmen*«, sagt Esther Dyson, Mitbegründer der Electronic Frontier Foundation.*

Wissensmanagement hat sich diesen Namen erst dann verdient, wenn es die Wirkung des Inhalts von Informationen verbessert: Er muss so aufbereitet sein, dass die Mitarbeiter ihn annehmen und nutzen, um gezieltere Fragen zu stellen. Er muss so gestaltet werden, dass er die Bedürfnisse der Entscheidungsträger rasch erfüllt. Er muss so angeboten werden, dass er einfacher umgesetzt und erlernt werden kann.

Ist das die gute Nachricht?

Darauf können Sie Gift nehmen! Wenn Sie nur einige Ansatzpunkte finden, an denen eine Änderung des Informationsinhalts eine Änderung der Fragen und Kommunikation der Mitarbeiter bewirkt, könnten Sie bereits enorm zur Förderung intelligenterer Arbeit in Ihrem Unternehmen beitragen. Die Gestaltung des Inhalts kann eine direkte Wirkung auf das Unternehmensergebnis haben. Bieten Sie klar und einfach aufbereitete Informationsinhalte an, und Sie ändern die Art und Weise, wie Verkäufer, Kundendienstvertreter, Produktionsteams, Manager und Führungskräfte ihre Zeit nutzen. Dieses Kapitel hilft Ihnen, ein oder zwei Punkte auszuwählen, an denen Sie ansetzen können.

---

* John Brockman, *Digerati: Encounters with the Cyber Elite*, San Francisco 1996, S. 87.

Auf den folgenden Seiten finden Sie acht Geschichten zum Thema Gestaltung von Informationen. Darin geht es um entscheidende Durchbrüche, persönliche Erfahrungen oder auch um das, was leitende Manager als »niedrig hängende Früchte« bezeichnen – um schnelle und einfache Erfolge. Wenn Sie sich fragen, wie dies alles erreicht werden kann, schauen Sie sich zwischendurch den Einschub zum Thema »Entwicklung von Prototypen« auf Seite 221 an. Dort finden Sie die verschiedenen Regeln für die inhaltliche Gestaltung von Informationen. Zunächst konzentrieren wir uns jedoch erst einmal auf etwas, das leichter zu bewältigen ist: Die Suche nach der richtigen Information, die Ihnen Ihr ganz persönliches Aha-Erlebnis zu diesem Thema vermittelt. Bei der Gestaltung von Inhalt gibt es viel zu tun. Ganz gleich, an welchem Punkt Sie ansetzen, Sie werden mit hoher Wahrscheinlichkeit erreichen, dass Ihre Mitarbeiter intelligenter arbeiten.

Vergleichsmöglichkeiten bieten

Erinnern Sie sich an Kapitel 6 und das dort beschriebene Modell für Verhaltenskommunikation? Die Fragen dieses Modells richten ihren Fokus darauf, welche Informationen Mitarbeiter brauchen, um ihr Verhalten zu ändern. Zwei der Fragen lauten »Inwieweit ist dies für meine Aufgabe relevant?« und »Wie wird meine Leistung gemessen?«.

Gary Bosak und Sandy Kirmeyer bei Sears setzen zur Beantwortung dieser Fragen an der Basis an. Bosak, Leiter der Entwicklung, erklärt: »Sandy ist Professorin an der Cornell University. Sie verfügt nicht nur über ein ausgezeichnetes Verständnis bezüglich der Wirkung von Informationen; sie weiß auch, was in unseren Geschäftsleitern vorgeht.«

»Wie viele von uns, denken auch Manager, ihre Situation sei einmalig. Dies verhindert, dass Erfolge im Sinne von Best Practice mit anderen geteilt werden, weil die Einheit, in der sie tätig sind, auf einen Bezirk oder eine geographische Region beschränkt ist. Wir mussten Verbindungen zwischen Managern schaffen und Wege finden, um solche Informationen stärker auf alle unsere Geschäfte zu verteilen.«

»Daher half uns Sandy, das Sears Success Sharing System aufzubauen. Es umfasst vier Informationsebenen: ›Überprüfung der Ziele‹, ›Best Practices‹, ›Vergleichbare Geschäfte‹ und ›Aktionsplanung‹. Unser Ziel war es«, so Bosak, »den Leuten zu erleichtern, untereinander Verbindungen zu knüpfen und auf dem aufzubauen, was sie gemeinsam hatten.«

»Ein Beispiel: Im Bereich ›Vergleichbare Geschäfte‹ kann ein Manager nach Filialen mit demselben Umsatzvolumen oder derselben Beschäftigtenzahl oder einem ähnlichen Durchdringungsgrad mit Sears-Kreditkarte suchen. Er kann überprüfen, wie diese Geschäfte im Rahmen der 16 Beurteilungskriterien von Mitarbeiterzufriedenheit – (beispielsweise Einschätzung der Kommunikation zwischen Führungsebene und Mitarbeitern innerhalb einer fünfteiligen Skala) – oder in irgendeiner anderen Dimension der Geschäftsführung und des Personalmanagements abschneiden.«

»Dank der Schnittstellen hat die Erhebung dieser Daten auch einen gewissen Unterhaltungswert. Wir haben sie wie ein Spiel aufgebaut. Plötzlich entdeckt ein Manager in Dallas Gleichgesinnte in Florida, New York, Kalifornien und wer weiß wo noch. Bei ›Vergleichbare Geschäfte‹ gibt Ihnen das System die ersten zehn Übereinstimmungen von 33 unterschiedlichen Geschäfts- und Marktmerkmalen. Weil jedes Merkmal aus vielen einzelnen unterschiedlichen Schichten besteht, ist es üblich, dass bei diesen zehn eine hohe Vergleichbarkeit vorliegt.«

»Die Gegenüberstellungen erledigen den Rest. Wenn es 20 Geschäfte im Bezirk gibt, will keiner Nummer 20 sein. Und die an der Spitze zeigen stolz, wie sie es geschafft haben, dorthin zu kommen. Es ist einfach gesunder Menschenverstand«, schließt Bosak, »und eine Form der Aufbereitung von Informationen, die die Beziehung zwischen Leuten fördert. Die Umsetzung des Systems hat nicht nur zu einer erheblichen Verbreitung von Erfolgsideen in den einzelnen Bereichen geführt, ich stelle fest, dass immer mehr dieser Ideen auch deutlich rascher realisiert werden.«

Hinweise zur Umsetzung: Haben Sie die fünf Fragenkomplexe aus dem Modell für Verhaltenskommunikation in Ihr Wissensmanagementsystem integriert?

1. Relevanz
2. Aktion
3. Leistungsmaßstäbe und Konsequenzen
4. Beschreibung der Instrumente
5. Vorteile

Sind sie direkt in Informationsinhalte eingeflossen? Richten Sie sich bei der Aufbereitung von Informationen danach? Wenn nicht, verschwenden Sie mit Ihrem System die Zeit und das Talent Ihrer Mitarbeiter. Diese sind zwar bereit, Erfolge zu teilen und von anderen zu lernen, erhalten aber nicht die notwendigen Informationen, um sich entsprechend verhalten zu können.

Tipp für den Einstieg: Bitten Sie Ihre Manager und Mitarbeiter in vorderster Linie, sich an der Entwicklung von Möglichkeiten der Zusammenarbeit wie dem Sears Success Sharing System zu beteiligen. Leiten Sie diesen Prozess mit Hilfe des in Kapitel 6 beschriebenen Modells für Verhaltenskommunikation an.

Die Dinge richtig erklären

Nigel Holmes erklärt die Welt, in der wir leben: Wie viel Zahnpasta verbrauchen die US-Amerikaner beispielsweise täglich? (In einer geraden Linie aus der Tube gedrückt würde die tägliche Menge von Los Angeles bis nach New York reichen, und es wären noch 80 km übrig.) Oder wie groß ist eine IMAX-Leinwand? (5,5 Taxis breit und 7 Elefanten hoch.)

Anfang der 1970er-Jahre begann er, die Darstellung von Tabellen, Diagrammen und Grafiken in der Zeitschrift *Time* völlig zu verändern. Heute leitet er seine eigene Firma Explanation Graphics.

Was ist eine seiner größten Herausforderungen? »Es wurden schon Entwürfe abgelehnt, weil die Erklärungen zu einfach aussahen. Ich versuche, die Dinge auf die elementarsten Bestandteile zu reduzieren und Prozesse auf einfache Art und Weise zu erklären. Viele Kunden denken jedoch noch immer, viel bringt viel«, sagt Holmes. »Und sie lieben ihren eigenen Jargon.«

Hhm! – Stellt sich die Frage, ob Ihre Mitarbeiter intelligenter arbeiten, wenn Sie sofort jeden Berater entlassen, den Sie dabei erwischen, im typischen Managementjargon zu sprechen?

Hinweis zur Umsetzung: Warum beziehen Führungskräfte Experten für Informationsvermittlung erst am Ende des Planungsprozesses ein, um die fertigen Strategien zu verpacken? Warum tun sie das nicht schon eher? Irgendwo da draußen entwickelt einer Ihrer Konkurrenten ein solches Verfahren gerade neu …

Eine sinnvolle Aufbereitung von Inhalten, die als Entscheidungsgrundlage dienen können, muss viel eher beginnen, als es nach Meinung vieler Unternehmensplaner erforderlich ist. Leute wie Holmes können als Mitglied eines strategischen Planungsteams die Art und Weise beeinflussen, wie eine Strategie entwickelt wird. Ihre Mitwirkung kann sogar die Strategie selbst verändern, denn sie setzen ihre Priorität darauf, Ordnung durch Klarheit statt durch Direktiven zu schaffen. Einige Firmen der New Economy haben bereits entdeckt, dass eine Person, die Strukturen, Prozesse und Veränderungen ausgezeichnet erklären kann, mehr wert sein kann als eine ganze Horde von Planungsleitern.

Tipp für den Einstieg: Alles dreht sich um Führung. Führungskräfte sind gefordert, ihre Toleranz unter Beweis zu stellen, indem sie Leute wie Holmes in den Planungsprozess einbeziehen, deren Aufgabe es ist, Argumente gegen Direktiven zu liefern und diese durch Klarheit zu ersetzen.

Was hat Informationsgestaltung mit der Geschichte von Paris zu tun?

Raten Sie mal! Denken Sie praktisch ... stellen Sie sich die Abwasserkanäle vor. Der Seine ist es zu verdanken, dass die Römer Paris Lutetia nannten: schlammige Stadt. Der französische Schriftsteller Victor Hugo widmete 15 Seiten seines Werks *Les Misérables* dem Abwassersystem von Paris. Warum? Mehr Wachstum schafft mehr Abfall. Und irgendwann ist der Punkt gekommen, an dem die Abfallbeseitigung genauso großen Einfluss auf die Entwicklung hat wie gesellschaftliche, kulturelle und politische Kräfte.

Hinweise zur Umsetzung: Wenn eine Stadt darum wetteifern würde, Sitz Ihrer Hauptverwaltung zu werden, würden Sie keine besonderen Gedanken an Abfallbeseitigungssysteme verschwenden. Sie würden sie als gegeben voraussetzen, oder? Bei Wissenssystemen ist dies nicht anders. Irgendwann wird Inhalt zu Abfall. Und darum muss bei der inhaltlichen Gestaltung von Informationen auch an die Beseitigung des Abfalls gedacht werden.

Haben Sie bei der Gestaltung Ihrer Informationen an ein entsprechendes Abfallbeseitigungssystem gedacht? Ist es damit getan, unnütze Daten einfach die E-Toilette des Unternehmens herunterzuspülen? Lachen Sie nicht! Schauen Sie sich noch einmal die Punkte auf Seite 212 an. Ohne komprimierte Verfahren und Instrumente zwingen Sie die Wissensarbeiter, in ihren eigenen Abfällen zu schwimmen. (Technologie könnte einen Großteil dieser Aufgaben ohne großen Aufwand übernehmen. Dies geschieht aber erst dann, wenn Unternehmen die Belastung mit Informationen genauso ernst nehmen wie die physische Belastung durch Umweltverschmutzung.)

Tipp für den Einstieg: Setzen Sie nicht auf Technologie, setzen Sie auf Verantwortung: Wer ist für Ihr Abfallsystem verantwortlich? Während jeder Mitarbeiter für seine eigenen Dateien persönlich verantwortlich ist, verstopfen enorme Mengen an Abfall die Rohrleitungen der Teams und des ganzen Unternehmens.

In Zukunft könnten IT-Strategien für die Beseitigung von Daten-Abfall genauso viel Relevanz haben wie für die Schaffung neuer Kapazitäten. Personalwesen, Weiterbildung und Organisationsentwicklung werden beobachten, wie die Kapazität der Mitarbeiter durch den ganzen herumschwimmenden Abfall immer mehr verringert wird. Sie werden zu Fürsprechern der Wissensarbeiter. Und Führungskräfte werden daran gemessen, inwieweit es ihnen gelingt, die Belastung der Wissensarbeit zu reduzieren – und zwar in dem Maß, wie heute die Leiter von Produktionsanlagen für die Umweltverschmutzung durch ihr Unternehmen verantwortlich gemacht werden.

Wenn Inhalt den Dialog steuert

Root Learning hat zwei einfache Erkenntnisse zu einem wirksamen Werkzeug für Unternehmen vereint. Die Firma aus Perrysburg im US-Bundesstaat Ohio stellt »Learning Maps« her, mittels derer Unternehmensstrategien in Lernprozesse integriert werden.

Ihr Gründer Randy Root beschreibt seinen Ansatz folgendermaßen: »Zuerst haben wir festgestellt, dass man schneller lernt, wenn Strategien visualisiert werden. Man kann sich ein Leitbild leichter vorstellen, wenn es tatsächlich ein Bild ist.

Um dies zu erreichen, untersuchen wir in Hunderten von Stunden Kundendaten, wählen aus, bearbeiten und fassen sie zusammen, bis eine Geschichte entsteht. Diese ganze Arbeit hilft den Leuten später, eine umfassende und komplexe Geschichte in möglichst kurzer Zeit zu erfassen.«

»Vor ihrem eigentlichen Einsatz testen wir unsere Entwürfe. Wir beobachten die Diskussionen, die die Map anregt, und hören zu«, so Root. »Es ist wichtig zu erfahren, wie die Leute die in der Map enthaltenen Informationen einsetzen. Die darin enthaltenen Metaphern, Grafiken, Fragen und Anweisungen passen wir dann entsprechend an.«

»Die zweite, wichtigere Regel ist, die Visualisierung so einzusetzen, dass Dialoge zwischen Mitarbeitern und Unternehmensführung entstehen. Wir vermeiden es, Meinungen des leitenden Managements zu präsentieren. Stattdessen ist die Map als Diskussionsgrundlage gedacht, mittels derer Mitarbeiter ihre eigenen Antworten erarbeiten können. Ein wirksamer Dialog sollte den Input von oben verringern und den Anteil maximieren, den die Lernenden durch ihre Antworten selbst finden«, erklärt Root. »Das hört sich einfach an. Aber ohne einen speziell aufbereiteten Inhalt, der darauf zielt, die Diskussion voranzubringen und die Mitarbeiter anzuregen, ihre eigenen Schlussfolgerungen zu ziehen, würde dieser Ansatz nicht funktionieren.«*

Jim Haudan, Präsident von Root Learning, fügt etwas Wichtiges hinzu: »Wenn Sie den Prozess einmal durchlaufen haben, stellen Sie fest, dass es wirklich ein Führungsinstrument ist. Um die Maps zu entwickeln, beauftragen wir zuerst Führungskräfte, eine Geschichte zu entwerfen, die visualisiert werden kann.« (Siehe Kapitel 8, hier erfahren Sie mehr über das Erzählen von Geschichten.)

---

* In Kapitel 1 wurde Gavin Kerr folgendermaßen zitiert: »Leute tolerieren die Logik des Managements, aber sie handeln nach ihren eigenen Schlussfolgerungen«. Kerrs Inspiration ist einem der ersten Einsätze der Learning Maps von Root Learning zu verdanken.

Hinweise zur Umsetzung: Ich zähle Haudan und Root zu meinen Freunden, und ich glaube, dass das, was sie machen, einmalig ist. Aber das Prinzip der Einfachheit macht es erforderlich, dass sie und wir uns verändern.

In den meisten Unternehmen können Instrumente wie die Learning Maps Lernprozesse zwar beschleunigen, in der Regel wird aber nur wenig von ihrem Inhalt in die tägliche Praxis übertragen. Jedes Unternehmen, das Einfachheit anstrebt, muss sich die Erkenntnis zu eigen machen, dass Lernen und Arbeiten nicht länger getrennt werden können. Die Umsetzung von Strategien, Lernprozessen und die Verwendung der täglichen Informationen muss als einheitliches Ganzes betrachtet werden. Richard Saul Wurman nennt dies »Technotainment«: Instrumente und Technologien, die Informationen für die tägliche Arbeitspraxis, Entertainment und Lernmöglichkeiten miteinander verbinden.

Das könnte beispielsweise folgendermaßen aussehen: Sue, eine Ihrer Kundendienstvertreterinnen, nimmt an einem Workshop teil, auf dem sie etwas über die neue Unternehmensstrategie zur Steigerung der Kundenzufriedenheit erfährt. Weil die Strategie gut visualisiert wird und die dazu entworfene Geschichte wie auch der anschließende Dialog eine klare und nachhaltige Aussage haben, hat Sue viele neue Aha-Erlebnisse. Am Ende der Sitzung erfährt sie, dass das Unternehmen die Instrumente, mit denen sie täglich arbeitet, so umgestaltet hat, dass sie an ihrem Arbeitsplatz problemlos auf das gerade Gelernte zurückgreifen kann.

Dorthin zurückgekehrt entdeckt sie auf ihrem PC eine neue Schnittstelle, die die zuvor präsentierten Materialien enthält. Bei der Navigation durch die Informationen des Unternehmens stellt sie fest, dass die visuellen Elemente, die Sprache und der Informationsaufbau analog ihrer persönlichen Lernerfahrung während des Meetings gestaltet wurden. All das unterstützt eine erfolgreiche Strategie zur Steigerung der Kundenzufriedenheit.

Auch Sues Online-Werkzeug zur Beurteilung der Kundenzufriedenheit hat sich geändert: Jetzt gibt es einen kleinen »Kraftstoffanzeiger«. Wenn die Zufriedenheit ihrer Kunden zunimmt oder nachlässt, bewegt sich der Zeiger entweder in Richtung ihrer Prämie oder der durchschnittlichen Abteilungsziele. Wenn sie den Anzeiger anklickt, kann sie die Zusammenhänge zwischen der Leistung ihrer Abteilung und der Strategie einfach nachvollziehen, weil verschiedene visuelle Elemente aus der Strategiesitzung als Hyperlinks abgerufen werden können. (Und ausführliche Textdokumente sind nur einen weiteren Klick entfernt.)

Plötzlich verändert sich die Kommunikation zwischen Sue und ihrem Vorgesetzten. Weil die Wechselwirkung zwischen ihrer Leistung und den Zielen der Unternehmensstrategie in ihre Kundendienst-Informationen integriert und sichtbar gemacht wurde, kann der tägliche Austausch nach und nach auf diesen Zusammenhängen aufbauen. Als Sue ihren aktuellen Stand im Hinblick auf die Kundenzufriedenheit überprüft, klickt sie auch den Hyperlink zur folgenden Zeile an: »Lassen Sie sich vom Mitarbeiter mit der besten Leistung im vergangenen Quartal erzählen, was er getan hat, um Höchstergebnisse in Bezug auf die Kundenzufriedenheit zu erzielen. Klicken Sie hier, und Sie erfahren mehr darüber.« Über solche Informationen kann sie ab jetzt auch Ideen aus anderen Geschäftsbereichen in ihre Teamsitzungen einbringen.

Wie wir alle lernt Sue während der Kaffeepausen viel von ihren Teamkollegen. Nach einer solchen Pause kehrt sie an ihren PC zurück, um nachzuschauen, worüber alle reden. Sie klickt die folgende Hyperlink-Zeile an: »Machen Sie das Quiz ›Kunden vergraulen‹: Die zehn schlimmsten Kundenbeschwerden aus dem vergangenen Quartal, und überlegen Sie, was man tun kann, um sie zu vermeiden.«

Tipp für den Einstieg: Die Technologie für dieses Szenario – dynamisch erzeugte Informationen, Hyperlinks usw. – gibt es bereits seit Jahren. Darin liegt auch nicht die Herausforderung. Ausschlaggebend ist die Botschaft des Unternehmens, bei der inhaltlichen Gestaltung der Informationen, die die Beschäftigten für ihre täglichen Entscheidungen brauchen, an den Bedürfnissen der Basis anzusetzen und dabei Arbeitsmittel, Lernprozesse und strategische Ziele wirksam miteinander zu verknüpfen.

Experten für die Gestaltung von Informationsinhalten untersuchen, worüber die Leute bei ihrer Arbeit reden. Ist jemand in Ihrem Unternehmen damit betraut, die Anregungen aufzunehmen und auszuwerten, die im Hinblick auf Ihre Arbeitsmittel geäußert werden? Wenn Sie hier richtig zuhören und sich bei der Aufbereitung von Informationsinhalten danach richten, können Sie viel über Einfachheit lernen!

Wann waren Sie das letzte Mal von Ihrer täglichen Arbeit begeistert?

Peter Moore ist Partner bei Inferential Focus, einer Firma mit Sitz in New York, die Informationen sammelt und aufbereitet. Er und drei seiner Kollegen werden beauftragt, Zusammenhänge, Muster und Trends zu beobachten, die die meisten von uns nicht erkennen, und haben dafür ein einmaliges Verfahren entwickelt.

Moore hat eine klare Meinung darüber, was erforderlich ist, damit Informationen auch informieren. »Ich glaube, Wissensmanagement folgt meist dem falschen Weg«, erklärt er. »Alles zu codieren, zu sammeln und zugänglich zu machen ist nicht so wichtig wie die Form, in der es vermittelt wird oder wie es bei den Leuten ankommt. Unternehmen müssen viel mehr über den Kontext von Informationen nachdenken: Wie stellen Sie eine Tatsache einer anderen gegenüber ... wie diskutieren Sie über ihre Bedeutung... wie untersuchen oder schaffen Sie die Zusammenhänge zwischen Ideen?«

»Die meisten Methoden des Wissensmanagements erweisen Innovation, Kreativität und Spontaneität einen schlechten Dienst. Irgendjemand sagte einmal auf einer Konferenz zu mir, es ginge darum, die Person mit dem Schokoladenpudding und die Person mit der Schlagsahne zusammenzubringen«, lächelt Moore. »Ich würde noch ergänzen, dass es für beide wichtig ist zu verstehen, was sie haben und was sie erreichen könnten, wenn sie beide Dinge zusammenbringen.«

Hinweise zur Umsetzung: Moore und seine Partner beschäftigen sich mit dem Kontext, in dem wichtige Informationen vermittelt werden. Das machen die meisten Unternehmen. Doch sie verkomplizieren oft den Prozess, über den diese Zusammenhänge in die täglichen Entscheidungen eingebunden werden. Die meisten Firmen handeln dabei nach dem Grundsatz, erst kommt die Arbeit und dann haben wir Zeit, Handlungszusammenhänge zu entwickeln und sichtbar zu machen. Wir haben aber keine Zeit dafür, beide Aspekte getrennt abzuhandeln. Die Zusammenhänge müssen in die täglichen Handlungen integriert werden.

Schauen Sie sich beispielsweise noch einmal die Geschichte über das Instrument zum Thema Kundenzufriedenheit von vorhin an. Der Kontext, in dem Entscheidungen getroffen werden, ist nicht auf den Workshop oder persönliche Lernerfahrungen beschränkt, er ist im Instrument selbst abgebildet.

Tipp für den Einstieg: Konzentrieren Sie sich auf Ihre Verantwortung, Zusammenhänge in Handlungen zu integrieren. Verfügen Sie über ein »Schokoladenpudding- und Schlagsahne-Team«, das dafür verantwortlich ist, die künstlichen Grenzen zwischen täglichen Arbeitsaufgaben, Lernprozessen und der Einbindung von Unternehmenszielen zu beseitigen?

Die Unternehmen, die rascher Einfachheit erzielen, werden Projektteams zu folgenden Fragen einsetzen: Wecken unsere Instrumente des Leistungsmanagements die Begeisterung der Mitarbeiter und den Wunsch nach mehr Engage-

ENTWICKLUNG EINES PROTOTYPS FÜR DAS TREFFEN VON ENTSCHEIDUNGEN

Der richtige Inhalt bedeutet Stärke. Alle Mitarbeiter wissen das. Die Angehörigen der Internet-Generation werden jedoch darauf drängen, dass die Informationsinhalte die Grenzen dessen erweitern, was heute als Empowerment bezeichnet wird. Denn solange die Unternehmensleitung die drei Regeln für die Gestaltung von Informationen festlegt, liegt vieles von dem, was zur Entscheidungsfindung der Mitarbeiter erforderlich ist, in den Händen der Leute, die meilenweit von diesen Entscheidungen entfernt sind. Werden Sie Ihr Unternehmen so organisieren, dass die Aussagen der rechten Spalte auf Sie zutreffen? Oder warten Sie darauf, dass die Internet-Generation Sie dorthin befördert?

REGELN FÜR DEN INFORMATIONSINHALT	DEFINITION	WAS SICH ÄNDERN WIRD
Architektur der Informationen	Bietet den Rahmen und die Struktur zur Vermittlung von Ideen (beispielsweise Unternehmensstrategie und Gestaltung von E-Spaces)	• Vertreter sämtlicher Mitarbeiter, nicht nur IT-Abteilung und leitendes Management, werden in die Gestaltung dieses Rahmens einbezogen • Die Überprüfung von Informationen im Hinblick auf Navigationsmöglichkeit, Qualität und Zeitaufwand wird so selbstverständlich werden wie die Ermittlung von Kundendaten und Leistungsbeurteilungen
Informationsaufbereitung	Bietet einen Kontext: baut Zusammenhänge zwischen dem Inhalt der Ideen und der Art ihrer Darstellung auf	• Vertreter sämtlicher Mitarbeiter, nicht nur IT-Abteilung und leitendes Management, werden in die Teams zur Informationsaufbereitung einbezogen • Teams erhalten Regeln zur Gestaltung von Zusammenhängen. Wo Wertschöpfung stattfindet, stellen sie ihre Erkenntnisse den Teams zur Verfügung, die mit der Gestaltung der Arbeitsmittel befasst sind. (siehe beispielsweise das auf Seite 217 f. beschriebene neu gestaltete Werkzeug für Kundenzufriedenheit)
Anpassung der Arbeitsmittel	Bietet die Informationen, die die Leute für ihre täglichen Entscheidungen benötigen	• IT-Abteilung und leitendes Management werden die Aufbereitung der Inhalte den Mitarbeitern übertragen, die die täglichen Entscheidungen treffen. (beispielsweise werden Kundendienstvertreter die Kundenberichte verfassen, die sie brauchen, und darüber entscheiden, wie und wann sie eingesetzt werden)

ment? Bieten sie einen Anreiz, sich in anderen Unternehmensbereichen umzuschauen? Könnten wir Berichte über Zufriedenheit unserer Kunden als Instrument zur Rekrutierung neuer Mitarbeiter einsetzen? Motiviert die Präsentation unserer Strategie Mitarbeiter dazu, selber Fragen zu stellen? Und: Wie lange würde es dauern, bis ein neuer Mitarbeiter unsere Unternehmensstrategie kennt, wenn er lediglich auf vorhandene Instrumente zurückgreifen kann?

Wenn Sie sich bei der Beantwortung dieser Fragen nicht sicher sind, müssen Sie es werden. Und zwar schnell. Alles, was Sie an Infrastruktur aufbauen, einschließlich der Arbeitsmittel und der darin enthaltenen Informationen, muss im Wettbewerb der »Attention Economy« (siehe Kapitel 4) bestehen können. Einfache Unternehmen sind sich darüber bewusst, dass ihre Inhalte gegenüber CNN, MTV, Amazon.com, Disney World und dem Discovery Channel mithalten können müssen.

Worüber global tätige Unternehmen nachdenken sollten

Wenn Sie ein Unternehmen mit Zehntausenden von Mitarbeitern in aller Welt haben und darauf warten, dass die richtigen Leute und Ideen zusammentreffen, werden Sie nicht viel Erfolg haben. Grey Warner erklärt, es sei manchmal besser, Computer einen Großteil der Verbindungen herstellen zu lassen und dann die Mitarbeiter zu bitten, den kreativen Teil zu übernehmen. Warner ist Leiter für Human Health von Merck in Südamerika.

»MIRRIAM ist ein computergestützter Unternehmensplanungsprozess, den Merck entwickelt hat«, erklärt er. »Er ermöglicht es uns, ein einheitliches Verfahren für die Zuweisung von Ressourcen im gesamten südamerikanischen Raum einzusetzen.«

Entwicklung eines Prototyps der Zukunft

Sie wollen einen Blick in die Zukunft der Informationsgestaltung werfen? Dann schauen Sie nicht auf die amerikanische Wirtschaft. Dort befinden sich die meisten Unternehmen noch im Mittelalter.

Lesen Sie den *Rolling Stone.* Hier können Sie den Wettstreit zwischen Anbietern von Inhalten (Plattengesellschaften) und Anwendern (Musikhörern) der New Economy beobachten. Ausgestattet mit Technologien wie MP3, Liquid Audio und a2b laden sich die Kids in den Schulen Inhalt (Musik) kostenlos aus dem Netz herunter. Große Plattenfirmen denken sich neue Strategien aus, um dafür zu sorgen, dass sie nicht vom Markt gedrängt werden. Und alle Beteiligten versuchen herauszufinden, wie neue Verfahren der Bezahlung aussehen könnten.

Wenn Sie denken, es sei lächerlich, einen großen Teil Ihrer Infrastruktur – Informationsarchitektur, Aufbereitung von Informationen und Anpassung von Arbeitsmitteln – auf die Beschäftigten zu übertragen, dann sprechen Sie mit Führungskräften aus der Plattenindustrie. Die werden Sie fragen: »Glauben Sie, die Kids, die die Händler umgehen und sich einen Song der Limp Bizkits oder der Soundbombing II-CD herunterladen, werden plötzlich von nichts mehr wissen, nur weil es sich um eine andere Form von Inhalt handelt? Dass sie den Inhalt und die Infrastruktur, die sie brauchen, um intelligenter zu arbeiten, weiterhin Ihrer Kontrolle überlassen?«

»Das Thema ist Klärung:
Die Idee ist, sich die wechselseitigen Beziehungen zwischen den Informationen anzuschauen, die wir einsetzen, um Entscheidungen zu treffen.«
Leif Edvinsson, Director of Intellectual Capital, Skandia

»Dazu sind zunächst Daten erforderlich – zum Beispiel die Reaktionen der Umsätze auf Werbeaktionen für Produkte –, mittels derer wir entscheiden können, inwieweit den verschiedenen Ländern der Region Mittel zugewiesen werden. In einigen Gebieten der Erde, wie den Vereinigten Staaten, stehen bereits viele Daten dieser Art zur Verfügung. In den meisten Ländern, für die ich verantwortlich bin, gibt es kaum solche Informationen. Hier bietet MIRRIAM ein einheitliches Verfahren, um optimale Schätzungen zu erarbeiten. Dabei ist entscheidend, dass ohne eine entsprechende Datengrundlage unbedingt die richtige Form von Diskussion stattfindet, um mit den verfügbaren Informationen zu einer bestmöglichen Einschätzung der Unternehmen zu kommen. Das ist das vorrangige Ziel von MIRRIAM: fundierter Austausch.«

»Zweitens erleichtert es MIRRIAM, dank der Qualität der Datenzusammenstellung, unterschiedliche Bereiche miteinander zu verbinden. Verkauf, Marketing, Finanzen und alle anderen haben eine gemeinsame Sicht der Dinge und sprechen eine gemeinsame Sprache«, erklärt Warner.

»Schließlich ermöglicht uns das Verfahren, eine größere Zahl an Szenarien zu berücksichtigen. In wenigen Stunden können die Mitarbeiter 50 verschiedene Geschäftspläne erarbeiten. So nutzen wir die Fähigkeit des Computers, um verschiedene Faktoren – wie etwa die Umsatzreaktionen auf variierende Mittelzuweisungen – in unterschiedlichen Konstellationen zu analysieren.«

Und warum ist dieses Verfahren für die Zuweisung von Ressourcen wichtig? »Das Tolle daran ist, dass sie dem jeweiligen Markt entsprechende Pläne vor sich haben, die nach einer einheitlichen Methode entwickelt und überarbeitet wurden«, sagt Warner. »Das ermöglicht es uns, in der Diskussion rasch zu den wichtigen und kreativen Teilen zu kommen: Wo machen wir Abstriche? Erzielen wir mit denselben Bemühungen in Brasilien oder in Kolumbien bessere Ergebnisse? – Es geht darum, aus der Analyse die richtigen Schlussfolgerungen zu ziehen, die uns der Computer nicht liefern kann, das heißt Urteilsvermögen einzusetzen und wirksame Entscheidungen zu treffen«, so Warner.

Und was ist der Haken an der Sache? »Anfangs lehnten viele dieses Verfahren ab. Meist aus Angst vor noch mehr Arbeit und vor dem, was da bei diesem Verfahren herauskommen könnte.«

»Wenn die inhaltlichen Grundlagen unserer Diskussionen nach einer einheitlichen Methode entwickelt werden, lassen sich die Trends – positive wie negative – leichter erkennen. Dies hat uns vor die Aufgabe gestellt, ein Unternehmensumfeld zu schaffen, in dem sich die Leute trotz aller Offenheit und Transparenz sicher fühlen. Das Kernstück des Ganzen hat nichts mit komplizierten Berechnungen von Daten oder Analysen zu tun. Wir hatten viel Arbeit damit, eine Kultur zu schaffen, in der gute und schlechte Nachrichten vollkommen offen behandelt werden können.«

»In einigen Ländern dauerte es Jahre, bis wir bereit waren, Verfahren wie MIRRIAM einzusetzen. Meine wichtigste Aufgabe war es zu gewährleisten, dass die Werte und Geschäftsgrundsätze von Merck – Vertrauen, Transparenz (das heißt: die ganze Wahrheit), Integrität und anderes mehr – die Grundlage für unsere Diskussionen bildeten«, schließt Warner.

Hinweise zur Umsetzung: Spitzenunternehmen wie Merck sind äußerst fortschrittlich, was die Entwicklung von Inhalten zur Diskussion strategischer Planung betrifft. Führungskräfte wie Grey Warner arbeiten hart daran, eine Unternehmenskultur zu schaffen, in der sich der Einzelne weiterentwickeln kann. Aber wie viele große Firmen integrieren globalen Fortschritt auch in die Arbeitsmittel der einzelnen Mitarbeiter? (Merck hat damit schon begonnen. Siehe auch die Geschichten von Wendy Dixon und John Yates auf den Seiten 86 f. und 162, 164.)

Gerade große Unternehmen sind im Hinblick auf die inhaltliche Aufbereitung von Informationen als Entscheidungsgrundlage für ihre Mitarbeiter stärker gefordert als andere:

- Die New Economy bietet gerade den besten Talenten einen Anreiz, ihr eigenes Unternehmen zu gründen oder für kleinere Firmen zu arbeiten. Wenn Sie diese Talente ansprechen wollen, müssen Sie Ihre Infrastruktur und Arbeitsmittel attraktiver gestalten als diese.
- Große Unternehmen sind im wahrsten Sinne des Wortes schwerer zu navigieren und erzeugen mehr Komplexität und Konfusion als kleinere Unternehmen.
- Die Mitarbeiter beurteilen, ob das Vertrauen in Ihre Infrastruktur im Sinne intelligenterer und schnellerer Arbeit gerechtfertigt ist. Die entscheidenden Kriterien dafür sind einfache Navigation und geringe Konfusion.

In großen, global tätigen Unternehmen werden die Mitarbeiter im Hinblick auf ihre Arbeitsmittel fortschrittliche Verfahren wie MIRRIAM fordern und erwarten. Die Arbeitskräfte von morgen, die mit dem Internet aufgewachsen sind, werden so unbescheiden sein und davon ausgehen, dass der Inhalt des örtlichen Branchenverzeichnisses oder interner Kundenberichte mit genau dem gleichen Aufwand aufbereitet wird wie die Informationen und Instrumente, die bislang den Führungsetagen und dem Bereich Forschung und Entwicklung vorbehalten sind.

Tipp für den Einstieg: Auch hier besteht die Herausforderung für Unternehmen nicht primär in den technischen Möglichkeiten. Angesichts der derzeitigen Geschwindigkeit von Veränderungen werden fortschrittliche Planungsverfahren wie MIRRIAM demnächst zum Equipment der meisten Unternehmen gehören. Die Frage ist vielmehr: Sind große Unternehmen fähig und bereit, Informationsinhalte und Ausstattung auch für Geschäftsbereiche passend zu gestalten, die aus nur einer Einheit, nämlich dem Individuum bestehen? Mit ihrer Flexibilität und Anpassungsfähigkeit in Bezug auf diese Faktoren werden ihnen gerade die kleineren Firmen der New Economy im Kampf um talentierte Mitarbeiter die Hölle heiß machen.

Wer bereitet Ihre Informationen für E-Spaces auf: Jemand, der fähig ist, über das Denken nachzudenken?

Ein großer Teil der Arbeit wird heute in E-Spaces erledigt – in Intranets und Telekonferenzen und dergleichen. Wer aber gestaltet diese Bereiche, und was wird darin integriert? Sind Ihre Technikfreaks auch in der Lage, anderen beim Denken zu helfen? Don Winkler nennt einen guten Grund, warum Sie die Liste der Leute erweitern sollten, die zur Gestaltung dieser Bereiche beitragen können.

Winkler ist Chairman und CEO der Ford Motor Credit Company, der weltweit größten Automobilfinanzierungsfirma. Er leidet schon sein ganzes Leben lang an Dyslexie, einer Lesestörung.

»Ich gehe um neun ins Bett und stehe um drei auf. Das hat zwei Gründe«, erklärt er. »Meistens liegt es daran, dass mir das, was ich tue, so viel Spaß macht. – Hier bin ich sehr zweckorientiert. Außerdem stehe ich so früh auf, weil ich mich anders vorbereiten muss als andere Leute. Mein Laptop, das Internet, Informationsdienste – alles muss unter einen Hut gebracht werden. Und ohne meinen Palm Pilot wüsste ich nicht, wann ich wo sein muss.«

Was können Dyslexie und andere Arten von Lernstörungen, von denen 15 Prozent der Bevölkerung betroffen sind, uns über die inhaltliche Aufbereitung von Informationen beibringen? »Ich sehe meine Dyslexie als Geschenk an«, sagt Winkler. »Ich habe daraus viel über das Organisieren von Informationen gelernt. Bevor ich all die Technologien hatte, die mir heute zur Verfügung stehen, musste ich mir selbst Verfahren aneignen, um das alles zu bewältigen. Ich lernte, Informationen so zusammenzustellen, dass ich zielgerichtet Fragen stellen konnte, die zum wirklichen Problem führten. Ich konnte mir keine Sitzungen und Gespräche leisten, die noch mehr von dem Zeug produzierten, das ich nachher bearbeiten musste. Die meisten Informationen schaffen einfach nur mehr Komplexität.

Später stellte ich fest, dass mich die Methoden, mit denen ich meine Schwäche bewältigte, gleichzeitig in die Lage versetzten, über das Denken nachzudenken. Ich erkannte, dass der eigentliche Sinn wirklicher Informationen darin besteht, Gespräche auf ein höheres Niveau anzuheben – Leuten dabei zu helfen, bessere Fragen zu stellen und Durchbrüche zu erzielen.«

Winkler fährt fort: »Vor einigen Jahren beispielsweise hatte die Bank, bei der ich arbeite, mit einigen sehr komplizierten Problemen in unserer Branche zu kämpfen. Mein Team und ich verbrachten viel Zeit damit, Informationen so zu organisieren, dass mehr Leute vorhandene Widersprüche, Lücken und Verbesserungsmöglichkeiten erkennen und lösungsorientiert Fragen stellen konnten.

Während einer Sitzung, auf der ein entscheidender Erfolg erzielt wurde, stellte Yolanda, eine Angestellte einer unserer Zweigstellen, eine einfache, aber dennoch wichtige Frage: ›Unser Ziel ist es, alles nur Erdenkliche zu tun, um für jeden Kunden da zu sein, der in unsere Bank kommt, oder? Andererseits sagen Sie aber, dass nur 50 Prozent der Kunden die Darlehensanträge bewilligt werden. Wo gehen die anderen 50 Prozent hin?‹«

»Die Antwort ist«, erklärt Winkler, »dass die Kunden, deren Darlehensanträge abgelehnt wurden, unsere Bank verlassen und zu Finanzierungsgesellschaften gehen, die auch weniger kreditwürdigen Kunden Geld zur Verfügung stellen. So stellte Yolanda eine zweite Frage: ›Gibt es denn in unserer Bank keine Finanzierungsgesellschaft?‹ Die Antwort war: ›Doch!‹«

»Yolandas Frage führte zu einem wichtigen Durchbruch.

Wir entwickelten ein Empfehlungsprogramm, das zu einem Darlehensvolumen unserer Bank von monatlich über 150 Millionen US-Dollar geführt hat. Und das alles nur, weil Yolanda eine Frage gestellt und irgendjemand richtig zugehört hat.«

Winkler bemerkt abschließend: »Für mich bedeutet Einfachheit bei der Gestaltung von Informationen Folgendes: die Informationen so aufbereiten, dass die Leute neue und eindringlichere Fragen stellen und bessere Gespräche führen können.«

Hinweise zur Umsetzung: Winkler wird häufig von seinem Unternehmen beauftragt, Diskussionen zu leiten, in denen wichtige Problemlösungen gefunden werden sollen. Sie haben die Chance, dasselbe zu tun – und noch mehr zu erreichen.

Teamkollegen, die die Fähigkeit haben, über das Denken nachzudenken und andere dabei anzuleiten, können mehr tun als nur unterstützend wirken. Sie könnten Ihre E-Spaces aktiv mitgestalten. Wer in Ihrem Unternehmen hat Erfahrungen in Organisationsoptimierung, Anthropologie, Soziologie oder Veränderungsmanagement und kann dazu beitragen, Informationsinhalte zu organisieren, zu visualisieren und abzugleichen? Sind das auch die Leute, die ihre Mitarbeiter bei der Anwendung ihrer Ausstattung beobachten und ihnen zuhören?

Oder bleibt dies den Technikfreaks überlassen? Wenn das der Fall ist, betreiben Ihre Mitarbeiter möglicherweise einen zu großen Aufwand, um die in Ihren E-Spaces verborgenen Zusammenhänge und Widersprüche erkennen und auflösen zu können.

Tipp für den Einstieg: Achten Sie auch in diesem Zusammenhang auf Verantwortungen: Wessen Prämie hängt davon ab, dass Informationsinhalte und nicht nur -technologien anwenderorientiert gestaltet werden?

Auf die richtige Informationsgestaltung kommt es an: Wie man von mangelnder Eindeutigkeit profitieren kann

Frisch von der University of Chicago kam Matt Percy zu Monsanto, einem Unternehmen der Nahrungsmittel- und Konsumgüter-Industrie. »Ich mache alles, was nötig ist, aber ich glaube, mein Titel ist Assistent der Geschäftsführung und Informationsvermittler. Derzeit untersuche ich gerade Soja- und Reformprodukte. Ich wechsle ständig zwischen Marktforschung und Gesprächen mit Verkäufern hin und her«, sagt Percy. »Zudem bin ich Mitglied im Web-Entwicklungsteam und fungiere als Kontaktperson zwischen dem Marketing und der Produktentwicklung, um die Kommunikation zu fördern.«

»Ich bin froh, dass er sich selbst diesen Titel gegeben hat«, bemerkt Percys Vorgesetzter, Nick Rosa. »Matt ist ein gutes Beispiel dafür, wie wir versuchen, eingefahrene Modelle bei der Bewältigung neuer Herausforderungen, vor denen wir alle stehen, zu überwinden. Jeder ist mit Entscheidungen überlastet. Ich will nicht behaupten, Monsanto biete in diesem Zusammenhang die ultimative Erfolgsstory, aber wir arbeiten daran. Die Jobs der Leute werden so komplex, dass wir neue Möglichkeiten finden müssen, um diese Art von Überlastung anzugehen.«

»Matt gehört zu einer wachsenden Zahl von Leuten, die wir einstellen, damit sie uns bei der Entwicklung von Informationsinhalten unterstützen. Sie nehmen an Sitzungen der Führungsetage teil, sie beteiligen sich an der strategischen Planung. Sie gehen in unterschiedliche Regionen der Welt und schauen sich dort um. Sie achten darauf, dass das Führungsteam nicht über seine eigenen Unzulänglichkeiten stolpert«, witzelt Rosa. »Wir versuchen, einige der Aufgaben, die normalerweise Beratern vorbehalten sind, Leuten wie Matt zu übertragen.«

Nick Rosa bekommt die Überlastung durch Komplexität persönlich zu spüren. Vor kurzem wurde er vom Vorsitzenden seines Unternehmensbereichs zum Senior Vice President für den gesamten Monsanto-Konzern ernannt. Zu seinen neuen Pflichten gehört es, ein globales Führungsteam zu entwickeln und die weltweite Akzeptanz der Biotechnologie zu erhöhen.

»Wir haben ein Unternehmensumfeld geschaffen, das sich von den meisten anderen unterscheidet«, erklärt Rosa. »Wir muten den Leute einen gewissen Grad an Vieldeutigkeit und gemeinsamer Verantwortungsübernahme zu. Bei uns gilt das Prinzip, das wir ›Two in the box‹ nennen: Die Besetzung einiger Führungspositionen muss bei uns unterschiedliche Kompetenzbereiche abdecken, zum Beispiel kommerzielle Entwicklung und Forschung. Daher ernennen wir nicht nur eine Person zum Leiter dieser Abteilungen. Wir arbeiten mit Tandems. Manchen Leuten gefällt das nicht, es weckt Widerstand: ›Was soll das heißen, ich bin nicht dafür zuständig? Ich dachte, mein Titel sei so-und-so!‹ Meine Antwort darauf ist: ›Von mir aus können Sie sich ›Der große Zampano‹ nennen!‹ Titel sind draußen manchmal ganz nützlich. Aber hier im Unternehmen ist die Position für eine Person zu komplex.«

»Wir schaffen eine Umgebung, in der sich die Leute selbst für oder gegen eine Aufgabe entscheiden können. Damit sie sich trotz mangelnder Eindeutigkeit zurechtfinden«, schließt Rosa, »brauchen sie Inhalte, die auf ihre Entscheidungen zugeschnitten und danach aufbereitet sind.«

Hinweise zur Umsetzung: Jeder möchte seine Rolle im Unternehmen klar definieren. Dennoch bewegen wir uns in einer Richtung, in der es immer mehr Ambiguität geben wird und Leute gefordert sind, sich im Hinblick auf ihre Rolle selber Klarheit zu verschaffen. Ein Großteil der Verantwortung dafür liegt bei jedem Einzelnen. Für die inhaltliche Aufbereitung von Informationen und die Gestaltung der Arbeitsmittel sowie für deren einfache Anwendbarkeit sind allerdings die Unternehmen verantwortlich.

Tipp für den Einstieg: Mit den richtigen Instrumenten und innerhalb der richtigen Unternehmenskultur, kann mangelnde Eindeutigkeit etwas durchaus Positives sein. Sie kann die Mitarbeiter zu höherer Kreativität und Innovationsfähigkeit anspornen. Haben Sie schon in Erwägung gezogen, den Grad an Vieldeutigkeit, den Sie Ihren Mitarbeitern zumuten, zu verdoppeln oder sogar zu verdreifachen? Das ist möglich. Vorausgesetzt, Sie passen Ihre Informationsinhalte wie Matt Percy und Nick Rosa kontinuierlich an die Bedürfnisse der Basis an, damit Ihre Mitarbeiter auch in einer vieldeutigen Welt Entscheidungen treffen können. Für den Anfang bitten Sie Ihre Leute darum, ausführlich die für sie wichtigsten fünf Instrumente und deren exakte Anwendung für den Fall zu beschreiben, dass ihre Rolle im Unternehmen weit weniger klar definiert wird als bisher. Nach einigen Protesten werden Sie durch diese Vorgehensweise wertvolle Einblicke gewinnen.

Einfacher für wen?

Details, Details, Details. Der Teufel der Informationsgestaltung liegt im Detail. Hinter der Vorbereitung verantwortlicher Entscheidungen steckt ein hartes Stück Arbeit.

Und kein Unternehmen behauptet von sich, ein Meister darin zu sein, die Anwendbarkeit von Informationsinhalten zu vereinfachen. Inoffiziell werden einige so gar einräumen, dass besonders anspruchsvolle Formen der Informationsaufbereitung die Verantwortungsbereiche der Führungskräfte verkomplizieren können. (Lesen Sie dazu beispielsweise die Geschichte »Vergleichbare Geschäfte« auf Seite 211. Damit Manager eine gemeinsame Vergleichsbasis haben, müssen in diesem Fall unzählige Messungen überprüft, statistisch ausgewertet, aufbereitet und verknüpft werden.)

Warum also sollte man beim Aufbau eines einfachen Unternehmens den Schwerpunkt ausgerechnet auf die Gestaltung von Informationsinhalten setzen? Die Antwort liegt in den Lernkapazitäten begründet, die das Unternehmen seinen Mitarbeitern durch optimale Informationsvermittlung bereitstellt und die entscheidende Wettbewerbsvorteile bringen können. Hinsichtlich der Inhaltsgestaltung anwenderorientiert zu sein, verändert die Wirkung von Informationen. Die Mitarbeiter können aus weniger mehr machen – und zwar nicht durch irgendeine neue Managementmethode oder das aktuelle Lieblingsverfahren Ihres Beraters, sondern weil die Rohmaterialien für das Treffen von Entscheidungen danach gestaltet werden, wie Menschen lernen und – was genauso wichtig ist – wie sie miteinander reden.

Im Zusammenhang mit der Gestaltung einfacherer Arbeitsprozesse wurde weiter vorne ausgeführt, dass es wichtig sei, Leute beim Erledigen ihrer Aufgaben zu beobachten und danach ihre spezifische Herangehensweise in den Prozess zu integrieren.

Mit der Gestaltung von Informationsinhalten verhält sich das nicht anders: Wenn Ihre Informationsinhalte das aufgreifen, was die Leute interessiert und wie sie miteinander reden, werden Sie feststellen, dass Führungskräfte viel weniger erklären müssen. Statt dessen wird der Wissensdrang der Mitarbeiter weit stärker als bisher die Gestaltung ihrer Tätigkeit prägen.

Ein Synomym für einfache Informationsgestaltung

Eleganz.

Beflügeln Sie die Vorstellungskraft Ihrer Mitarbeiter durch die elegante Beschaffenheit ihrer Arbeitsmittel und Werkzeuge. Ganz gleich, womit Sie Gewinne erzielen, für Ihre Wissensarbeiter sind Sie immer auch ein Anbieter von Informationsinhalten. Und in der »Attention Economy« rechnet sich der Gewinn durch Eleganz in Form von schnellerer und intelligenterer Arbeit.

»Selbst wenn wir in einem Unternehmen von Experten arbeiteten, befänden wir uns in 90 Prozent der Fälle in Situationen, in denen wir keine Experten wären. Daher müssen wir uns auf eine Darstellung von Inhalten verlassen können, die uns innerhalb kürzester Zeit die notwendigen Informationen zur Verfügung stellt. Alles, was das verhindert, wird den ganzen Ansatz sinnlos machen.«
Pehong Chen, President, BroadVision

»Unsere Technology Transfer Group ist eigentlich ein Service zur Umsetzung von Inhalten. Es handelt sich dabei um eine Gruppe von Wissenschaftlern, die dafür verantwortlich ist, technische Informationen aus dem Bereich Forschung und Entwicklung entsprechend den Bedürfnissen des Marketings und des Verkaufs umzusetzen.«
Hildra Trotter, Knowledge Process Leader, Dow AgroSciences

12 EINFACHER HANDELN

Nutzen Sie Projektstrukturen als Entscheidungshilfen

Der wichtigste Faktor des Wachstums ist die menschlichen Entscheidung.
Mary Ann Evans, deren Bücher einfache Leute in schwierigen Situationen einfühlsam schildern.

Als ich vier oder fünf Jahre alt war, war eines meiner Lieblingsspielzeuge Mr. Machine: Eine durchsichtige mechanische Figur, die so konstruiert war, dass man im Inneren die Funktionsweise der Zahnräder und Scheiben beobachten konnte, durch die sie sich bewegte. Ich studierte ihn stundenlang, und das inspirierte mich dazu, meine gewonnenen Erkenntnisse (zum Entsetzen meiner Mutter) auch an komplizierteren Dingen wie Toaster, einer Nähmaschine und einem nagelneuen Fernsehgerät auszuprobieren.

Vermutlich hätten Sie auch gerne so einen Mr. Machine, um das Prinzip der Einfachheit studieren zu können. – Ein Fenster, durch dass Sie beobachten können, wie alles zusammenhängt; eine Umgebung, in der Sie dessen innere Funktionsweise untersuchen können? Eine solche Perspektive bietet sich üblicherweise in der frühen Phase der Projektarbeit.

Von der Aufgabenverteilung zur Entscheidungsfindung

Wenn Sie durch dieses Fenster schauen, aber die falschen Fragen stellen, verpassen Sie möglicherweise die Gelegenheit, Ihr Unternehmen einfacher zu machen. Um diese Perspektive wirklich nutzen zu können, müssen Sie sich zum Beispiel fragen: »Warum machen wir Projekte? Warum setzen wir den jährlichen Unternehmensplan nicht direkt in Form von Projektarbeit um?«

Wenn Ihr Unternehmen so funktioniert wie die meisten anderen, geht es bei der Arbeit in Projektstrukturen in der Regel darum, To-do-Listen zu erstellen, nach denen man sich richten kann und die es ermöglichen, komplexe Aufgaben strukturiert zu bearbeiten. Projekte bieten einen Rahmen, Strategien, Ziele und Ideen zu komprimieren und deren Umsetzung in bestimmte Aufgaben und Aktivitäten aufzuteilen. Dabei werden auch persönliche Verantwortungsbereiche zugewiesen.

Einfache Unternehmen denken anders. Für sie stellen Projekte auch den organisatorischen Rahmen dar, in dem die Bedürfnisse des Unternehmens, der Individuen, des Teams und der Kunden in einem bearbeitbaren Umfang zusammenlaufen. Innerhalb einer kurzen Phase – während der ersten Teamsitzungen, in denen Projekte üblicherweise ihren Anfang nehmen – werden alle Kompromisse und Entscheidungen, die jeder machen muss, erörtert und diskutiert.

In einfachen Unternehmen bildet diese Momentaufnahme der frühen Projektphase alle Entscheidungen ab, vor die die Beteiligten im Rahmen der Umsetzung des Projekts gestellt werden. Einige Beispiele:

- Entscheidungen, die das Projektteam treffen wird: »Wie viel wollen wir angesichts unserer schon bestehenden Verpflichtungen wirklich in dieses Projekt investieren? Sind wir davon überzeugt, dass es das wert ist?«

- Entscheidungen, die die Führungsebene treffen wird: »Damit dieses Projekt erfolgreich umgesetzt werden kann, wird das obere Management seinen Führungsstil ändern müssen. Wird es diese Entwicklung unterstützen?«
- Entscheidungen, die die Mitarbeiter treffen werden: »Werden die Leute, die das Projekt implementieren, alle damit verbundenen Veränderungen engagiert mittragen? Werden sie davon begeistert sein? Oder genervt? Oder einfach nur überlastet?«
- Entscheidungen, die die Kunden treffen werden: »Was an diesem Produkt wird die Kunden dazu bewegen, von der Konkurrenz zu unserem Unternehmen zu wechseln?«
- Entscheidungen, die die Händler treffen werden: « Aus welchen Gründen werden sie die geplante Veränderung der geplanten Bestandskontrolle akzeptieren?«

Projektstrukturen ermöglichen das Organisieren von Entscheidungen. Wenn Sie diese Vorgehensweise anstreben, können Sie im Rahmen eines Projekts den genauen Moment ausmachen, in dem komplexe, verschiedene Zielgruppen betreffende und miteinander zusammenhängende Entscheidungen klar werden.

Die meisten Unternehmen verpassen diese Gelegenheit, weil sie ihren Fokus ausschließlich auf die Ziele und Aufgaben des Projektplans richten, die sich aus dieser Diskussion ergeben.

»Das Öffnen von Grenzen setzt an der Frage an, wie unser Denken unser Verhalten formt. Führungskräfte müssen ihre Umgebung wesentlich bewusster wahrnehmen – dazu gehören auch die Entscheidungen, vor denen die Leute stehen.«
Ron Schultz, Santa Fe Center for Emergent Strategies; Autor von Open Boundaries

Motto dieses Kapitels

Einfache Unternehmen fördern die Wirkung persönlicher Entscheidung. Sie ermöglichen eine offene Diskussion von Entscheidungsoptionen (Rückzug oder Engagement).

»Haben Sie das denn noch nicht erkannt? Wir diskutieren jeden Tag darüber, was andere brauchen, um Entscheidungen treffen zu können.«

Das Modell für einfacheres Handeln
Nutzen Sie den Rahmen, in dem Sie am meisten über die Entscheidungen lernen können, vor denen ihre Mitarbeiter während ihrer täglichen Arbeit stehen: Projektsitzungen.
Lernen Sie so viel wie möglich darüber. Bringen Sie Ihre Erkenntnisse – insbesondere die Ideen, die den Status quo verändern – aktiv in die Organisationsstruktur des Unternehmens ein.

Das Modell in der Praxis
Wie wiederholt festgestellt, wird das Modell der Einfachheit in Bezug auf die Kunden bereits häufig in der Praxis angewandt. Sämtliche kundenorientierte Unternehmen verfügen über die Fähigkeit, die Bedürfnisse der Kunden aktiv in das gesamte Unternehmen einzubringen. Sie forcieren rasche Veränderungen nicht durch Anordnung, sondern indem sie die Stimme der Kunden als Signal und Aufruf zur Neuorganisation des Unternehmen begreifen und einsetzen.

Warum viele Unternehmen das Modell intern nicht anwenden
Offensichtlich glauben sie, Komplexität sei kein so schwerwiegendes Problem. Vermutlich, weil überhaupt nur sehr wenige Unternehmen aktiv die Bedürfnisse ihrer Mitarbeiter mit Blick auf deren tägliche Arbeitsaufgaben aufgreifen und entsprechende Fragen stellen. Daher tun viele ihr Möglichstes, um Diskussionen zu diesen Themen bereits im Keim zu ersticken.

Projektteams …
liefern die Themen, Fragen, Probleme und Ideen, die anderen dabei helfen könnten, Entscheidungen zu treffen.

Leitende Führungskräfte …
unterstützen die Diskussion von Entscheidungen.

Die Diskussion …
schafft Klarheit in Bezug auf die konkrete Umsetzung, zum Beispiel auf die Frage: »Was mache ich, wenn alles höchste Priorität hat?« Diese Art von Klarheit wird nicht mit Projektplänen, Checklisten oder gar gemeinsamen Leitbildern erzielt.

Es *kann nicht oft genug betont werden,* wie wichtig es ist, in Alternativen zu denken, wenn man sich Projektstrukturen zunutze machen will. Selbst in Unternehmen mit kompetentem Management sind die Entscheidungen, die die Beschäftigten treffen müssen, überladen mit kollidierenden Prioritäten, Widersprüchen und notwendigen Kompromissen. Für den durchschnittlichen Mitarbeiter besteht die größte Schwierigkeit bei der Erledigung seiner Arbeit darin, all diese konfligierenden Faktoren zu begreifen und zu berücksichtigen.

Einfachere Unternehmen reagieren darauf, indem sie sich alles zunutze machen, was dabei nach der Erfahrung von Projektleitern und ihrer Teams hilfreich sein könnte. Ergänzend zu den offiziellen Aufzeichnungen – zum Beispiel Datenbanken über »Best Practices« – bitten sie Leute mit Projekterfahrung, ihnen dabei auch auftretende Fragen und Sorgen mitzuteilen, die normalerweise nicht in diese Dokumente einfließen. Sie achten auch auf die Dinge, die nicht bis in Hochglanz-Erfolgsberichte des Unternehmens gelangen, die umfangreichere Veränderungsprozesse üblicherweise begleiten.

Was danach geschieht, widerspricht der Anschauung vieler Führungskräfte

Einfache Unternehmen ermöglichen nicht nur Ideen, die den Status quo verändern; sie erschweren es auch, diese zu umgehen. Offener Austausch und Diskussion sind der Schlüssel zu dem, was einfache Unternehmen von anderen unterscheidet und sie besser arbeiten lässt.

Die Führungskräfte dieser Unternehmen binden die Diskussionen über anstehende Entscheidungen aktiv in die Organisationsstruktur des Unternehmens ein. Einfache Unternehmen handeln in diesem Zusammenhang beispielsweise folgendermaßen:

- Sie veröffentlichen Richtlinien, in denen die Vor- *und* Nachteile der im Unternehmen anstehenden Veränderungen gegenübergestellt werden. Täuschungsmanöver finden dabei nicht statt. Das Material ist im Stil von Stiftung Warentest – *also so objektiv wie möglich* – verfasst.
- Sie sorgen im Rahmen nachhaltiger Veränderungsprozesse für mehr Ausgewogenheit, indem sie neben Motivations-Meetings und Festakten auch Pro-und-Kontra-Diskussionen veranstalten.
- Sie veröffentlichen die Wege, die Mitarbeiter unter Umgehung der offiziellen Instrumente, Prozesse und Abläufe nutzen, um ihre Arbeit zu vereinfachen. (Gesunder Wettbewerb ist eine gute Sache. Vielleicht wird diese Maßnahme das nächste Team für die Restrukturierung von Arbeitsprozessen dazu veranlassen, anwenderorientierter vorzugehen.)
- Sie schaffen eine Kultur, in der die wichtigsten Informationsquellen des Unternehmen – ob diese nun auf elektronischen Daten und/oder persönlichen Erfahrungen beruhen – eine ausgewogene Perspektive der Entscheidungen bieten, die während der Veränderungsprozesse aus Sicht der Beteiligten anstehen.
- Einen Monat bevor die Unternehmensleitung eine neue

Strategie bekannt gibt, veranstaltet sie einen Tag unter dem Motto: »Stellen wir die richtigen Fragen?« (Gesunder Wettbewerb gilt auch für das obere Management: Können Führungskräfte wirklich von sich behaupten, bessere Fragen zu stellen als der Rest der Belegschaft?)

Nach Auffassung vieler Führungskräfte ist ein solches Vorgehen eher kontraproduktiv: »Diese Dinge scheinen mir doch eher abzulenken. Erzeugen sie nicht mehr Konfusion und widersprechen unserem Ziel, ein gemeinsames Leitbild zu schaffen?«

Wenn man von den alten Regeln ausgeht, dann ist das der Fall. Legt man allerdings die einschlägigen Thesen der »Attention Economy« zugrunde, trifft das ganz und gar nicht zu. Im Gegenteil: In einer Welt der unbegrenzten Möglichkeiten sind diese Diskussionen genau das, was die Leute brauchen, um sich vorhandener Konflikte und Vieldeutigkeit bewusst zu werden und diese zu begreifen.

Ein Beispiel: Wie können Mitarbeiter feststellen, was sie tun sollen, wenn sie eine Liste mit 37 Punkten der »A-Priorität« vor sich liegen haben, die alle schon gestern hätten erledigt werden müssen, ihre Ressourcen jedoch bereits knapp werden, bevor sie auch nur die ersten fünf bearbeitet haben? Im wirklichen Leben gibt es nur wenige »B-Prioritäten«. Gleichwohl tun wir immer noch so, als könnten ein gemeinsames Leitbild und klare Unternehmensziele diese Art von Komplexität verständlich und handhabbar machen. Diskussionen über Entscheidungen und deren Grundlagen ermöglichen Mitarbeitern, die allgemeine strategische Zielrichtung des Unternehmens zu durchdringen und das herauszufiltern, was für sie *wirklich* wichtig ist.

Wiederholung (aus Kapitel 9): *Die Schaffung eines gemeinsamen Leitbilds wird immer von großer Bedeutung sein. Sie dürfen solche Maßnahmen jedoch nicht mit Einfachheit verwechseln. Einfache Unternehmen gehen einen Schritt weiter: Sie werden anwenderorientiert.*

Und die einzige Möglichkeit der Unternehmen, einfacher und damit anwenderorientiert zu handeln, besteht darin, die Debatte über Entscheidungen öffentlich zu führen. In vielen Firmen geschieht jedoch genau das Gegenteil. Hier bemüht man sich nach Kräften, solche Diskussionen zu verhindern.

Ein Beispiel aus der Praxis: Wie man eine offene Diskussion verhindert

Vor nicht allzu langer Zeit sprach ich mit einem Freund, den ich sehr respektiere. Er kämpfte mit einer schwierigen Aufgabe: Nach der Fusion von zwei großen Unternehmen sollte er einen erfolgreichen Übergangsprozess sicherstellen.

Ich dachte, ich könnte ihm vielleicht bei der Bewältigung dieser komplexen Aufgabe helfen, und führte einige der Entscheidungen an, vor denen rund 100 000 Leute im Rahmen dieses Umwandlungsprozesses stehen würden. Offensichtlich hatte ich ihn missverstanden. Er beendete meine Ausführungen abrupt mit dem Satz: »Du verstehst mich nicht. Es gibt nur eine Entscheidung.«

Natürlich hatte er Recht. Ganz im Sinn der NASA-Kontrollstation, die die Crew der *Apollo 13* wieder sicher zurück zur Erde gebracht hatte, wollte er damit sagen: »Misserfolg ist keine Alternative.«

Aber er hatte auch Unrecht. Denn er wollte damit auch ausdrücken: »Die einzige Linie auf meinem Radarschirm, und die einzige Entscheidung, die ich vermitteln werde, ist die der Unternehmensführung.«

Leider kann damit nicht nur seine Firma nichts aus der Diskussion über Entscheidungen lernen, die unter den Mitarbeitern stattfindet. Zudem ist dort auch eine Schlüsselfigur des anstehenden Wandlungsprozesses der Auffassung, eine öffentliche Debatte der Unternehmensentscheidungen lenke vom eigentlichen Ziel ab.

Obwohl die Firma meines Freundes ein »Powerhouse« ist und großes Ansehen an der Wall Street genießt, steht die vertrauliche Diskussion innerhalb der Unternehmensleitung auf einem ganz anderen Papier. Dabei ist eine ihrer größten Sorgen die Komplexität all der Aufgaben, vor der Führungskräfte und Mitarbeiter nach der Fusion stehen. Selbst einigen der Unternehmen mit dem besten Image fällt es also schwer, Einfachheit zu erzielen, indem sie eine offene Debatte über Veränderungsprozesse zulassen.

Die Gelegenheit zur Einfachheit: Ideen jedweder Couleur

Das bringt uns wieder zu den Gelegenheiten zurück, die sich uns mit dem Blick auf Projektstrukturen in Sachen Einfachheit bieten: Wenn Sie eine offene Diskussion von Entscheidungen zulassen, erhalten Sie einen erstaunlichen Einblick in die vielfältigen Möglichkeiten, wie Menschen in ihrem Unternehmen auf neue Art zusammenwirken können. Sie bekommen sozusagen »kostenlos« Hinweise zur Umsetzung von Einfachheit.

Die ganze Mühe, die Sie in die Gestaltung von Informationsinhalten gesteckt haben, zahlt sich allmählich aus. Das ist nur zum Teil darauf zurückzuführen, dass die Informationen nun für die Anwender nützlicher sind. Der wichtigere Grund besteht darin, dass Leute die Informationen anders betrachten. Gespräche über Entscheidungen, die wir treffen müssen, verändern die Art, wie wir unsere Arbeitsmittel, E-Mails, Meetings usw. im Detail wahrnehmen.

Aber es geht nicht nur um Details. Es geht auch um Engagement und Energie: Die meisten Leute wollen etwas bewirken. Wenn Sie einen Dialog schaffen, der persönliche Entscheidungen (nicht nur die des Unternehmens) klärt, können Sie ihr Engagement und ihre Energie gezielt auf die Dinge len-

Entwicklung eines Prototyps für die Mutter aller Projekte

Man fährt in einem U-Boot auf Schienen, direkt unter der Wasseroberfläche. Luftblasen blubbern vorbei, Fische umschwimmen das Boot. *Krrracksssrummms:* Sie legen an einem Schulgebäude an. Drinnen entdeckt man viele Symbole. Nach einigen Hinweisen stellt man fest, dass es sich bei den Symbolen um Zahlen handelt, die einem dabei helfen, seine Mission erfolgreich abzuschließen.

So beschrieb mein damals elf Jahre alter Sohn, ein Vertreter der Internet-Generation, seinen liebsten Teil von *Riven,* einem Simulations-Computerspiel. Er spricht immer noch ganz angeregt davon, wie er lernte, Entscheidungen zu treffen und Teile von Informationen brauchbar zusammenzufügen, und wie er diese Erfahrungen bei Aufgaben in der Schule einsetzen kann.

Simulationstechnologie ist nicht nur etwas für Kids. Immer häufiger unterstützt dieses Instrument Unternehmen dabei, Entscheidungen von Kunden und Mitbewerbern zu analysieren.

Warum aber wird es zum Beispiel nicht in viel größerem Umfang für die Mutter aller Projekte eingesetzt: die jährliche Budgetplanung? Warum gibt man nicht allen Managern und Bereichsleitern Simulationsspiele wie das meines Sohnes und sagt ihnen, sie sollen »spielen gehen«? Simulationsprogramme könnten ihnen nicht nur dabei helfen, ein Budget aufzustellen; sie machen auch die Übergänge zwischen Lern- und Planungsprozessen fließend. Da die Entscheidungen, die in das Budget einbezogen werden, äußerst schwierig und komplex sind, wäre ein Ansatz in dieser Richtung im wahrsten Sinne des Wortes ein Kinderspiel.

Probleme gibt es weder im Hinblick auf die Kosten noch auf die Verfügbarkeit der Technologie. Vorhandene Produkte für den Massenmarkt können entsprechend angepasst werden:

Ein Spielehersteller gründete bereits vor nahezu einem Jahrzehnt einen Geschäftsbereich für unternehmensbezogene Simulationen. Warum sind also die Instrumente der Budgetierung nach wie vor viel stärker auf Kontrolle ausgerichtet als auf das Verstehen von Entscheidungen?
Weil genau das der springende Punkt ist: Stellen Sie sich vor, wie gefährlich es wäre, wenn ein Unternehmen den Mitarbeitern, die das Budget erstellen, computerspielähnliche Simulationen zur Verfügung stellte. Die Unternehmensleitung könnte ja mit unerwarteten Lösungen konfrontiert werden. Innovation, Kreativität und neue Denkweisen würden einen stark kontrollierten und geordneten Prozess untergraben. Das können wir uns doch keinesfalls erlauben, oder?

»Die Internet-Generation sagt: ›Die Wetten sind offen. Wenn Sie *mit uns* diskutieren und dazu beitragen wollen, wie wir Entscheidungen treffen, schön. Erwarten Sie aber nicht von uns, dass wir uns an die Tagesordnung halten, wenn wir nicht das kriegen, was wir brauchen.‹ Die Führungsebene wird deshalb zwei Möglichkeiten haben: Entweder holt sie sich Leute ins Unternehmen, die weniger motiviert sind, oder sie verändert die Art, wie das Unternehmen auf die Bedürfnisse seiner zukünftigen Mitarbeiter eingeht.«
Peter Moore, Teilhaber von Inferential Focus

»Einige Sozialwissenschaftler aus meinem Freundeskreis behaupten, wir schließen viele Leute aus dem Gesellschaftsvertrag aus und es wird eine Revolution geben.
Das ist vielleicht übertrieben. Aber wir müssen wirklich überdenken, wie wir Arbeit und Kontrollmechanismen gestalten und wie Menschen ihre täglichen Entscheidungen treffen.«
Jim Champy, Autor von Reengineering Management *und* The Arc of Ambition

ken, die etwas bewirken. Dadurch wird der Zusammenhalt von Teams und der Gemeinschaft als Ganzes gestärkt.

Aber es ist nicht nur Engagement. Es ist auch Respekt: Beschäftigte in vorderster Linie müssen täglich mit Hunderten von kollidierenden Prioritäten herumjonglieren. Die öffentliche Diskussion dieser Prioritäten (Rückzug oder Engagement) impliziert zweierlei:

- Ihr Unternehmen respektiert die Mitarbeiter als denkende Individuen. Sie sollen über all das verfügen, was für ihre täglichen Entscheidungen wichtig ist, selbst wenn es im Widerspruch zur offiziellen Linie des Unternehmens steht.
- Sie machen sich Gedanken darüber, wie das Unternehmen die Zeit der Leute nutzt und konzentrieren sich darauf, effizienter und respektvoller mit ihr umzugehen.

Aber es ist nicht nur Respekt: Offener Dialog trägt auch dazu bei, das Vertrauen der Mitarbeiter zu stärken. Schauen Sie sich noch einmal Kapitel 10 an: Die Mitglieder der Internet-Generation werden unsere derzeitigen Auffassungen von Vertrauen breiter auslegen. Während frühere Generationen Debatten über Entscheidungsmöglichkeiten *schätzten*, werden sie diese Art von Offenheit *erwarten* – oder sich ganz einfach verabschieden.

Einfache Unternehmen können dies und vieles mehr nachvollziehen. Sie tun etwas, das im Widerspruch zur herkömmlichen Auffassung von Unternehmensführung steht: Sie filtern aktiv Einzelaspekte und Erkenntnisse heraus, die sie nur von Leuten erfahren können, die mit ihren täglichen Entscheidungen letztlich den Mittelpunkt des Unternehmens bilden. Wenn sie alle Bedürfnisse, Probleme, Entscheidungen und Auffassungen einbeziehen, fördern sie die offene Diskussion darüber, wie alles geordnet werden soll.

Sorgen Sie dafür, dass Ihre Projektleiter bereit sind

Ein großer Teil dieses Kapitels handelt davon, was das obere Management verändern muss. Fairerweise muss man festhalten: Auch einige Projektleiter und ihre Teams müssen noch einiges dazulernen. Nicht alle verfügen über die Fähigkeiten, die Erfahrung oder den Willen, die Gesamtheit der projektrelevanten Kompromisse und Entscheidungen zu erkennen und aufzunehmen.

Für Firmen, in denen Projektleiter diese Aufgaben tatsächlich übernehmen sollen, sollte ein Artikel zur Pflichtlektüre werden: In der Ausgabe von *Fast Company* von Mai 1999 schrieb Tom Peters die ultimative Anleitung zum Projektmanagement. Seine Grundsätze zu diesem Thema lauten unter anderem:

- Akzeptieren Sie ein Projekt nie als gegeben.
- Kein Projekt, das für das Unternehmen von Relevanz ist, kann ohne Leidenschaft realisiert werden.
- Projektmanagement ist Management von Emotionen; es geht darum, den Puls zu beschleunigen und das Bewusstsein zu erweitern.
- Jedes Projekt bietet eine Chance, Dinge aus einer neuen Sicht zu betrachten.
- Kein Projekt ist zu klein oder zu alltäglich, um nicht zu einem »Wow-Projekt« werden zu können.
- Leiter von »Wow-Projekten« verfügen über zwei wesentliche Fähigkeiten: Sie setzen hohe Maßstäbe und schaffen Verbundenheit.
- Die Umsetzung von Projekten zielt auf eine rasche Entwicklung von Prototypen, das Erreichen einer Reihe von Annäherungen und unmittelbares Feedback.

Auf nur wenigen Seiten setzt Peters damit die Standards für das Leiten von Projekten. Wenn Sie diese mit den Ausführungen aus Teil 2 dieses Buchs verbinden, erhalten Sie Ihr persönlich zugeschnittenes Lehrmaterial zum Thema »Einfacher handeln«.

Die drei wichtigsten Erfahrungen aus diesem Kapitel

Erstens: Einfaches Handeln wird durch Kommunikation und Austausch möglich – und nicht durch Checklisten oder irgendein anderes Managementinstrument. Einfache Anwendung heißt, so zu kommunizieren, dass die Beschäftigten persönliche Entscheidungen (und nicht die Entscheidungen des Unternehmens) treffen können.
Zweitens: Wir dürfen uns nichts vormachen. Nur weil die Quantität an Kommunikation und Austausch in Unternehmen drastisch zunimmt, heißt das noch lange nicht, dass Leute damit auch das bekommen, was sie für ihre Tätigkeit brauchen. Wie unsere Studie zeigt, ist der Großteil der gängigen Kommunikationsformen in Unternehmen nicht für die »Hochgeschwindigkeits«-Umgebung geeignet, in der Entscheidungen heute getroffen werden müssen (siehe Kapitel 2).
Drittens: Wenn sie einfacher werden wollen, müssen Unternehmen einen Widerspruch akzeptieren: Wenn Sie *ausschließlich* die Linie der Unternehmensführung fördern, *verringern* Sie de facto die Fähigkeit der Beschäftigten, intelligenter zu arbeiten. In einer Welt der unbegrenzten Möglichkeiten kann der »offizielle« Rahmen nur eine sehr begrenzte Sicht auf das bieten, was zum Treffen informierter Entscheidungen wichtig ist. Wenn Sie Einfachheit anstreben, steht das, was der gängigen Auffassung von Unternehmensführung widerspricht, nicht zur Debatte. Worüber wir sprechen, dass sind die Wege und Möglichkeiten, mit denen Sie klare Entscheidungen Ihrer Mitarbeiter erzielen.

Wie Sie Projektstrukturen als Entscheidungshilfen einsetzen

Was würde geschehen, wenn Unternehmen Projektstrukturen, in denen die Bedürfnisse aller Beteiligten in bearbeitbarem Umfang zusammenlaufen, zum Ausgangspunkt von Unternehmensentscheidungen machten? Was würde sich ändern, wenn die Führungsebene offene Diskussionen über Entscheidungen förderte und dabei die Erkenntnisse anwendete, die ihnen erfahrene Projektleiter vermittelt haben?

Einfache Hinweise

1. Das Hervorbringen von Ideen, die den Status quo im Unternehmen verändern, verringert keineswegs die Bedeutung von gemeinsamen Zielen oder einer Vision, für die die Mitarbeiter motiviert werden können. In diesem Fall gilt für Sie dasselbe, was wir unseren Mitarbeitern stets über das Leben mit Widersprüchen erzählen: »Sie müssen das eine *und* das andere tun.«

2. Möglicherweise habe ich die Begriffe *Projektstruktur* oder *Projektleitung* anders verwendet, als Sie das in Ihrem Unternehmen tun. Es steht Ihnen frei, dieser Form der Arbeit, die an der Schnittstelle von Strategieentwicklung und ausgereifter Implementierung angesiedelt ist, einen anderen Titel zu geben oder mit einem anderen Begriff zu belegen. Wichtig ist, dass Sie Ihr Augenmerk auf den organisatorischen Rahmen richten, in dem die Bedürfnisse des Unternehmens, der Individuen, des Teams und der Kunden in einem bearbeitbaren Umfang zusammenlaufen. Und zwar *bevor* mit der Durchführung des Projekts begonnen wird.

Tipp für den Einstieg

Betrachten Sie einfaches Handeln bitte nicht als eine Übung des Wissensmanagements, bei der das Codieren und Sammeln von Informationen über Projektteams wichtiger als der eigentliche Dialog ist. Gehen Sie stattdessen folgendermaßen vor:

1. Unterhalten Sie sich mit einigen Projektleitern.

2. Fördern Sie eine offene Diskussion über Entscheidungen . . . und zwar schnell!

3. Wiederholen Sie Punkt 1 und 2 – bis zum Erbrechen!

Ihre Mitarbeiter werden Ihnen schnell mitteilen, ob der Dialog funktioniert oder nicht.

ANSATZ ODER FUNKTION	VORHER: AN ENTSCHEIDUNGEN ORIENTIERT, DIE DAS UNTERNEHMEN TRIFFT	NACHHER: AN ENTSCHEIDUNGEN ORIENTIERT, DIE DIE INDIVIDUEN TREFFEN MÜSSEN
Führungskräfteentwicklung	Obere Führungskräfte reden miteinander über anstehende Entscheidungen und deren Umsetzung.	Projektleiter erarbeiten klare Ziele für die Führungsebene. Sie wissen, was erforderlich ist, um die Kunden im Fokus zu behalten und den strategischen Plan auszuführen.
Wandel/Veränderung	»Bitten Sie uns nicht um nähere Informationen. Aber setzen Sie sich für die Ziele des Unternehmens ein.«	Projektteam (mit Hilfe von Kapitel 4, 5 und 6): »Wir können viel mehr tun, um den Beschäftigten informierte Entscheidungen zu ermöglichen.«
Leistungsmanagement/ Kontrolle	»Welche Kontrollen und Strukturen brauchen wir? Was sollen wir messen?«	»Was können wir von den Leuten lernen, die die eigentliche Arbeit machen? 1. Wir haben in einigen Bereichen zu viele Messwerte und in anderen zu wenige. 2. Vielleicht sollten wir darüber nachdenken, wie wir das Unternehmen umstrukturieren können. Die Ideen, die die Mitarbeiter in vorderster Linie entwickeln, machen aus Sicht der Kunden mehr Sinn.«
IT/Wissensmanagement	Einrichtung und Koordination des Informationszugangs	IT und Wissensmanagement haben unterstützende Aufgaben. Die führende Rolle übernehmen Projektleiter, die die Bedürfnisse der Entscheider kennen.
Unternehmenskommunikation	»Wie können wir allen helfen, die Linie der Unternehmensführung zu verstehen und zu würdigen?« Die Hierarchie des Denkens wird von der Unternehmensleitung festgelegt.	»Wie machen wir allen die Entscheidungen, die sie treffen müssen, verständlich?« Die Hierarchie des Denkens wird von den Projektleitern festgelegt. Zwischen Führungskräften und den Verantwortlichen der Unternehmenskommunikation herrscht eine kreative Spannung.

In der vorstehenden Übersicht finden Sie einige Beispiele dafür, in welche Richtung solche Veränderungen führen könnten. Nicht alle Ausführungen in der rechten Spalte müssen wie beschrieben umgesetzt werden. Die Diskussionen, die diese Übersicht in Gang setzt, werden Ihnen zeigen, wie viel oder wie wenig geändert werden muss.

Kreativitäts- und Innovationsexperten fordern, den Status quo verändernde Ideen aktiv in die Struktur des Unternehmens zu integrieren. Stan Gryskiewicz zum Beispiel, rangältester Fellow am Center for Creative Leadership, rief das obere Management dazu auf, bewusst und entschiedener »positive Turbulenzen« zu erzeugen.

Einfache Unternehmen denken in diesem Zusammenhang in einer weiteren Dimension: Dem Prinzip der Anwenderorientierung folgend sind es hier die Stimmen im *Zentrum des Unternehmens,* die hinsichtlich Führungsstruktur, Kontrolle und Leistung für positive Spannung sorgen. Im Idealfall bedarf dieses kreative Unruhepotential keiner Führung. Wenn ein aufrichtiger, wechselseitiger Dialog stattfindet, vollziehen sich die in der rechten Spalte beschriebenen Änderungen einfach so – quasi von allein.

Aufwachen, der Kaffee duftet schon! In vielen (allerdings nicht in allen) Firmen können anwenderorientierte Ideen nicht in die bestehende Top-down-Struktur integriert werden, wenn diese nicht von der Führungsebene gefördert werden.

13 EINFACHER ERFOLGREICH SEIN

Ermöglichen Sie leichte Navigation

Ganz egal, wo du hingehst, dort bist du dann.
Buckaroo Banzai, Rockstar, Neurochirurg, Alien-Jäger, Filmfigur

»Hallo? Ich war vor fast 25 Jahren einmal in Ihrem Museum, und, na ja... Ist vielleicht noch jemand da, der mein Gedächtnis etwas auf Trab bringen kann? Sie hatten da so ein Labyrinth mit Pingpong-Bällen und Toren und ...«

Auf diese Weise lernte ich Lesley Lewis kennen, Geschäftsführerin des Ontario Science Centre, dem Ort also, an dem dieses Buch seinen Anfang nahm. Nachdem sie meine Fragen beantwortet hatte, wandte sich unser Gespräch der Aufgabe und den Innovationen des Museums zu. Lewis erwähnte, dass das Museum neben dem Exploratorium in San Francisco eines der ersten Museen gewesen sei, das es sich zum Schwerpunkt gesetzt habe, Wissenschaft unterhaltsam und interaktiv zu vermitteln.

Wir sprachen darüber, wie die Challenger-Katastrophe die NASA zur Gründung des Challenger Centre for Space Science Education inspiriert und so die Challenger Learning Centres ins Leben gerufen hatte, von denen sich eines auch im Ontario Science Centre befindet. Simulationen, die ursprünglich für Schulgruppen entwickelt wurden, werden heute auch eingesetzt, um Unternehmenschefs Nachhilfe in Sachen Teamwork und Rollenverständnis zu geben. Sie sollen ihnen vermitteln, wie sie in einer Welt voller widersprüchlicher Informationen und Prioritäten dennoch richtige und schnelle Entscheidungen treffen können.

Es stellte sich heraus, dass Lewis selbst vor einigen schwierigen Entscheidungen stand: »Als das Science Centre gebaut wurde«, sagte sie, »brachten wir nur wenige Hinweise und Wegweiser an. Wir wollten, dass jeder seine eigenen Erfahrungen erlebt. Wir machten es den Besuchern bewusst schwer, in einer geraden Linie durch das Centre zu gehen. Gänge, Ausstellungsstücke und Beschilderung waren so angeordnet, dass hinter jeder Ecke eine neue Erfahrung wartete.«

»Vor kurzem stellten wir fest, dass viele unserer Besucher nicht die Zeit haben, das Centre so zu nutzen, wie wir es ursprünglich konzipiert hatten. Viele Eltern haben nur eine oder zwei Stunden Zeit, wollen aber trotzdem, dass sie und ihre Kinder während des Besuchs viele Dinge lernen und Erfahrungen machen können, dass der Besuch interessant ist. Daraufhin haben wir verbesserte Wegweiser, Pläne und Karten und andere Schilder angebracht. Aber wir müssen noch mehr tun.«

»Das Paradoxe daran ist«, sagt Lewis zum Schluss, »dass unser Anspruch – Lernen und Unterhaltung – mit dem Ziel kollidiert, das Museum übersichtlicher und die einzelnen Dinge leichter anwendbar zu machen. Die Lösung heißt: Navigation. Um das Museum in kürzerer Zeit für Entdeckungen und Lernerfolge nutzen zu können, muss man sich schneller zurechtfinden können. Unseren Besuchern muss es einfach gemacht werden, herzukommen, sich anzuschauen, was sie interessiert, vielleicht noch etwas Unerwartetes zu entdecken, um dann glücklich und angeregt wieder nach Hause gehen zu können.«

Motto des Kapitels

Es ist viel einfacher, Erfolg zu haben, wenn Ihr Arbeitsumfeld folgende Bedingungen erfüllt: Leichter Zugang, bedarfsgerechte Zugriffsmöglichkeiten, schnelle Zielerreichung.

»Als Verbraucher erfahren wir täglich, dass das möglich ist!«

Das Modell für einfacheren Erfolg
Erleichtern Sie es den Beschäftigten, ihren eigenen Weg zu finden. Dann haben sie schneller mehr Erfolg.

Das Modell in der Praxis
Noch einmal: Funktionierende Modelle hierfür finden Sie als *Verbraucher* überall. Ganz gleich, ob Sie Ihr Lieblingsmuseum besuchen, den Stadtplan einer Stadt anschauen, in der Sie noch nie waren, oder ob Sie ein gut strukturiertes Telefonbuch benutzen. Erfolgreiches Handeln basiert hierbei immer auf folgenden Grundregeln:

- Sie steuern Ihre Entscheidungen selbst. Wohin Sie gehen und was Sie tun wird nicht von irgendeinem übergeordneten strategischen Unternehmensplan angeordnet.
- Der Orientierungsrahmen, nach dem Sie sich richten, basiert auf Ihrer persönlichen Zielsetzung und nicht auf den Vorgaben einer anderen Person.

Warum dieses Prinzip für viele Unternehmen nur geringe Priorität hat
Noch einmal: Das ist eine Frage der Einstellung. In den meisten Unternehmen heißt es: »Hier ist unsere Strategie und unser Geschäftsplan. Und nun verknüpfen Sie Ihre Arbeit damit.« Unternehmen, die das Ganze umdrehen, um anwenderorientiert zu sein, sind äußerst selten: »Hey! Wie wär's, wenn wir Richtlinien, Karten, Übersichtspläne und Informationszentren für alles einrichten würden, was unsere Mitarbeiter erreichen wollen? Wenn wir unseren Job gut machen, wird unsere Strategie und Infrastruktur transparent – und zwar dort, wo sie tätig sind.«

Eine Veränderung der Arbeitsprozesse ist notwendig

Lewis' Erkenntnisse sprechen eine Fähigkeit an, die für den Aufbau eines einfachen Unternehmens unerlässlich ist: Navigation.

Natürlich ist es großartig, dass sich die meisten Unternehmen heute damit beschäftigen, die Verfahren des Industriezeitalters umzukehren. (Also Teamlösungen gegenüber Direktiven den Vorzug geben, sich auf die Kernkompetenzen und -prozesse konzentrieren, ihre Entscheidungen stärker am Kunden ausrichten usw.) All diese Bemühungen werden den *Unternehmen* sicher zu mehr Erfolg verhelfen. Sie tragen jedoch wenig dazu bei, das grundlegende Bedürfnis des Individuums nach Erfolg zu erfüllen.

Je chaotischer, ungewohnter oder unberechenbarer das Umfeld ist und je komplexer dessen Zusammenhänge, desto stärker wird Navigation – die Fähigkeit, bei unseren Entscheidungen eine Auswahl unter den verschiedenen Optionen zu treffen – zu einem entscheidenden Faktor erfolgreichen Handelns. Zweifellos liegt es im Instinkt des Menschen, angesichts zu großer Konfusion innezuhalten und nach neuen Orientierungsmöglichkeiten zu suchen: »Moment mal. Wo bin ich? Was geschieht um mich herum? Wie finde ich, was ich brauche?«

Navigation bietet Instrumente (zum Beispiel Wegweiser, Richtlinien, Verzeichnisse, Übersichtskarten, Warnschilder usw.) und einen Orientierungsrahmen, mit deren Hilfe diese und andere Fragen beantwortet werden können. Unternehmen nutzen das Prinzip der Navigation, um Zusammenhänge und Austauschmöglichkeiten zwischen Ideen zu schaffen. Heute, wo uns viele Informationen in digitaler Form geliefert werden, gibt uns Navigation auch die Möglichkeit, die Geschwindigkeit, den Blickwinkel, die Abfolge und deren Zielrichtung zu bestimmen und unsere eigenen Zusammenhänge und Austauschmöglichkeiten herzustellen. Wenn das Arbeitsumfeld durch die Anzahl an Entscheidungsmöglichkeiten und Informationen überlastet ist, ist wirkungsvolle Navigation nicht nur eine nette Dreingabe. Sie ist eine Notwendigkeit.

Persönlicher Erfolg hängt nicht länger nur von Vergütung, beruflicher Karriere und der richtigen Balance zwischen Arbeit und Privatleben ab, sondern auch von Navigation: »Arbeite ich in einer Umgebung, die es mir erleichtert, meinen eigenen Weg zu finden? Gewährt mir diese Umgebung einen leichten Zugang zu den Dingen, die ich brauche, bedarfsgerechte Zugriffsmöglichkeiten und schnelle Zielerreichung?«

Na und?

Leider missachten viele Unternehmen eine wichtige Regel der Navigation: Orientierungsrahmen und -mittel müssen auf den Zielen der Beschäftigten aufbauen, und nicht darauf, was das Unternehmen mit deren Arbeit erreichen will.

Im Klartext: Die Unternehmensstrategie oder der Geschäftsplan sind als Instrumente nicht zur Navigation geeignet.

Ausgangspunkt für ein funktionierendes Navigationssystem ist vielmehr die Frage: »Was will der Anwender erreichen?« Darauf bauen alle weiteren Aktivitäten auf. Dabei kann Unternehmensstrategie den Mitarbeitern durchaus einen inhaltlichen Orientierungsrahmen zur Erfüllung ihrer Aufgabe liefern. Aber bezeichnen Sie sie bloß nicht als »Leitfaden«, der ihnen konkrete Anleitungen zur Durchführung von Veränderungen gibt. Instrumente, die dazu geeignet sind, müssen Antworten auf entscheidende Fragen der Navigation geben können: »Wer weiß etwas, das ich nicht weiß? Wer hat das schon einmal gemacht? Kann ich beurteilen, wie weit ich gehen muss und wie viel Arbeit getan werden muss? Wenn nicht, an wen muss ich mich wenden?«

Einfache Unternehmen wissen, dass dies wichtige Fragen sind, über die sie nachdenken müssen. Dementsprechend werden sie neue Navigationsmöglichkeiten entwickeln, die die Beschäftigten dabei unterstützen, ihre eigenen Antworten zu finden. Sie können zum Beispiel interne Callcenters einrichten, um Mitarbeitern die Suche nach Personen oder Dingen zu erleichtern, die ihnen bei der Lösung eines Problems behilflich sein können. Oder sie richten einheitliche Anlaufstellen ein, die den Beschäftigten entsprechende Empfehlungen geben, ganz gleich, ob sie sich im Intranet, in einem Training oder auf dem nächsten Strategie-Meeting befinden. Oder sie denken noch intensiver als bisher darüber nach, wie ihre physisch vorhandenen Räume, beispielsweise Konferenzzimmer, dazu geeignet sind, intelligenter zu arbeiten, oder die Mitarbeiter dabei eher beeinträchtigen.

Die Möglichkeiten, über die einfacheres Navigieren erreicht werden kann, sind praktisch unbegrenzt. Allerdings sind zuvor noch einige grundlegende Aspekte zu berücksichtigen, die unsere Ansicht zum Thema Navigation nachhaltig verändern werden.

Erstens: Soll der Erfolg des Einzelnen im Mittelpunkt stehen, müssen einige Führungskräfte umdenken. Unternehmensstrategie oder -plan helfen *Führungskräften* bei der Navigation von Veränderungsprozessen. Da diese Dinge aber nicht anwenderorientiert sind, können sie dem durchschnittlichen Mitarbeiter nicht auf dieselbe Art und Weise von Nutzen sein. Navigation hat nur wenig mit den Strukturen zu tun, die das Management zur Aufrechterhaltung des Betriebs benutzt, wie zum Beispiel strategische Pläne, Budgets, Kontrolle oder die Struktur von Geschäftseinheiten.

Zweitens: Auch wenn die Informationstechnologie das Mittel zum Zweck ist – es reicht nicht aus, die intern genutzten E-Spaces mit einigen Hinweisschildern und Wegweisern zu versehen. Um Arbeit so zu gestalten, dass leichtes Navigieren möglich ist, müssen Sie Ihre gesamte Infrastruktur aus der

Sicht Ihrer Mitarbeiter betrachten. Sie sind also gefordert, nach Möglichkeiten zu suchen, Personal-, Informationsentwicklung und Technologie in geeigneter Weise zusammenzuführen; Sie müssen Ihr Unternehmen als einen großen integrierten Informationsbereich betrachten. (Siehe »Geschichten, die über das Konzept der E-Spaces hinausführen – viel weiter hinaus« auf Seite 266.)

Kommen wir zum Schluss noch einmal auf diese vertrackte Internet-Generation zurück. Wenn Sie leichter Navigation in Ihrem Unternehmen keine Priorität einräumen, wird »Und Tschüss!« das Einzige sein, was sie von deren Mitgliedern zu hören bekommen – und zwar lauter und trotziger als von jeder anderen Generation davor.

Fasst man die Überlegungen dieses Abschnitts zusammen, ergibt sich in Bezug auf das Thema Navigation eine Sichtweise, die zum einen ganzheitlich (Bekomme ich, was ich brauche, um überall, jederzeit und in jeglicher Form intelligenter zu arbeiten?) und zum anderen anwenderorientiert ist (Kann ich meinen eigenen Weg finden?).

Wie Sie in diesem Kapitel navigieren

Auf Seite 272 finden Sie einen Orientierungsrahmen, der Ihnen die Navigationsmöglichkeiten in verschiedenen Bereichen Ihres Unternehmens aufzeigt. Zugebenermaßen kann eine solche Betrachtung nur auf einer übergeordneten Ebene stattfinden. Verstehen Sie diese Übersicht also als eine allgemeine Orientierungshilfe.

Auf den folgenden Seiten finden Sie zudem einige Ideen, wie Sie einfache Navigation gestalten und anwenden können. Diese setzen sich aus verschiedenen Geschichten und Einschüben zusammen, die Informationsstrukturen und -möglichkeiten sowie die Dienstleistungen thematisieren, die die Beschäftigten von morgen in diesem Zusammenhang erwarten werden. Wählen Sie ein oder zwei Ideen aus, die aus Ihrer Sicht geeignet sind, in Ihrem Unternehmen eine veränderte Einstellung gegenüber Navigation zu entwickeln. Übertragen Sie dann Ihre Erkenntnisse in die Vorlage »Eine Strategie für einfacheres und intelligenteres Arbeiten« aus Kapitel 9.

Die Grenze überwinden

Leif Edvinsson ist bei Skandia AFS zuständig für den Bereich »Geistiges Kapital« und ein führender Experte auf diesem Gebiet.

»Ich bezeichne das«, erklärt Edvinsson, »worüber wir sprechen, als Wissensnavigation. Jeder Tag führt Sie in neue, unbekannte Gebiete. Sie werden ständig mit Dingen konfrontiert, die Sie nicht wissen. Das kann wirklich komplex sein, wenn alles nach dem Top-down-Ansatz strukturiert ist. Die Aneignung des entsprechenden Wissens kann nur aus der Perspektive des Einzelnen erfolgen.«

»Bei Skandia ist es seit längerer Zeit meine Aufgabe, unseren Navigator aufzubauen und weiterzuentwickeln. Dabei handelt es sich um ein Online-Instrument, das Informationen über die Geschäftsentwicklung aus unterschiedlichen Datenbanken sammelt und in einem neuen Format zusammenfasst, das pädagogisch eingesetzt werden kann.« (Weniger wissenschaftlich ausgedrückt: Die Informationen sind so strukturiert, dass die Zusammenhänge zwischen den jeweiligen Trends leicht erkennbar sind.)

»Wenn Sie den Navigator anklicken, können Sie anhand der Werte und Messdaten bezüglich Finanzen, Kunden, Prozessen, Personal, kontinuierlicher Verbesserung und Innovation die Entwicklung des geistigen Kapitals bei Skandia nachvollziehen.«

»Genauso wichtig ist jedoch auch, dass jeder Mitarbeiter

bei Skandia einen persönlichen Navigator entwickeln kann. Jedem soll damit deutlich gemacht werden, wie er Wert für sich selbst, für das Unternehmen und für unsere Kunden schaffen kann. Das ist nicht kompliziert. Eine Vorlage hilft Ihnen dabei, Ihre persönlichen Ziele, wichtige Erfolgsfaktoren und strategische Indikatoren zu visualisieren. Natürlich«, so Edvinsson zum Schluss, »ist der persönliche Navigator nur für den jeweiligen Mitarbeiter und nicht für die Öffentlichkeit bestimmt.«

Hinweise zur Umsetzung: Der Navigator von Skandia gewährt dem Einzelnen persönliche und bedarfsgerechte Einblicke in Informationen zum Leistungsstand des Unternehmens. Damit werden die Grenzen beseitigt, die Unternehmen üblicherweise zwischen leistungsbezogenen und allgemein zugänglichen Informationen errichten. In den meisten Firmen ist es für die Beschäftigten immer noch schwierig, zwischen all den Daten zur Leistungserfassung des Unternehmens einen Bezug herzustellen und diese dem persönlichen Informationsbedarf anzupassen.

Diese Trennung hat auch zur Folge, dass viele Unternehmen in Bezug auf Themen wie »Offenes Management« oder die Balanced Scorecard ein traditionelleres Verständnis an den Tag legen als Skandia mit seinem Navigator. Von Vertretern dieser Unternehmen hört man häufig Sätze wie »Wir schulen unsere Leute hinsichtlich wichtiger Erfolgsindikatoren«. Und die gemeinsame Nutzung von Informationen über Branchentrends, Umsätze und Rentabilität firmiert unter dem Titel »Mitarbeiterschulung« oder »Kommunikation«.

Wie fürsorglich! Schließlich handelt sich es um die Daten der Mitarbeiter. Sie haben die Arbeit gemacht und die Daten zusammengetragen. Sie brauchen sie, um ihre Arbeit zu erledigen. Leichte Navigation beginnt damit, dass Sie die Grenze zwischen Leistungs- und gemeinsam genutzten Wissenssystemen überwinden. Dadurch würde auch ein Großteil der derzeit notwendigen »Schulung« überflüssig.

Tipp für den Einstieg: In der Berater-Sprache bezeichnet man die Beseitigung dieser Grenzen als *Transparenz*. Folgt man diesem Ansatz, dann wäre es für die Mitarbeiter genauso einfach

- Kundendaten einzuholen,
- mit den Zielen des laufenden Quartals zu vergleichen
- und das Ergebnis in Bezug zu persönlichen Zielvorgaben zu setzen.

... wie sich ins Intranet einzuloggen und nach kundenorientierten Best-Practice-Verfahren zu suchen.

Allerdings sollte man sich bei diesem Thema nicht primär auf Instrumente oder Technologie konzentrieren. Wichtig ist, dass sich die Unternehmensleitung untereinander abstimmt. Sie muss eine gemeinsame Position finden, wie viel oder wie wenig Transparenz in Bezug auf die Leistungssysteme (in der Regel das, was das Unternehmen kontrolliert) und die gemeinsam genutzten Wissenssysteme (das, was die Mitarbeiter kontrollieren) möglich sein soll. Dieser Standpunkt ist dann im Unternehmen zu vermitteln, allen Mitarbeitern, Händlern, Geschäftspartnern und den Verantwortlichen, die diese Systeme gestalten.

Navigation: das bestgehütete Geheimnis, das keines ist

Ein großer Teil Ihrer Zukunft wird heute im MIT Media Lab entworfen. Anfang der 90er-Jahre leitete Muriel Cooper eines der Teams des MIT, das Informationslandschaften entwickelte – ein wirkungsvolles Navigationsverfahren durch sämtliche Wissensgebiete. Gleichwohl dämmert diese Idee heute weitgehend ungenutzt vor sich hin. Kaum ein Unternehmen hat sich für ihr Potenzial interessiert.

Anders die New Yorker Börse. Ihr virtuelles Börsenparkett ermöglicht es den Wertpapierhändlern, sich in dem ganzen Durcheinander zurechtzufinden und sich bestimmte Aktivitäten und Datenreihen näher zu betrachten, die nach Farben geordnet und mit den jeweils benötigten Indikatoren versehen sind.

Idealab!, ein Unternehmen, das neue Internet-Firmen bei ihrem Start-up unterstützt, hat diese Idee weiterentwickelt.

Beim System von Idealab! bewegt sich der Anwender durch Bilder. Anstatt sich mit Dateinamen für zum Beispiel Kunstgeschichte herumzuschlagen, klickt er sich von Warhol über Mona Lisa bis in die Zeit der griechischen Antike zurück.

Stellen Sie sich einen virtuellen Raum vor, in dem die Beschäftigten alle Einzelheiten des strategischen Unternehmensplans näher betrachten können (Abbildungen Ihrer Produkte und Dienstleistungen) und darüber zu einer dreidimensionalen Darstellung ihrer Projekte gelangen.

Hinterlegt sind diese Projekte mit verschiedenen Hilfsmitteln, die auf unterschiedlichen Ebenen eingesetzt werden können: Best Practices, Coaching, Kommunikation und vieles mehr. Die Anwendung dieser Instrumente ermöglicht Erfahrungen, die weit über Lernprogramme mittels Checklisten hinausgehen. Wenn Sie sich nach links bewegen, können Sie sich über die Aktivitäten Ihrer Mitbewerber informieren. Bewegen Sie sich nach rechts, dann können Sie Benchmarking bei den Top-Unternehmen Ihrer Branche betreiben.

Das und viel mehr gibt es bereits, um Mitarbeitern intelligenteres Arbeiten zu ermöglichen. Unternehmen, die vom Einsatz solcher Instrumente profitieren wollen, brauchen drei Dinge: (1) Die Technologie (so, wie sich die Dinge entwickeln, ist das der einfache Teil); (2) die Verpflichtung zur Anwenderorientierung; (3) Technikfreaks, die soviel Freiheit haben, Informationsräume zu schaffen, die die Leute fesseln.

»Es ist wichtig, Unternehmen um ihre Wissensstruktur herum zu organisieren und nicht entlang der Abteilungsstruktur.«
Alden Globe, Intellectual Services Consultant, Knowledge Resource Strategies Group, JD Edwards

»Indem Sie durch den Informationsbereich eines Unternehmens navigieren, steuern Sie gleichzeitig die Verpflichtungen, die Leute anderen gegenüber eingehen.«
Hubert Saint-Onge, Senior Vice President, Strategic Capabilities, Clarica

Die Arbeit hinter den Kulissen

Leichtes Navigieren ergibt sich nicht einfach dadurch, dass Sie ein Informationverzeichnis entwickeln oder Ihren Leuten Instrumente zur Verfügung stellen, mit denen sie in Datenbanken recherchieren können. Wenn es darum geht, einen Zusammenhang zwischen Ideen und bestimmten Inhalten herzustellen, findet der größte Teil der Arbeit im Hintergrund statt.

Andersen Consulting genießt für seine Bemühungen auf diesem Gebiet großes Ansehen. Mit dem System Knowledge Xchange und anderen Verfahren des Wissensmanagements erwarb sich das Unternehmen viel Anerkennung, weil sie Projektteams einen leichten Zugang zu Informationen, bedarfsgerechte Zugriffsmöglichkeiten und rasche Zielerreichung ermöglichen. Einer der Berater von Andersen, Greg Pryor vom Global Work Processes-Team, erläutert den Grund dafür: »Bei uns gibt es Leute, die Wissensintegratoren genannt werden«, sagt Pryor. »Sie suchen nach gemeinsamen Mustern und Bezugspunkten zwischen unterschiedlichen Projekten und helfen, diese Zusammenhänge wieder ins System zu integrieren. Das hat eine kulturelle Dimension. Die Integratoren übernehmen mit dem, was sie tun, die Rolle von Vordenkern. Und ihre Tätigkeit ist äußerst abwechslungsreich. Sie verbringen ca. 60 Prozent ihrer Zeit damit, die Anleitung von Integrations- und Denkprozessen vorzubereiten, und ca. 40 Prozent im persönlichen Kontakt mit Kunden.«

»Ich glaube, die besten Beratungsfirmen zeichnen sich im Hinblick auf Navigation durch drei Dinge aus«, so Pryor zum

Schluss. »Erstens verfügen sie über eine Ausstattung, die an einer leichten und einfachen Wissensvermittlung orientiert ist. Zweitens treten sie als »Key Player« auf, deren Aufgabe es ist, umfassende Zusammenhänge herzustellen – wie unsere Integratoren. Und drittens bringen sie die nötige Kompetenz mit. Man braucht schon eine Reihe besonderer Fähigkeiten, um dort die richtigen Fragen stellen und Muster erkennen zu können, wo die meisten Leute nur Konfusion sehen, und um diese Informationen anschließend rasch in das Unternehmen integrieren zu können.«

Hinweise zur Umsetzung: Pryors Ausführungen beschreiben eine der wichtigsten Aktivitäten, die im Hintergrund aller wirksamen Navigationssysteme ablaufen. Irgendjemand verbringt viel Zeit damit, sich Gedanken über Inhalt zu machen – was verbindet diese Idee mit jener, welche Dinge fehlen den meisten von uns am dringendsten usw.

Dennoch investieren mit Ausnahme von Beratungsfirmen wie Andersen und einiger Hightech-Unternehmen nur wenige Firmen in so genannte Informationsmediatoren – Mitarbeiterteams, die zur Wertschöpfung beitragen, indem sie *anwenderorientierte* Muster und Zusammenhänge ermitteln, sortieren und nach Prioritäten ordnen. Wie wir in Kapitel 11 gesehen haben, entstehen viele navigationsbezogene Probleme dadurch, dass in der Regel nur geringe Mittel dafür aufgewendet werden, Dinge verständlich aufzubereiten, *bevor* sie in die Informationsbereiche des Unternehmens integriert werden. Navigation bedeutet aber nicht unbedingt, das Surfen durch Konfusion und Chaos zu erleichtern.

Tipp für den Einstieg: Schauen Sie sich Pryors Drei-Punkte-Plan an: (1) Machen Sie sich keine Gedanken um Technologie. Konkurrenzdruck und E-Commerce werden Sie dazu zwingen zu entwickeln, was erforderlich ist. (2+3) Konzentrieren Sie sich auf die Dinge, die hinter den technischen Fragen stehen: Verfügen Sie über Mitarbeiterteams – Integratoren, Informationsmediatoren oder wie auch immer Sie diese Leute nennen wollen –, die in der Lage sind, anwenderorientierte Inhalte zu entwickeln? Und werden sie wie bei Andersen in ihrer Rolle als Vordenker entsprechend geschätzt? Entwickeln und bezahlen Sie die besonderen Fähigkeiten, die nötig sind, um Inhalte und Bezüge im Sinn intelligenterer Arbeit zu schaffen?

DREI GESCHICHTEN, DIE ÜBER DAS KONZEPT DER E-SPACES HINAUSFÜHREN – VIEL WEITER HINAUS

Wie definieren Ihre Mitarbeiter Integration?

Larry Keely ist von Einfachheit besessen: »Eine großartige Strategie lässt sich in der Regel auf der Rückseite einer Visitenkarte darstellen und umfasst einen einzigen wichtigen Punkt: Was können Sie tun, um den Alltag von Millionen von Menschen konstruktiv zu verändern?« Er glaubt zudem an die Wirkung einer Vorgehensweise, die sich von den Bedürfnissen der Mitarbeiter nach oben arbeitet: »Leider sind diejenigen, die die Strategie entwickeln, nicht neugierig genug, was das tägliche Leben der Leute angeht. Es ist immer der beste Ausgangspunkt für wirkliche Durchbrüche.«

Keely ist Vorsitzender der Doblin Group, einem Unternehmen für strategische Planung und Gestaltung mit Sitz in Chicago. Die Doblin Group vereint diese beiden Disziplinen, um Produkt- und Geschäftsinnovationen zu entwickeln.

»Schauen Sie sich diese Bereiche an«, sagt Keely. »Für die folgenden Dinge werden dort enorme Budgets aufgewendet:

- Wissensmanagement
- Informationsbezogene Instrumente für Gruppen und Einzelpersonen
- Ausstattung
- Unternehmensweite Trainings und Weiterbildung
- Audiovisuelle Systeme
- Telekommunikation

Sie werden feststellen, dass das alles interessante Gebiete sind, die sich durch rasche Innovation auszeichnen. Aber die meisten Leute, die die Budgets für diese Dinge verwalten, sitzen in unterschiedlichen Zuständigkeitsbereichen und reden häufig nicht miteinander. Nicht selten kommt es vor, dass die Informationsabteilung über ein hohes Budget für Wissensmanagement verfügt, das aber überhaupt nichts mit der Verwendung des Budgets für Ausstattung und die effiziente Gestaltung von Arbeitsräumen zu tun hat.«

Keley fährt fort: »Derzeit versuchen wir, eine Gruppe nicht konkurrierender Unternehmen zusammenzustellen, um zu ermitteln, was möglich ist, wenn all diese Dinge als ein integriertes System betrachtet werden. Wenn wir dabei richtig vorgehen, werden wir unserer Meinung nach Möglichkeiten für die Schaffung völlig neuer Arbeitsumgebungen finden, die deren Benutzer begeistern werden – in denen Menschen wesentlich effektiver zusammenarbeiten können. Die vorhandenen Einrichtungen und Informationssysteme werden aufzeichnen, was geschieht, und der gesamte Informationsbereich des Unternehmens wird die Leute dabei unterstützen, einfachere und intelligentere Entscheidungen zu treffen. Der Trick ist, sich dabei von der Tätigkeit der Leute an der Basis nach oben zu arbeiten und dann die Best Practices aus sehr unterschiedlichen Technologien und Verfahren zu vereinen.«

Hinweise zur Umsetzung: Keely spricht darüber, dass Sie sich Ihr Unternehmen einmal aus einem veränderten Blickwinkel, nämlich dem der Mitarbeiter, anschauen sollten. Für die meisten Leute ist ihr Unternehmen ein großer Informationsbereich, in dem viele Dinge zusammen funktionieren sollten, was aber oft nicht der Fall ist. Und wenn Keely davon spricht, dass Leute nicht miteinander reden, dann meint er nicht nur die Leute innerhalb des Unternehmens, sondern auch alle externen Händler und Zulieferer, die gemeinsame Plattformen und Lösungen entwickeln könnten, dies aber nicht tun. Seiner Auffassung nach »kennen sich die wahren Innovationsträger in diesen Randbereichen häufig nicht einmal«.

Tipp für den Einstieg: Nehmen Sie je zwei oder drei Leute aus den von Keely aufgeführten Abteilungen bzw. Bereichen und sperren Sie sie für einige Tage in einen Raum. Stören Sie sie nur einmal, um ihnen eine Gruppe von Mitarbeitern vorzustellen, die erklären, wie sie miteinander zusammenarbeiten. Schauen Sie sich an, was das Team daraus macht. Bringen seine Bemühungen keine wesentlichen Kosteneinsparungen und neuen Navigationsmöglichkeiten für die Mitarbeiter, sperren Sie sie noch einmal ein. Diesmal für einen Monat.

»Intelligente Räume«: Ein kurzer Blick auf die Zukunft der Navigation

Ich stelle Ihnen jetzt Marshall Woolard und Dave Martin vor. Sie arbeiten für unterschiedliche Unternehmen, die über 1600 Kilometer auseinander liegen. Martin ist CEO bei Smart Technologies in Calgary, Kanada. Seine Technologie hängt an den Wänden bei Texas Instruments, wo Woolard im Team für Zusammenarbeit und Wissensvermittlung tätig ist. Zusammen haben die beiden das Konzept der »Smart Rooms«, der intelligenten Räume entwickelt.

»Wir konstruieren interaktive weiße Tafeln«, sagt Martin. »Mit unserer Technologie wird eine ganze Wand zu einem interaktiven Kontaktbildschirm. Sie können nicht nur darauf schreiben und das Geschriebene digital erfassen, sondern Sie können auch Dateien aus einer Datenbank, dem Intranet oder einer Webseite aufrufen und sie an die Wand projizieren, sie also wie einen großen Monitor einsetzen. Diese Art Technologie wird immer wichtiger, da immer weniger Arbeit an den Schreibtischen der Mitarbeiter erledigt wird. Intel hat herausgefunden, dass monatlich elf Millionen Minuten in Sitzungen zugebracht werden und die Mitarbeiter 70 Prozent ihrer Arbeitszeit nicht am Schreibtisch verbringen.«

In einem anderen Gespräch greift Woolard dies auf: »Als wir uns überlegten, wie wir intelligente Räume aufbauen sollten, drückte Intel das Ziel am besten aus. Die Verantwortlichen dort verglichen die Erfahrungen mit Konferenzräumen mit einem Meeting mitten in der Mojave-Wüste: Sie haben Ihre Dateien nicht dabei, Sie haben keinen Zugang zum Netzwerk – vieles von dem, was Sie brauchen, befindet sich weit weg in Ihrem Büro. Dennoch verbringen Leute einen Großteil ihrer Zeit in Konferenzräumen und erwarten, dass sie hier wirklich arbeiten können.«

Woolard fährt fort:»1998 begannen wir mit der Entwicklung der so genannten Smart Rooms. Ziel ist es, diese Technologie so transparent wie möglich zu machen. Mehr Transparenz als an Wände zu schreiben ist nicht möglich! Die Leute können ihre Ideen überall entwickeln oder hinschreiben, und alles wird gespeichert und ist in Web-Formaten wieder aufrufbar.«

»Wir haben festgestellt, dass Projektsitzungen in der Anfangsphase einen höheren Zeitaufwand von 50 bis 70 Prozent benötigen, weil den Teams viel mehr Informationen zur Verfügung stehen. Dank dieser zusätzlichen Zeit werden jedoch von Anfang an mehr Aspekte integriert. Früher gab es vielleicht drei anschließende Sitzungen von verschiedenen Unterteams, die dann loszogen und Aufgaben erledigten. Stattdessen werden all diese Arbeitsschritte nun in der ersten Sitzung gemeinsam vollzogen. Diese Art des Arbeitens ist besonders vorteilhaft, wenn sich die Leute aus unterschiedlichen Standorten in intelligenten Räumen zu gemeinsamen Konferenzen zusammenschalten«, so Woolard zum Schluss.

Hinweise zur Umsetzung: Für viele Leser dieses Buchs sind intelligente Räume zu sehr hightech und kosten zu viel, als dass sie zum gegenwärtigen Zeitpunkt interessant erscheinen würden. (Ihre Vorstellungen gehen möglicherweise in folgende Richtung: »Ich weiß, dass sie bei ›Star Trek‹ einfach an irgendeine Wand gehen und Kontakt mit irgendjemandem oder irgendetwas aufnehmen können. Aber das ist doch Sciencefiction.«) Zwei Tatsachen, die wir aus dem Konzept der Smart Rooms bei TI lernen können, sind jedoch keine Science Fiction: 1. Wir sind dabei, in eine Ära zu treten, in der *alles*, auch Wände, intelligent ist – ausgestattet mit Chips und Rechnerleistung. 2. Über all diese Ausstattungen und Möglichkeiten sollten wir uns aber erst dann den Kopf zerbrechen, wenn wir darauf vorbereitet sind, sie auch entsprechend zu nutzen.

Einfache Unternehmen werden auf diese Möglichkeiten vorbereitet sein. Einige ziehen bereits in Erwägung, eine gemeinsame visuelle Sprache zu entwickeln, um den Leuten zu erklären, wie sie sich mehr Informationen beschaffen können. Oder sie bieten für jeden zugängliche Wege an, um zum Beispiel Projekte, Arbeitsbelastungen und Strategien zu verknüpfen und zu vergleichen. In den kommenden Jahren werden einfache Unternehmen genauso viel Zeit in die Entwicklung navigationsbezogener Vergleichsmöglichkeiten, Pfade, Karten, Übersichtspläne und Ranglisten – selbst Farbcodierungen – investieren, wie sie heute für die Kommunikation des strategischen Plans ins Unternehmen aufwenden.

Die meisten Unternehmen denken über diese Dinge nicht nach, weil der kleine Kasten, der auf jedermanns Schreibtisch steht, schon mit irgendeiner Form von Navigation ausgestattet ist. Informationsebenen, Gedankenzusammenhänge und die Verknüpfung von Inhalten werden durch die Software und die Netzwerke eingeschränkt, die wir einsetzen.

Deshalb heißt Navigation auch, über diesen kleinen Kasten hinauszuschauen. Es werden bereits intelligente Büroklammern entwickelt. Viele Vorlesungsräume sind mit intelligenten Armlehnen ausgestattet. Mit Hilfe von Namensschildern kann bereits Ihr Aufenthaltsort in einem Gebäude verfolgt werden. Auch die gesamte physische Umgebung wird also zu einem Informationsbereich.

Für einige Leute wird Arbeit wesentlich einfacher werden, wenn sie aus diesem kleinen Kasten ausbrechen können. Es wird eine enorme Befreiung sein. Aber wenn sich niemand um die angemessene Navigation kümmert, könnte dieser Schritt für viele so schwierig werden, wie in Las Vegas nachts ein Glühwürmchen zu finden.

Tipp für den Einstieg: Ich will nicht die Pferde scheu machen! Die meisten von uns sind noch Jahre von intelligenten Räumen entfernt. Sie sollten jedoch schon einmal die Leute um sich sammeln, von denen Larry Keely im vorherigen Abschnitt sprach. Stecken Sie sie in einen Raum und stellen Sie ihnen folgende Frage: »Wenn innerhalb der nächsten zwei bis fünf Jahre ein noch viel größerer Teil des Arbeitsumfelds durch Informationsbereiche bestimmt wird, über welche Instrumente, Verständigungsmöglichkeiten und Strukturen der Navigation sollten wir jetzt schon nachdenken?« Sagen Sie diesen Leuten, sie sollen ihren Fokus insbesondere auf die Veränderungen richten, die den Wissensarbeitern einen leichten Zugang, bedarfsgerechte Zugriffsmöglichkeiten und schnelle Zielerreichung ermöglichen.

»Intelligente Wände«: Die Lowtech-Variante

Die folgenden beiden Personen haben noch nicht zusammengearbeitet, sind jedoch einer Meinung. Christine Albertini ist Leiterin für Forschung und Entwicklung bei Steelcase Furniture. Clement Mok ist Chief Creative Officer bei Sapient. Sie sind von der Wirksamkeit einer simplen Lowtech-Variante der intelligenten Räume überzeugt: den intelligenten Wänden.

Albertini erklärt dazu: »Ein großer Teil der Komplexität in der Arbeitswelt ist darauf zurückzuführen, dass man nicht in

EIN ORIENTIERUNGSRAHMEN ZUM THEMA NAVIGATION

Viele von uns denken über das Thema Navigation nicht nach, weil sie angeblich bereits in diesen kleinen Kasten auf unserem Schreibtisch integriert ist. Wir müssen aber darüber nachdenken. Denn um die Dinge zu bekommen, die wir für intelligenteres Arbeiten brauchen, müssen die meisten von uns diesen Kasten verlassen und sich in eine Umgebung begeben, in der es noch keine gemeinsamen Karten, Übersichtspläne, Wegweiser oder ausgewiesene Pfade gibt.

INHALTSBEZOGENE BEREICHE	NAVIGATIONSKRITERIEN	ÄNDERUNGEN, UM ANWENDERORIENTIERT ZU WERDEN
Informationsarchitektur	**Klarer und einheitlicher Zugriff:** Die Organisation von Ideen erfolgt durchgängig, kontinuierlich und ist leicht zugänglich	• **VORAUSSCHAUBARKEIT:** Das Einholen sämtlicher Informationen erfolgt intuitiv; die Struktur wird ausgehend von den Bedürfnissen der Leute gestaltet • **WEITERENTWICKLUNG:** Informationen werden durchgängig in Ebenen gegliedert, von der einfachsten zur ausführlichsten. Kein Anwender sollte mehr bekommen, als er möchte
Informationsaufbereitung	**Klare Hinweise:** Anweisungen, Richtlinien, Lernprogramme und Instruktionen sind durchgängig, nicht zu übersehen und leicht anzuwenden	• **SICHTBARKEIT:** In jeder Umgebung sollten Hinweise, Lernprogramme und Systemkontrollen stets dasselbe bedeuten • **TRANSPARENZ:** Inhalt und Strukturen müssen die Ziele widerspiegeln, die die Anwender erreichen wollen. Direktive Elemente (wie der strategische Plan) sollten eingebunden werden, jedoch im Hintergrund bleiben
Gestaltung der Arbeitsmittel	**Klarer und sinnvoller Inhalt:** Zielt der Struktur nach auf den persönlichen Erfolg der Anwender und auf eine effektive und respektvolle Nutzung ihrer Zeit	• **ANGEMESSENHEIT:** Anwender sollten genau das bekommen, was sie für ihre Aufgabe benötigen • **GEBEN, BEKOMMEN, BEARBEITEN:** Es sollte für sie ebenso einfach sein, Inhalte zu bearbeiten wie Informationen einzugeben und wieder aufzurufen • **FEEDBACK:** Jede Aktion sollte eine unmittelbare und erkennbare Wirkung haben

Einige der auf dieser Seite aufgeführten Kategorien und Definitionen beruhen auf Ideen von Clement Moks Buch *Designing Business* (Adobe Press, 1996).

der Lage ist, die notwendigen Zusammenhänge zwischen Ideen, Vorschlägen oder Informationen herzustellen. Daher hat mein Team untersucht, durch welche Faktoren das Treffen von Entscheidungen typischerweise ermöglicht wird. Eines der wichtigen Ergebnisse war das, was wir als ›Fortdauer der Informationen‹ bezeichnen – das heißt Teams brauchen spezielle Arbeitsräume, in denen die Wände ihre Gedanken widerspiegeln und festhalten. Wenn die Leute ihre Arbeit einfach liegen lassen und dorthin zurückkehren können, ohne dass Informationen verloren gehen, ermöglicht bereits die Ausstattung der Räume raschere Entscheidungen.«

Und Mok meint zu diesem Thema: »Wir fanden heraus, das Projektzeitpläne an den Wänden – ähnlich Zugfahrplänen – den Erfolg der Teamarbeit wesentlich erhöhen können: Ist noch alles im Zeitrahmen? – Wenn da ein großes Stück Papier an der Wand hängt, das mit Markern und Klebenotizen verändert wird, hilft das den Leuten bereits dabei, die Dynamik des Ablaufs und dessen zeitliche Dimension nachzuvollziehen. Es ist nicht dasselbe, ins Internet zu gehen, einen Bericht herunterzuladen und ihn auszudrucken. Das ist zu abstrakt. Wenn der Projektzeitplan an der Wand hängt und neben den Terminen Namen stehen, ist das sehr wirksam und klar.«

Hinweise zur Umsetzung: Viele Unternehmen, die mit der Entwicklung und Gestaltung von Produkten beschäftigt sind, kennen das Prinzip. Die Architekten von Firmengebäuden offensichtlich nicht. In einem Großteil der US-Unternehmen gibt es nur sehr wenig Platz an den Wänden, um Informationen dauerhaft festzuhalten oder Projektzeitpläne einzusetzen. Dies erscheint wenig intelligent, weil dies sehr gewinnbringende und kostengünstige Methoden sind, den Mitarbeitern erfolgreiches Handeln zu erleichtern. Und auch die Vorlage klarer, leicht anzuwendender Informationen ist eine Grundregel jeder Qualitätsinitiative.

Tipp für den Einstieg: Rebellieren Sie. Überkleben Sie alles mit Papier. Dokumentieren Sie überall Informationen, Zeitpläne und Aufgaben, und nutzen Sie dazu jeden freien Platz an der Wand, der nicht dafür vorgesehen ist. Und noch ein Tipp für richtig große Pläne: Gehen Sie zu einer Druckerei, die mit großformatigem Rollendruck arbeitet. Diese Firmen benutzen Papier, das auf riesige Rollen gewickelt ist. Wenn diese Rollen ausgetauscht werden, ist in der Regel ein Rest von 50 bis 100 Metern übrig. Wenn Sie freundlich lächelnd nach einer Rolle fragen, bekommen Sie sie vielleicht sogar umsonst.

Erfolg einfacher machen

Angesichts der heutigen Informationsflut greift Navigation ein grundlegendes Bedürfnis des Menschen im Bemühen um erfolgreiches Handeln auf.

Einfachen Unternehmen geht es jedoch nicht nur um die Erfüllung dieses Grundbedürfnisses. Sie werden einsehen, dass sie es den Leuten auch aus nahe liegenden Wettbewerbsgründen einfacher machen müssen, auf adäquate Systeme zuzugreifen, sich das zu holen, was sie brauchen, und dabei schnell zum Ziel zu kommen. Wenn es stimmt, dass die darin tätigen Menschen den einzig wirklichen Wettbewerbsvorteil eines Unternehmens ausmachen, dann bedeutet Navigation die Maximierung Ihrer wichtigsten Ressource.

Den verschiedenen Instrumenten, Verfahren und Möglichkeiten, eine leichte Navigation zu entwickeln, sind keine Grenzen gesetzt. Suchen Sie daher nicht nach einer To-do-Liste, in der schrittweise erklärt wird, was Sie tun müssen. Versuchen Sie stattdessen, die richtungsweisenden Prinzipien und Ideen zu verstehen, die eine hilfreiche und sinnvolle Navigation ausmachen.

In diesem Zusammenhang müssen die meisten Unternehmen ihr Verständnis dieses Begriffs erweitern: Sie müssen beginnen, ihre Organisation so zu sehen, wie ihre Mitarbeiter sie tatsächlich erleben – als große Informationsbereiche, in denen es keine gemeinsamen Übersichtspläne, Karten, Wegweiser oder Verständigungsformen gibt. Ziel ist dabei nicht das totale Management oder komplette Bedürfniserfüllung. Gehen Sie vielmehr mit den Augen Ihrer Mitarbeiter durch das Unternehmen, und achten Sie darauf, welche Änderungen es ihnen einfacher machen würden, intelligenter zu arbeiten.

Am wichtigsten aber ist, dass einfache und wirkungsvolle Navigation immer auch Vertrauen signalisiert. Wenn Sie jemandem eine gut ausgearbeitete Karte in die Hand drükken, kann er sich selbst in unbekanntem Terrain zurechtfinden. Alles in Ihrem Unternehmen, das Ihren Mitarbeitern Navigation – auch unbeabsichtigt – erschwert, vermittelt ihnen die Botschaft: »Vertrauen Sie nicht darauf, dass wir Ihnen intelligenteres Arbeiten erleichtern«.

Einfache Unternehmen werden es mehr Leuten ermöglichen, in größerem Umfang erfolgreich zu navigieren. Und diese Mitarbeiter werden den Unternehmen entsprechend mehr Vertrauen entgegenbringen.

Entwicklung eines Prototyps für die Zukunft der Navigation

Gibt es in Ihrem Unternehmen einen Empfangsschalter? Vielleicht eine Textilreinigung oder einen kleinen Supermarkt? – Um die Produktivität zu steigern, richten viele Unternehmen Serviceleistungen dieser Art ein. (Wenn man solche Gänge während des Tages nicht außerhalb des Unternehmens erledigen muss, gewinnt man eine weitere halbe Stunde für die Arbeit.) Eine weltweite Beratungsfirma setzt sogar ein Serviceteam ein, das die Blumen der Teamkollegen gießt und ihre Autos in die Werkstatt bringt.

Die US-Wirtschaft scheint sich um ihre Beschäftigten und deren Zeitbudgets ziemlich viele Gedanken zu machen. Deshalb stellt sich die Frage, warum es dann nicht mehr Serviceleistungen im Bereich Navigation gibt, die an der häufigsten Form der Zeitverschwendung ansetzen: Dem Überangebot an Daten und Informationen, das verhindert, dass Mitarbeiter schnell Zugang zu den Dingen finden, die sie für intelligenteres Arbeiten brauchen.

Warum schießen nicht überall »Wissens-Empfangsschalter« oder »Wissens-Callcenter« aus dem Boden? Es entspricht der menschlichen Natur, bei der Lösung von komplizierten Problemen (wie der Wissensarbeit) eher auf das Gespräch mit anderen Personen als auf die Hilfe des Computers zurückzugreifen.

Das GE Answer Centre könnte in diesem Zusammenhang ein hilfreiches Modell sein. Die Verbraucher rufen im Centre an, wenn sie Hilfe bei einem bestimmten Problem brauchen. Telefonberater suchen in den Datenbanken nach Lösungen oder leiten die Kunden zu anderen kompetenten Mitarbeitern weiter. Die Teleberater bleiben in der Leitung, bis das Problem gelöst ist, und sie sind rund um die Uhr erreichbar. Einen anderen Ansatz liefert die Webseite www.answers.com. Im Aufbau ähnelt diese Datenbank vielen Webangeboten dieser Art. Allerdings wirken in dieser Suchmaschine reale Menschen, mit denen Sie sprechen oder E-Mails austauschen können und die Ihnen Antworten und zusätzliche hilfreiche Quellen vermitteln.

Dass wir solche persönlichen Serviceleistungen nicht in Unternehmen selbst finden, ist ein weiteres Beispiel dafür, wie die betriebswirtschaftliche Logik über die menschliche Natur triumphiert. Aus Sicht des Unternehmens ist es einfach kostengünstiger, wenn Leute computergestützte Datenbanken und Suchmaschinen benutzen.

Die Schlüsselfrage ist auch nicht, was triumphieren sollte – die menschliche Natur oder die Unternehmenslogik –, sondern ob es Unternehmen gelingt, die Schwelle zu überschreiten, an der es für alle Mitarbeiter – unabhängig von der Art der Tätigkeit – möglich wird, intelligenter zu arbeiten – und nicht nur für Leute, die sich mit Datenbanken auskennen.

»Einfache Navigation hat etwas mit Führung zu tun. Denn die Art, wie Leute ihre eigenen Fragen beantworten können, ist ein Prüfstein dafür, wie Unternehmen ihrer Pflicht nachkommen, Komplexität und unnötige Störungen zu reduzieren.«
Mark Koskiniemi, Vice President für Personal, Buckman Labs

»Es geht nicht darum, alle Entscheidungen zu verstehen, die anstehen. Das ist unmöglich. Es geht darum, dass es (auf persönlicher Ebene) Gewinner und Verlierer geben wird. Die Zahl der Leute, die wir aufgrund komplexer Entscheidungen verlieren, wird möglicherweise nicht mehr akzeptabel sein. Sowohl hinsichtlich der Beschäftigungsfluktuation als auch für die Gesellschaft insgesamt.«
Greg Nadeau, Chief Information Officer, Bildungsministerium des US-Staates Massachusetts

4

Einfache Arbeit in der Zukunft

Überdenken wir unsere Zukunft: Was passiert, wenn wir die beiden grundlegenden Ideen zum Thema Einfachheit weiterdenken? Was passiert, wenn wir die Struktur von Unternehmen so verändern, dass erstens Zeit anders genutzt und zweitens der Arbeitsprozess nach den Bedürfnissen der Mitarbeiter gestaltet wird?

Einfache Unternehmen würden damit **die wesentlichen Grundsätze heutiger Unternehmensführung auf den Kopf stellen.**

Selbst in den innovativsten Unternehmen mit den flachsten Hierarchien und dem höchsten Grad an Empowerment beruht Arbeit auf **Antworten.**

Irgendjemand oder irgendein Team ist dafür verantwortlich, uns anderen mitzuteilen, wie wir strukturiert sein sollten, um die Bedürfnisse von Markt und Kunden erfüllen zu können; worauf sich jeder Geschäftsbereich konzentrieren sollte; wie wir diese Bereiche personell besetzen sollten; wie wir alles integrieren sollten und dergleichen. Die Verantwortlichen müssen so clever, fähig und unfehlbar sein, dass ihre richtigen Antworten monatlich, wöchentlich und gar täglich frisch auf den Tisch kommen können. Ein solcher Ansatz setzt

Führungskräfte Misserfolgen aus und Mitarbeiter einer Unmenge an überflüssiger Komplexität.

In Kapitel 14 werden Sie SimpliCorp, ein fiktives Unternehmen der Zukunft kennen lernen. Dieses Unternehmen hat festgestellt, dass es die meiste Zeit damit verschwendet, jedem Mitarbeiter die Antworten zu vermitteln, die ein Führungsteam erarbeitet hat. Die Struktur der Unternehmensführung bei SimpliCorp beruht deshalb mittlerweile auf **Fragen.**

Bei SimpliCorp werden die Budgets Projekten statt Geschäftsbereichen zugewiesen. Jedes Projekt wird erst dann in Angriff genommen, wenn den Teammitgliedern Werkzeuge und Instrumente zur Verfügung stehen, mit deren Hilfe zum Beispiel folgende Fragen beantwortet werden können: »In welchem Geschäft sind wir tätig? Was brauchen unsere Kunden heute? Wie schaffen wir Wert?« Die Antworten, die sie sich selbst erarbeiten, helfen ihnen beim **Navigieren** durch eine Welt der unbegrenzten Möglichkeiten.

Es wäre töricht, SimpliCorp als das Modell der Zukunft zu betrachten. Anhand dieses fiktiven Beispiels können keine Prognosen erstellt werden. Stattdessen endet dieses Buch so, wie es begann. Ziel von Kapitel 14 ist es, neue Diskussionen darüber anzuregen, was intelligenteres Führen und Arbeiten bedeutet. Dieser Austausch von Gesprächen wird in eine einfachere Zukunft führen.

Vorarbeiten für die Arbeit der Zukunft

Struktur ist nicht Organisation.
Robert Waterman, Autor

Wenn man das Unmögliche ausschließt, muss die Wahrheit übrigbleiben, so unwahrscheinlich sie sich auch ausnehmen mag.
Sherlock Holmes, Detektiv

Eine Zukunft, die sich bereits ereignet hat, kann man ermitteln, und man kann sich darauf vorbereiten.
Peter Drucker, Weiser

Wir sind mit unüberwindlichen Chancen konfrontiert.
Pogo, das Opossum

14 FÜHREN DURCH NAVIGATION

Veränderung der Unternehmensstruktur

Datum: Irgendwann in der Zukunft
Ort: Orientierungsprogramm von SimpliCorp, Marktführer im Bereich Wissensprodukte für Nischenmärkte und aufstrebende Branchen
Teilnehmer: Tamara: Leiterin des Orientierungsprogramms und Coach
Eduardo: Angehender Bereichsleiter
Diane: Angehende Informationsspezialistin
Szenenbild: An diesem Orientierungskurs nehmen 127 Personen teil. Tamara ist eine der Leiterinnen, die die Teilnehmer in Zweiergesprächen und Gruppendiskussionen betreuen und sie dabei unterstützen, eigene Antworten auf ihre Fragen zu finden.

Wir belauschen gerade einige Gespräche im Orientierungsprogramm von SimpliCorp, das eine Woche dauert. Jeder der »Simplinauten«, wie sich die Trainees scherzhaft bezeichnen, kam mit anderen Erwartungen an.

Eduardo wurde direkt von SimpliCorps größtem Konkurrenten abgeworben, um einen der Geschäftsbereiche des Unternehmens zu leiten und neue Schwerpunkte zu entwickeln. Seinen Ansichten nach könnte man ihn als Vertreter der »alten Schule« bezeichnen. Als er bei SimpliCorp eingestellt wurde, fühlte er sich in der Unternehmenskultur wohl, auch wenn er der Auffassung war, am besten zu wissen, wie er seinen Geschäftsbereich zu organisieren habe. Eine seiner Stärken ist rasche und kontinuierliche Umstrukturierung: Er weiß genau, wann und wie er Veränderungen durchführen muss. Er glaubt, dass er während der Einarbeitung genug über SimpliCorp lernen wird, um dort seine Arbeitsweise durchsetzen zu können.

Stattdessen werden sich durch die Erfahrungen im Rah-

Der Umstrukturierungsprozess bei SimpliCorp

1 Jede Arbeit beginnt mit dem Beantworten von **Kernfragen** wie: In welchem Geschäft sind wir tätig? Wie schaffen wir Wert? Was wollen unsere Kunden?

1. KERNFRAGEN

2 Um diese Fragen zu beantworten, hat SimpliCorp Instrumentensets entwickelt, die den Leuten die **Navigation** durch tägliche Veränderungen erleichtern. Sie umfassen Wissenscluster sowie Checklisten mit Anleitungen, Karten, Verzeichnisse von Personen, Best Practices usw.

2. NAVIGATION

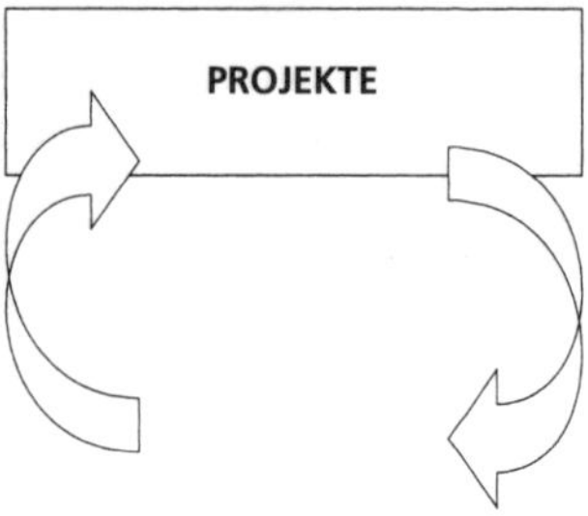

3 Die verschiedenen Instrumente dienen Mitarbeitern primär dazu, Einfachheit in ihrer täglichen Praxis umzusetzen. Sie ermöglichen es aber auch, diese Praxis umzustrukturieren, indem sie der Geschäftsführung weiterführende Vorschläge unterbreiten.

3. BUDGETIERUNG / RESSOURCEN

PROJEKTPORTFOLIOS

Verwaltung durch den Koordinierungsausschuss

---

4 Die Neuorganisation des Unternehmens basiert auf der Übereinkunft der Geschäftsführung, die einzelnen Handlungsfelder des Unternehmens diesen Erfordernissen gemäß aufzuschlüsseln und neu zusammenzufügen. Deren Organisation ist nicht mehr länger an die Struktur von Geschäftsbereichen gebunden. Sie erfolgt generell nicht mehr nach nur einem Modell.

4. JEDEN TAG EIN NEUES UNTERNEHMEN SCHAFFEN

DREI KOMPONENTEN EINES UNTERNEHMENS*

Management von Kundenbeziehung

Produktinnovation

Management der Infrastruktur

* Aus: John Hagel III und Marc Singer, McKinsey & Company

men des einwöchigen Programms neue Erkenntnisse bei ihm durchsetzen. Über 50 Prozent der angehenden Führungskräfte springen während der Einarbeitungszeit ab, weil sie Probleme mit der veränderten Führungsfunktion bei SimpliCorp haben. Nach Auffassung des Unternehmens verändern sich die Bedürfnisse von Markt und Verbrauchern so schnell, dass kein Führungsteam in der Lage ist, in angemessener Zeit die notwendigen Umstrukturierungsmaßnahmen in Gang zu setzen. Daher hat das Unternehmen die Steuerung dieser Veränderungsprozesse den Leuten übertragen, die die Arbeit machen. Im Prinzip kann jeder im Unternehmen dazu Vorschläge einbringen, die in Form von Projekten durch Führungsteams finanziert werden. Einigen Führungskräften geht diese Neuorganisation der Arbeitsprozesse zu weit.

Diane dagegen ist ein Typ, der alles bewältigt. Ihr Motto: »Gib' mir eine Frist, ein Ziel, und lass' mir freien Lauf.«

Sie kommt als Informationsspezialistin zu SimpliCorp. Ihre Aufgabe wird es sein, verschiedene Instrumente und Navigationsmittel zu entwickeln und instand zu halten, mit denen die Leute ihre Arbeit erledigen. Sie wird lernen, neue Fragen zu stellen, bevor sie sich an die Arbeit macht. Denn die Auswahl an Instrumenten, mit deren Entwicklung sie beauftragt ist, soll allen Mitarbeitern von SimpliCorp helfen, durchgängig intelligenter und schneller zu arbeiten.

Veränderung der Spielregeln

Diese Aha-Erlebnisse der »Simplinauten« könnten auch der aktuellen Managementdiskussion auf die Sprünge helfen. Denn bei all dem Gerede über Anpassungsfähigkeit, Geschwindigkeit, das Überwinden von Grenzen und die Veränderung von Regeln bleibt ein Prinzip weitgehend unangetastet: Die Strukturierung von Unternehmen ist Aufgabe der *Führung*. Und Umstrukturierung. Und noch mehr Umstrukturierung.

In Hinblick auf viele andere Unternehmensentscheidungen haben Führungskräfte erkannt, »dass die Welt zu komplex geworden ist. Niemand hat so viele Antworten, dass er Entscheidungen allein von oben treffen kann. Wir müssen das Entscheiden auf die Leute der vordersten Linie übertragen.« Gleichzeitig erwarten wir, dass dieselben Führungskräfte aber irgendwie klug genug sind, Geschäftsbereiche so zu strukturieren, dass die Bedürfnisse der Kunden erfüllt und alle Konkurrenten aus dem Rennen geschlagen werden. Dass sie wissen, wo sie die finanziellen und personellen Ressourcen für diese Geschäftsbereiche herbekommen. Und dass sie all diese Aufgaben integrieren können.

So klug kann aber niemand sein.

Wenn wir weiterhin davon ausgehen, dass Führungskräfte dazu fähig sind, den erforderlichen Umstrukturierungen immer einen Schritt voraus zu sein, ist deren Misserfolg ebenso vorprogrammiert wie die Zunahme unnötiger Komplexität für jeden Einzelnen im Unternehmen.

SimpliCorp versucht deshalb, diese Fähigkeiten innerhalb des gesamten Unternehmens zu stärken.

Behalten wir beim Lesen das Schaubild »Der Umstrukturierungsprozess bei SimpliCorp« auf Seite 284 im Blick. Die Diskussionen zwischen Eduardo, Diane und Tamara geben Hinweise darauf, wie es in die Praxis umgesetzt werden kann.

Zeit anders nutzen

»Tamara, kannst du mir einige Dinge erklären?«, fragt Eduardo.

»Klar«, antwortet sie.

»Ich bin gerade aus einer Sitzung 'rausgegangen, in der beschrieben wurde, wie SimpliCorp nur Budgets für Projekte und nicht für Geschäftsbereiche bereitstellt. Ich muss zugeben, dass ich hierher kam und dachte, ich könnte mich an diese Vorstellung gewöhnen. Aber als die fünf anderen Bereichsleiter im Detail darstellten, wie Budgets zur Entwicklung von Projektportfolios eingesetzt werden, war das wie ein Signal für mich! Vieles von dem, was ich über Umstrukturierungen in Unternehmen weiß, wird mir bei meiner Aufgabe hier nicht helfen. Ich würde mich gerne darüber unterhalten, wie das funktioniert.«

»Natürlich, aber zuerst sollten wir noch mal etwas rekapitulieren«, sagt Tamara. »Wurde in deiner Sitzung über den zeitlichen Abstand gesprochen, in dem Unternehmen wie das unsere Umstrukturierungen durchschnittlich durchführen?«

»Ja. Derzeit sind es acht Monate, und es ist vorgesehen, bis zum Jahresende sechs Monate zu erreichen. Genau deshalb bin ich hier! So ein Tempo! Alle sechs Monate müssen wir neue Wege finden!«

»Deshalb bin auch ich hier«, erwidert Tamara. »Aber wie wirken sich diese vielen Umstrukturierungsprozesse auf unsere Fähigkeit aus, unsere Strategie umzusetzen? Wenn wir uns weiterhin an die üblichen Strukturen der Budgetierung und Geschäftsbereiche halten, werden die Leute alle 180 Tage feststellen, dass sie sich in Geschäftsbereich Y anstatt in Geschäftsbereich X befinden. Oder dass sie sich nach einem neuen strategischen Plan richten müssen. Bis jedem im Unternehmen zu Ohren gekommen ist, was die neue Strategie bedeutet, ist schon eine weitere Umstrukturierung im Gange. Oder sechs Monate nach deiner Einstellung ist möglicherweise schon ein neuer Bereichsleiter da, der neue Vorstellungen darüber hat, wie was zu erledigen ist.«

»Na gut, das verstehe ich. Aber wenn ich keine Kontrolle über die Budgetierung, über Form und den Zeitpunkt von Umstrukturierungsprozessen habe, dann ...«

»Du hast die Kontrolle über die Budgets«, unterbricht ihn Tamara. »Aber nicht über die Form der Umstrukturierung. Wir haben diese Aufgabe näher in Richtung Markt verlagert. In deiner Sitzung haben Sie über den Koordinierungsausschuss geredet, nicht war? Also, du und 18 Mitglieder des Ausschusses – in den meisten anderen Unternehmen würden sie euch als Geschäftsführer bezeichnen –, ihr seid immer noch für Budget, Gewinn und Verlust verantwortlich. Aber anstatt euch mit Budgets und Plänen der Geschäftsbereiche im alten Stil zu beschäftigen, handelt ihr wie Risikokapitalgeber. Mitarbeiter durchlaufen einen festgelegten Prozess zur Entwicklung von Projekten, und sie wenden sich an euch, um dafür Unterstützung zu bekommen, genauso wie neue Unternehmer Startkapital suchen. Eure Aufgabe ist es, die richtigen Projekte herauszusuchen, um das Planziel zu erreichen. Dazu gehören vor allem Outsourcing-Projekte. Mit einigen wenigen Ausnahmen bist du dabei nicht an eine bestimmte Infrastruktur gebunden.«

»Ich muss also anfangen, wie ein Risikokapitalgeber zu denken ...«

»Richtig«, stimmt Tamara zu.

»... Was bedeutet, du brauchst meine Fähigkeiten nicht auf dem Gebiet der Umstrukturierung«, sagt Eduardo, »weil der größte Teil der Struktur von den Leuten geschaffen wird, die den Aktivitäten am Markt am nächsten sind. Damit kann ich mich immer noch nicht so richtig anfreunden.« Eduardo ist zwar noch nicht völlig überzeugt, aber er sieht auch neue Möglichkeiten:

»Es gibt aber einen Vorteil dabei«, fährt er fort. »Du hast davon gesprochen, dass Mitarbeiter praktisch alle sechs Monate eine neue Strategie lernen müssen oder ihnen beigebracht werden muss, was eine neue Führungskraft will. Durch den Ansatz von SimpliCorp wird das überflüssig. Wir können viel schneller handeln, weil Vorstellungen und Strukturen von allen und nicht nur von der Geschäftsführung eingebracht werden. Niemand wartet darauf, dass ich ihm mitteile, wie sich die nächste Umstrukturierung auf ihn auswirkt.«

Nachdem er die grundlegende Vorstellung erfasst hat, will Eduardo mehr wissen. »Wenn ich einen Geschäftsbereich mit

Hilfe dieser Prozesse leite, muss ich verdammt sicher sein, dass unsere Mitarbeiter auch die richtige Art von Projekten entwickeln können. Wie soll das denn funktionieren?«

»Ich habe eine bessere Idee«, sagt Tamara. »Die Sitzung, die deine Frage beantworten könnte, hat gerade angefangen. Vielleicht solltest du direkt daran teilnehmen.«

Hinweise zur Umsetzung: Das Modell des Koordinierungsausschusses ist nichts Neues. Neben Risikokapitalgebern schaffen immer mehr Firmen die unternehmerische Basis, um Führungskräften direkt die Investition von Startkapital in neue Unternehmungen zu ermöglichen. (Einen interessanten Überblick über Unternehmen von heute, die dieses Modell einsetzen – darunter Shell, Virgin, GE Capital, Monsanto und andere –, finden Sie in »Bringing Silicon Valley Inside« von Gary Hamel in der Ausgabe der *Harvard Business Review* von September/Oktober 1999.)

SimpliCorp hat die üblichen Modelle zur Strukturierung von Unternehmen auf den Kopf gestellt: Veränderungsinitiativen gehen nicht mehr nur von der Geschäftsführung aus. Stattdessen werden die Geschäftsbereiche durch eine Struktur ersetzt, die die Verantwortung für strukturelle Veränderungen den Mitarbeitern überträgt, die dem Geschehen am Markt am nächsten sind. Damit das funktioniert, werden diese mit entsprechenden Instrumenten und Werkzeugen ausgestattet und interne Abläufe angepasst.

Unternehmerisches Handeln basiert stets auf drei grundlegenden Komponenten: Management von Kundenbeziehungen, Produktinnovation und Management der Infrastruktur. Das Erfolgsrezept besteht darin zu vermeiden, von einem dieser Bestandteile so abhängig zu werden, dass man ihn nur sehr langsam ausgliedern oder neu aufbauen kann. Nach dem Schaubild auf Seite 284 ermöglicht der bei SimpliCorp vereinbarte Ansatz die notwendige Flexibilität, diese Komponenten je nach Bedarf zu bündeln oder voneinander zu trennen.

John Hagel III und Marc Singer, McKinsey & Company, liefern in ihrem Buch *Net Worth: Shaping Markets When Customers Make the Rules* eine eingehende Beschreibung dieser Unternehmenskomponenten und deren möglicher Konstellation. Dabei richten sie ihren Fokus in erster Linie auf die Führungsebene. SimpliCorp erweitert das Modell um eine wichtige Dimension: Dieser Ansatz bezieht die Mitarbeiter bei der Steuerung dieser Prozesse mit ein.

Wenn Sie die Beschäftigten nicht direkt an den Umstrukturierungsprozessen Ihres Unternehmens beteiligen, werden Sie auf die heutigen Komplexitätsprobleme mit Sehnsucht zurückblicken. Veränderungen erfolgen immer schneller und werden immer unberechenbarer, so dass viele Mitarbeiter – weit mehr als wir uns eingestehen wollen – ihre Zeit überwiegend damit zubringen werden herauszufinden, was die am heutigen Tag gültige Struktur für sie und ihre Tätigkeit bedeutet. Die Erfüllung von Aufgaben könnte genauso schwer vorhersagbar werden wie die Entwicklung des Marktes.

Aber Spekulationen beiseite: Unsere größte Einschränkung sind nicht mehr die Grenzen unserer Vorstellungskraft. Sie liegt in der Schwierigkeit begründet, alles, was unsere Aufmerksamkeit verlangt, zu ordnen, verständlich zu machen und zu verbinden. Unsere größte Einschränkung ist unsere mangelnde Fähigkeit, analog der Geschwindigkeit von Veränderungen Klarheit herzustellen und zu behalten.

Kunden und Konkurrenz legen vielleicht die Regeln des Marktes fest, die »Attention Economy« dagegen steuert die Prozesse im Unternehmen. Sie werden nur so schnell Fortschritte erzielen können, wie die Beschäftigten in der Lage sind, ihre Tätigkeit den aktuellen Veränderungen anzupassen. Sie können umstrukturieren, was immer Sie wollen, Sie sollten aber wissen, dass die Umsetzung nur in der Geschwindigkeit stattfinden kann, in der die Prozesse verständlich gemacht werden.

Einfache Unternehmen von morgen werden Zeit anders

nutzen, weil sie auf einen aufwendigen, aber unnötigen Schritt verzichten: Wenn Mitarbeiter nicht mehr länger darauf warten müssen, dass die Führungskräfte das Unternehmen umstrukturieren, sondern diese den Prozess selbst vorantreiben und steuern – wird alles viel schneller verständlich.

Unternehmen von unten nach oben strukturieren

Am dritten Tag des Orientierungskurses kommt Diane zu Tamara. Sie benötigt deren Unterstützung, um Zusammenhänge zwischen einigen Ideen herzustellen, von denen sie gehört hat.

»Tamara, alles in allem finde ich alles ganz toll«, beginnt Diane. »Die Leute sind prima. Nach allem was ich gehört habe, denke ich, dass ich lange in der Firma bleiben werde. Aber einiges kapiere ich noch nicht so ganz. Wie diese Geschichte mit den Kernfragen. Das kommt mir so knifflig und verschwommen vor.«

Sie zeigt Tamara ein Stück Papier, auf dem Folgendes steht:

»Kernfragen zum Unternehmen

- In welchem Geschäft sind wir tätig?
- Wie schaffen wir Wert?
- Wie definieren wir Erfolg?
- Was ist für uns wichtig?

Kernfragen zum Geschäftsbereich

- Was brauchen unsere Kunden heute?
- Wie definieren wir Erfolg?

Persönliche Kernfragen

- Wie definiere ich Erfolg?
- Wie werde ich Wert schaffen?
- Wie wird mir das gelingen?«

Tamara antwortet mit der Frage: »Diane, was ist das Ziel unseres Unternehmens?«

Diane zitiert die Worte – jeder konnte sie schon am Ende des ersten Tages auswendig –, aber offensichtlich hat sie ihre Bedeutung noch nicht ganz erfasst.

»Im Lauf der Jahre haben wir eines gelernt«, bemerkte Tamara. »Da Veränderungen mit einer solchen Geschwindigkeit erfolgen, kann der Einzelne den Leitgedanken des Unternehmensziels leicht aus den Augen verlieren. Daher haben wir versucht, uns hierbei der menschlichen Natur anzupassen. In neuen Situationen stellt jeder zuallererst Fragen in der Art, wie du sie aufgeschrieben hast. Bei SimpliCorp arbeitet man sich anhand dieser Fragen von unten nach oben.«

»Die Fragen leiten dich zu den Instrumenten, die wir entwickelt haben. Sie helfen dir dabei, deine eigenen Antworten zu erarbeiten, aber sie ...«

Diane beendet Tamaras Satz: »... aber sie ermöglichen auch den Austausch über Unternehmensziele, Vision, Werte und Geschäftsziele von SimpliCorp. Das heißt, wir können während jeder Neustrukturierung auch unsere eigene Klarheit schaffen. Wir müssen nicht darauf warten, dass der Koordinierungsausschuss aus seinem Olymp heruntersteigt und uns die offiziell verordnete Medizin gibt.«

»Genau«, antwortet Tamara. Schnell setzt sie mit einer weiteren Frage nach: »Als Informationspezialistin entwickelst du vieles von dem, was in diese Instrumente integriert wird. Hast du in den vergangenen Tagen mal darüber nachgedacht, was man braucht, um funktionsfähige Instrumente zu entwickeln?«

»Mensch, ja! Ich war völlig verblüfft, als ich hörte, wie viele Kooperationspartner und freiberufliche Auftragnehmer zum Unternehmen gehören. Ich hätte nie gedacht, dass nahezu zwei Drittel keine Vollzeitbeschäftigten sind. Das heißt, dass sich Informationsinhalte und Instrumente intuitiv und leicht anwenden lassen müssen. Ich kann nicht davon ausgehen, dass jeder auf dem neuesten Stand der Veränderungen bei

SimpliCorp ist oder ein Werkzeug von jedem Anwender auf dieselbe Art eingesetzt wird.«

Diane fuhr fort: »Auch die Anforderungen an die Navigation sind enorm. Jeder muss überall ganz schnell das finden können, was er braucht.«

In diesem Moment erwacht Dianes spezielle Fähigkeit zur Problemlösung. Sie beginnt, einige ihrer Ideen auf die weißen Tafeln an den Wänden niederzuschreiben. Mehrere Leute kommen hinzu und schreiben ihre Ideen dazu. Tamara lächelt vor sich hin, als Diane das Brainstorming kurz unterbricht und fragt: »Moment mal. Wirkt sich das verändernd darauf aus, in welchem Geschäft wir tätig sind?«

Hinweise zur Umsetzung: SimpliCorp hat zwei Wege gewählt, um die Unternehmensstruktur von unten nach oben aufzubauen.

1. Die Organisation der Arbeit orientiert sich an der menschlichen Natur, nicht an der betriebswirtschaftlichen Logik des Unternehmens.

Da Leute instinktiv Fragen stellen, wenn sie eine neue Situation verstehen wollen, hat SimpliCorp diesen Prozess formalisiert. Man baut dabei auf der Arbeit der Strategen Gary Hamel und C.K. Prahalad auf, die das Konzept der »Kernkompetenzen« entwickelt haben – also jener Fähigkeiten und Kenntnisse, die für den Erfolg des Unternehmens am wichtigsten sind.

Aus der Verschmelzung dieses Konzepts mit dem spezifischen Ansatz von SimpliCorp, das Unternehmen von unten nach oben zu strukturieren, entstanden die »Kernfragen«. Bei SimpliCorp ist man der Auffassung, dass es von den Antworten auf diese Fragen abhängt, wie Leute ihre Aufgaben erledigen und wie kreativ sie sind. Mit zunehmender Erfahrung der Simplinauten werden die Kernfragen für sie immer nützlicher, und sie können sie häufiger und in unterschiedlichen Situationen anwenden: »In welchem Geschäft sind wir tätig?« lässt sich natürlich kinderleicht beantworten, wenn die aktuelle Tätigkeit eine direkte Weiterführung der zuvor festgelegten Strategie ist. Finden jedoch umfangreichere Veränderungen in der Struktur und Unternehmensstrategie statt, kann diese Frage Feinheiten offenlegen, die auf den ersten Blick nicht für alle erkennbar sind. Das Ergebnis ist besseres Verständnis, mehr Sinngebung und eine erhebliche Beschleunigung der Arbeitsprozesse.

2. Nach Jahren der Anwenderorientierung erkannte SimpliCorp allmählich Muster und Bezugssysteme in den Dingen, die die Mitarbeiter für intelligenteres Arbeiten benötigen. Man hat verschiedene Instrumente und Werkzeuge entwickelt, um auf diese Bedürfnisse einzugehen. Deren Auswahl umfasst zum Beispiel vorbereitete Ratgeber und Richtlinien, Referenzen, Checklisten, Quellen und Wissenscluster, das heißt die Gruppierung von Inhalten, die häufig verglichen oder zusammen eingesetzt werden. Alle beruhen auf den spezifischen Aufgaben, die die Beschäftigten erfüllen sollen. Obwohl keiner gezwungen wird, diese Hilfsmittel einzusetzen – tatsächlich ergaben sich einige der wichtigsten Innovationen, als die Mitarbeiter sie außer Acht ließen –, haben sie viele der täglichen Arbeitsprozesse wesentlich vereinfacht.

Alle Instrumente und Werkzeuge sind entlang der Kernfragen entworfen worden. Da diese Fragen weniger als ein Dutzend Ansatzpunkte bieten, um Prozesse zu beginnen, können die Mitarbeiter von SimpliCorp problemlos Pfade, Hinweise und Zusammenhänge zwischen den Instrumenten herstellen und diese entsprechend einsetzen. Die Navigation wird so wesentlich erleichtert.

Tatsächlich wurde die Entwicklung dieser Instrumente zu einem so wichtigen Kompetenzbereich, dass man diesen als eigenständigen Geschäftsbereich ausgliederte. So wie Unternehmen heute Mitarbeiter zum Disney Institute senden, besuchen vielleicht viele Manager in Zukunft das SimpliCorp Toolkit Centre, in dem diese Werkzeuge entwickelt werden.

All dies und vieles mehr ist nur möglich, weil sich SimpliCorp an folgendem Prinzip orientiert:

Die Beschäftigten verfügen über unbegrenzte Fähigkeiten, intelligenter zu arbeiten. Aber nur solange die Infrastruktur des Unternehmens anwenderorientiert ist.

Einfache Unternehmen werden in Zukunft weit mehr tun, als Systeme anzupassen, damit Leute intelligenter arbeiten können. Sie werden mit der Unternehmensstruktur auch die letzten Bastionen der Kontrolle angreifen und diese stärker an den Personen ausrichten, die die Arbeit machen.

Um dies zu erreichen, ohne das Unternehmen aufzulösen, müssen wir eine grundlegende Annahme revidieren: Warum erlauben wir nicht den Leuten, die die Arbeit tun, selbst zu erproben, wie sie sich selbst und ihre Arbeit am besten strukturieren können? Der einzige Grund dafür, warum wir Umstrukturierung als eine originäre Aufgabe der Unternehmensführung begreifen, ist, dass wir niemanden daran beteiligen wollen. Daher haben wir Infrastruktur, Instrumente, Abläufe usw. nie so aufgebaut, dass unsere Mitarbeiter etwas dazu hätten beitragen können.

Wenn wir ernsthaft damit beginnen, anwenderorientiert zu denken und uns von den Bedürfnissen unserer Mitarbeiter ausgehend nach oben zu arbeiten, werden sich uns grenzenlose Möglichkeiten eröffnen.

Die Fähigkeit, weniger und mehr zu tun

Die Geschichte von SimpliCorp kann keine Prognose der Zukunft sein. Wer weiß, vielleicht ist sie ja völlig falsch. Keiner weiß, wie unsere Zukunft aussehen wird. Aber einige richtungsweisende Entwicklungen sind bereits absehbar. So werden in der Wirtschaft von morgen diejenigen öfter Erfolg haben, die Regeln schneller verändern können als andere.

Dieses Buch beschreibt, wie Regeln verändert werden können, um die Fähigkeit der Leute zu fördern, weniger Unwichtiges und mehr Wichtiges zu tun. Dies beinhaltet, dass wir uns von zwei Gewohnheiten verabschieden müssen, die komplexe Arbeit und Konfusion verursachen:

- Wir müssen Zeit anders nutzen, indem wir die Organisation und Verbreitung unseres Wissens verändern, das heißt indem wir mehr Sinn vermitteln und Dinge besser verständlich machen.
- Wir müssen direkt an den Bedürfnissen der Leute ansetzen, um intelligenter arbeiten zu können. Die meisten Leute sind viel intelligenter, als wir ihnen zugestehen.

Diese Vorstellungen werden einigen Leuten nicht gefallen. Wenn sie zum ersten Mal den Begriff »Einfachheit« hören, rufen alle laut: »Das brauchen wir!«. Dann aber schlägt die Realität zu: Einfachheit bedeutet, Klarheit durch eigenständige Ideen und nicht durch Anweisung von oben zu schaffen. Einfachheit wird unsere Einstellung gegenüber Kontrolle auf die Probe stellen – viele dieser Mechanismen müssen stärker auf die Leute in vorderster Linie verlagert werden.

Das alles macht Einfachheit in erster Linie zu einem Führungsthema.

In einer Welt der unbegrenzten Möglichkeiten vermittelte Lucy Fellowes einige wichtige Lektionen in Sachen Führung. Anfang der 90er-Jahre war sie Direktorin einer Ausstellung im Cooper-Hewitt Museum mit dem Titel *The Power of Maps.* Zu dieser Ausstellung schrieb sie Folgendes:

»Bei der Herstellung von Karten entdecken wir Wege durch physische oder metaphorische Räume, durch Probleme, durch verschiedene Informationsebenen. Karten zeugen von unserer außerordentlichen Fähigkeit, bei unserer Suche nach Ordnung und Bedeutung etwas visuell darzustellen ... Karten ermöglichen uns sogar, das Unsichtbare zu sehen: ferne, unermesslich weite oder tiefe Orte; Zusammenhänge zwischen Menschen ... und Ereignissen; ... Ursachen und Konsequenzen.

Karten vermitteln uns Überblick und Einblick. Für diejenigen, die Zugang zu ihnen haben, können Karten Änderungen bewirken. Diese Änderungen setzen gleichermaßen Bewusstsein als auch die entsprechenden Instrumente und Technologien voraus.

Wenn wir die Überzeugungskraft von Karten richtig einsetzen, können wir die Welt und unseren Standort sowohl lokal, regional als auch global verständlich machen. Irgendwo existiert die Karte, die Sie brauchen, oder sie kann heute hergestellt werden.«

Wir werden dann einfachere Unternehmen schaffen können, wenn unsere Führungskräfte – also auch Sie, ich und jeder andere, der versucht, etwas mit Hilfe anderer Menschen zu tun – sich selbst als Hersteller von Karten der Welt verstehen – und zwar solcher Karten, die die Welt zeigen wie sie ist, und nicht, wie sie nach dem strategischen Plan sein sollte. Veränderungen werden möglich werden, wenn auch sie beginnen, unsichtbare Zusammenhänge zwischen Menschen, Handlungen und Ereignissen sichtbar zu machen. Und wenn sie Infrastrukturen aufbauen, die es gewährleisten, Dinge sowohl verständlich zu machen als auch zu erledigen.

Wenn es uns gelingt, solche einfachen Unternehmen zu schaffen, werden wir durch Navigation führen. Wir werden es jedem einfacher machen, Erfolge zu erzielen, weil wir Organisationen aufbauen werden, die es den Beschäftigten ermöglichen, sich in einer Welt der unbegrenzten Möglichkeiten selbständig zurechtzufinden.

NACHWORT

Die Fähigkeit, das Wichtige zu tun

Was alles während meiner Arbeit an diesem Buch geschah …

Die Zähne meines Sohnes wurden mit Zahnspangen gerichtet, die viel fortschrittlicher und wesentlich schmerzfreier waren als die Dinger, unter denen Sie oder ich zu leiden hatten. Meine hübsche Nichte wurde sechs Wochen zu früh geboren. Eine Frau, die ich kaum kannte, teilte mir per E-Mail mit, dass sie leider nicht für das Buch interviewt werden könne. Sie hatte gerade erfahren, dass sie an Brustkrebs erkrankt war.

Verglichen mit unserer Gesundheit und unserem Wohlbefinden ist Einfachheit nicht wert, erwähnt zu werden.

Viele Freunde verbrachten zu viele Stunden ohne ihre Familien.

Verglichen mit der Familie ist Einfachheit unwichtig.

Der Präsident der Weltbank, Jim Wolfensohn, hielt anlässlich der Jahresversammlung des Konferenzausschusses eine Rede. Er erklärte: »Es spielt sich … ein menschliches Drama ab, über das die Medien so gut wie nichts berichten … Auf unserer Erde leben drei Milliarden Menschen, die mit weniger als zwei US-Dollar pro Tag auskommen müssen. Es gibt 1,3

Milliarden Menschen, die mit weniger als einem Dollar pro Tag auskommen müssen. Es gibt eineinhalb Milliarden Menschen, die keinen Zugang zu sauberem Wasser haben. Es gibt weitere zwei Milliarden Menschen, die ohne Strom leben müssen. Wälder werden mit einer Geschwindigkeit von mehreren Tausend Quadratmetern pro Sekunde zerstört ... In 30 Jahren werden wir doppelt so viele Nahrungsmittel brauchen, aber die Fläche an landwirtschaftlich nutzbarem Land wird sich nicht vergrößert haben.«

Verglichen mit dem Wohlbefinden unserer Mitmenschen und unseres Planeten ist das Thema dieses Buchs irrelevant.

Einfachheit wird dann wichtig, wenn wir nicht mehr länger all den wirklich wichtigen Entdeckungen und Fortschritten nachtrauern wollen, die heute nicht stattgefunden haben. Oder den vielen Chancen auf Wachstum des Einzelnen, des Unternehmens oder der Gemeinschaft, für die in den 1440 Minuten des heutigen Tags kein Platz war. Und alles nur deshalb, weil wir die Zeit und Aufmerksamkeit unserer Mitmenschen in so umständlicher Form in Anspruch nehmen.

DANKSAGUNG
Vielen Dank

Alle mal hergehört: Stellt euch jetzt alphabetisch geordnet der Größe nach in einer Reihe auf.
Casey Stengel, der einzige Mensch, der Yogi Berra in Sachen Redekunst das Wasser reichen konnte

Der Zeitpunkt ist gekommen, um die wirklichen Autoren dieses Buchs hervorzuheben, denn für mich war der größte Teil der Arbeit Vergnügen. Die folgenden Leute haben dieses Buch erst möglich gemacht.

Meine Familie: In diesem Buch geht es darum, wie wir Zeit und Aufmerksamkeit unserer Mitmenschen nutzen. Louise, meine Frau, und Ian, mein Sohn, teilten großzügig das Wertvollste, was sie besitzen – unsere gemeinsame Zeit. Ihre Liebe, ihre Selbstlosigkeit, ihre Scherze, ihr Lachen und ihre Geduld schenkten mir die Zeit, gelegentlich etwas verständlich zu machen. Danke, Beez. Danke, Ian.

Die Personen, die das Buch während seiner Entstehung lasen: Als die Blätter endlich mit Buchstaben und Sätzen beschrieben waren, lasen sich die folgenden Personen meine geistigen Ergüsse und unzusammenhängenden Sätze durch und machten Vorschläge, wie sie zu klareren Gedanken zusammengefasst werden konnten: Don Barry, Larry Belle, Rick Bradley, Tony Cortese, Allan Csiky, Donna Davenport, Dave DeSantis, Dan Distelhorst, Susan Fehl, Barbara Gannett, Chris Grygo, Michael Havens, Pat Kenealy, Mike Kinney, Mark Koskiniemi, Rick Ritacco, John Santoro, Jim

Shanley und Sue Wright – ich schulde euch mehr, als ich sagen kann. Danke!

Teamkollegen beim Schreiben des Buchs: Ungefähr 500 Mal am Tag nahm mein Verleger Nick Philipson den Telefonhörer ab und beantwortete gut gelaunt meine Fragen, wobei er immer behauptete, ich sei sein Lieblingsautor. (Ich bin sicher, mindestens ein- oder zweimal hat er es wirklich ernst gemeint.) Vielen Dank, Nick. Hinter den Kulissen ist es der unerschütterlichen Unterstützung dreier Personen zu verdanken, dass aus einer Idee Realität – dieses Buch – wurde. Elisabeth Carduff, Chris Coffin und David Goehring: Danke!

»Agenten« ist nicht der treffende Ausdruck: Doch es waren Lisa Adams und David Miller, die unsere Studie im Internet entdeckten und sagten: »Darüber sollten Sie ein Buch schreiben.« Sie waren es auch, die den Kontakt zu Perseus herstellten. Sie schufteten aber auch als Berater, Feedbackgeber, Verleger, Coachs, Führer und Psychiater. Lisa und David, ihr seid die Besten!

Gestaltung und Herstellung: Aimee Leary bei Iowa Street Design erweckte meine Papierservietten-Kritzeleien auf den Seiten dieses Buchs zum Leben. Und Matt Versaggi tat dasselbe bei der Webseite www.simplerwork.com. Ich danke euch beiden dafür, dass ihr all das möglich und das Komplexe klar gemacht habt.

Die Personen, die für das Buch interviewt wurden: Ab Ende 1998 beantworteten über 125 Personen ausführlich meine E-Mails und Anrufe und ertrugen geduldig, dass ich ihnen auf die Nerven ging. Die Leute, die Ihnen in diesem Buch begegnen und die im Index aufgeführt sind, verdienen Ihre größte Anerkennung. Ihre Geschichten, Ideen und Meinungen verdeutlichen, was Einfachheit bedeutet.

Teilnehmer und Teamkollegen der Studie: Unsere Arbeit begann vor über sieben Jahren mit über 2500 Teilnehmern der Studie »The Search for a Simpler Way« aus über 460 Unternehmen. Ihre Ideen, Bedürfnisse und Sorgen wiesen uns den Weg. Bitte besuchen Sie unsere Webseite; hier finden Sie eine vollständige Liste der beteiligten Unternehmen, der 25 unermüdlichen Studenten und Dozenten des Northern Illinois University College of Business und all der Teamkollegen aus der Jensen Group, die immer das Unmögliche möglich machten. Vielen Dank, Leute!

Inspiration: Schließlich wäre dieses Buch nicht möglich geworden, wenn ich nicht auf den Schultern großer Denker gestanden hätte. Die vielen Ideen und Gedanken von Führungspersönlichkeiten und Autoren bildeten die Grundlage für *Einfachheit*. Leider sind es zu viele, als dass sie hier alle genannt werden könnten. Drei von ihnen verdienen jedoch besondere Erwähnung. Alvin Toffler half mir durch sein Werk *The Third Wave*, Stärke zu verstehen. Meg Wheatley half mir, Chaos und Komplexität aus einer Perspektive zu sehen, die ich mir nie hätte vorstellen können. Und Richard Saul Wurman gab mir Gelegenheit, über Klarheit, Bedeutung und Verständnis aus der Sicht des unbekannten Mitarbeiters nachzudenken.

Es gibt noch mehr Geschichten. Besuchen Sie bitte die Webseite dieses Buchs unter http://www.simplerwork.com. Hier finden Sie nicht nur Chaträume zur Diskussion über das Thema Einfachheit, sondern auch Interviews mit den folgenden Personen:

Aly Abulleil, Firmengründer, Aliah Inc.
Christine Albertini, Research and Development, Steelcase Furniture
Chris Anderson, Director of Compensation, Sears
Howard Batley, Business Simplification and Corporate University, Conoco
Gordon Boronow, COO, American Skandia
Cathy Carmody, Organizational Electrician (Change Agent)
Pehong Chen, President, BroadVision
David Coleman, Managing Director, Collaborative Strategies
Michael Corriveau, President, Ignorance Insight
Joseph Cothrel, Vice President, Research, Participate.com
Guido de Grefte, Managing Director, KPMG Netherlands
Lisa Dennis, President, Knowledgence Associates
Duncan Dickson, Berater, ehemals Director of Casting, Disney
Richard Durr, Senior Manager, Learning Strategies, Motorola
Ray Fattel, Vendor Relationships, Chase Manhattan
Rita Glaze, Knowledge Manager, Monsanto
Alden Globe, Knowledge Resource Strategies Group, J.D. Edwards
Michael Goldstein, Youth Technology Entrepreneurs, Ministerium für Bildung, US-Bundesstaat Massachusetts
Vic Guinasso, CEO, DHL Worldwide Express
Bill Hamman, President, Education Division Sodexho Marriott
Susan Hanley, Knowledge Manager, AMS
Patricia Hill, Knowledge Manager, Xerox
Gary Hudson, Advanced Cost Management, AlliedSignal
Dave Johnson, Produktionsleiter, General Mills
Hank Jonas, Compensation and Organizational Effectiveness, Corning
Elise Kaplan, Internal Change Consultant, University of Pennsylvania Health Systems

Mark Koskiniemi, Vice President, Human Resources, Buckman Labs

Andrius Kulikauskas, Director, Minciu Sodas Laboratory

Tom Kunz, Networked Learning and Support Center, Shell

Tom Land, Senior Manager, Training and Development, Motorola

Ellen Langer, Autorin, *Mindful Learning*

Dorothy Leonard, Professorin der Harvard Business School, Autorin, *Wellsprings of Knowledge*

Bill Lutz, Autor, *Doublespeak*

Yogesh Malhotra, Firmengründer, Brint.com

Beth Miakinin, Director, Body Engineering, Saturn

Jackie Michel, Knowledge Manager, Monsanto

Bill Miller, Autor, *Flash of Brilliance*

Greg Nadeau, CIO, Ministerium für Bildung, US-Bundesstaat Massachusetts

Mike O'Brien, President, ZoomTown.com

Jim Ritchie-Dunham, President, Strategic Decision Simulation Group

Charlie Rogers, Executive Development, PepsiCo

Hubert Saint-Onge, Senior Vice President, Strategic Capabilities, Clarica

Ron Schultz, Santa Fe Center for Emergent Strategies

Steve Schneider, Quality Assurance, Monarch Marking Systems

Tom Short, Knowledge Management Consultant, IBM

Bob Speed, Knowledge Management Consultant, ehemals Unilever

J. C. Spender, Dekan, School of Management, New York Institute of Technology

Susan Stucky, Associate Director, Institute for Research on Learning

Catherine Tilley, Brand Consultant, Leo Burnett, Vereinigtes Königreich

Hildra Trotter, Knowledge Process Leader, DowAgro Sciences

Rick Tucci, Firmengründer, Leap Technology

Bob Veazie, International Change and Safety, Hewlett-Packard

Arian Ward, President/CEO, Work Frontiers International